독학사 3단계
국어국문학과

국어정서법

INTRO

머리말

학위를 얻는 데 시간과 장소는 더 이상 제약이 되지 않습니다. 대입 전형을 거치지 않아도 '학점은행제'를 통해 학사학위를 취득할 수 있기 때문입니다. 그중 독학학위제도는 고등학교 졸업자이거나 이와 동등 이상의 학력을 가지고 있는 사람들에게 효율적인 학점 인정 및 학사학위 취득의 기회를 줍니다.

학습을 통한 개인의 자아실현 도구이자 자신의 실력을 인정받을 수 있는 스펙으로서의 독학사는 짧은 기간 안에 학사학위를 취득할 수 있는 가장 빠른 지름길로 많은 수험생들의 선택을 받고 있습니다.

독학학위취득시험은 1단계 교양과정 인정시험, 2단계 전공기초과정 인정시험, 3단계 전공심화과정 인정시험, 4단계 학위취득 종합시험의 1~4단계 시험으로 이루어집니다. 4단계까지의 과정을 통과한 자에 한해 학사학위 취득이 가능하고, 이는 대학에서 취득한 학위와 동등한 지위를 갖습니다.

이 책은 독학사 시험에 응시하는 수험생들이 단기간에 효과적인 학습을 할 수 있도록 다음과 같이 구성하였습니다.

01 단원 개요

핵심이론을 학습하기에 앞서 각 단원에서 파악해야 할 중점과 학습목표를 정리하여 수록하였습니다.

02 핵심이론

2023년 시험부터 적용되는 개정 평가영역을 철저히 반영하였으며, 시험에 꼭 출제되는 내용을 '핵심이론'으로 선별하여 수록하였습니다.

03 실전예상문제

해당 출제영역에 맞는 핵심포인트를 분석하여 구성한 '실전예상문제'를 수록하였습니다.

04 최종모의고사

최신출제유형을 반영한 '최종모의고사(2회분)'를 통해 자신의 실력을 점검해볼 수 있으며, 실제 시험에 임하듯이 시간을 재고 풀어본다면 시험장에서의 실수를 줄일 수 있을 것입니다.

국어정서법은 '우리말을 어떤 글자로 어떻게 적는가'에 대한 전반적인 체계를 담은 과목입니다. 따라서 우리만의 독자적 글자 체계인 한글을 비롯하여 한자, 아라비아 숫자, 로마자 등 우리말 표기의 모든 수단을 포함하기에 한글 맞춤법, 표준어 규정, 외래어 표기법, 로마자 표기법 등을 아우릅니다. 우선 각 규범들의 전체적인 흐름과 맥락을 파악하고, 각 규범에 해당하는 세부 내용들을 해당 맥락에 맞추어 파악하는 방향으로 학습하기를 권합니다. 국어정서법을 학습하면서 우리말의 쓰임에 대한 거시적 안목을 가질 수 있기를 바랍니다.

편저자 드림

BDES

독학학위제 소개

독학학위제란?

「독학에 의한 학위취득에 관한 법률」에 의거하여 국가에서 시행하는 시험에 합격한 사람에게 학사학위를 수여하는 제도

- 고등학교 졸업 이상의 학력을 가진 사람이면 누구나 응시 가능
- 대학교를 다니지 않아도 스스로 공부해서 학위취득 가능
- 일과 학습의 병행이 가능하여 시간과 비용 최소화
- 언제, 어디서나 학습이 가능한 평생학습시대의 자아실현을 위한 제도
- 학위취득시험은 4개의 과정(교양, 전공기초, 전공심화, 학위취득 종합시험)으로 이루어져 있으며 각 과정별 시험을 모두 거쳐 학위취득 종합시험에 합격하면 학사학위 취득

독학학위제 전공 분야 (11개 전공)

※ 유아교육학 및 정보통신학 전공 : 3, 4과정만 개설
(정보통신학의 경우 3과정은 2025년까지, 4과정은 2026년까지만 응시 가능하며, 이후 폐지)
※ 간호학 전공 : 4과정만 개설
※ 중어중문학, 수학, 농학 전공 : 폐지 전공으로 기존에 해당 전공 학적 보유자에 한하여 응시 가능

※ SD에듀는 현재 4개 학과(심리학과, 경영학과, 컴퓨터공학과, 간호학과) 개설 완료
※ 2개 학과(국어국문학과, 영어영문학과) 개설 진행 중

INFORMATION

독학학위제 시험안내

과정별 응시자격

단계	과정	응시자격	과정(과목) 시험 면제 요건
1	교양	고등학교 졸업 이상 학력 소지자	• 대학(교)에서 각 학년 수료 및 일정 학점 취득 • 학점은행제 일정 학점 인정 • 국가기술자격법에 따른 자격 취득 • 교육부령에 따른 각종 시험 합격 • 면제지정기관 이수 등
2	전공기초		
3	전공심화		
4	학위취득	• 1~3과정 합격 및 면제 • 대학에서 동일 전공으로 3년 이상 수료 (3년제의 경우 졸업) 또는 105학점 이상 취득 • 학점은행제 동일 전공 105학점 이상 인정 (전공 28학점 포함) ➡ 22.1.1. 시행 • 외국에서 15년 이상의 학교교육과정 수료	없음(반드시 응시)

응시방법 및 응시료

- 접수방법 : 온라인으로만 가능
- 제출서류 : 응시자격 증빙서류 등 자세한 내용은 홈페이지 참조
- 응시료 : 20,400원

독학학위제 시험 범위

- 시험 과목별 평가영역 범위에서 대학 전공자에게 요구되는 수준으로 출제
- 시험 범위 및 예시문항은 독학학위제 홈페이지(bdes.nile.or.kr) ➡ 학습정보 ➡ 과목별 평가영역에서 확인

문항 수 및 배점

과정	일반 과목			예외 과목		
	객관식	주관식	합계	객관식	주관식	합계
교양, 전공기초 (1~2과정)	40문항×2.5점 =100점	–	40문항 100점	25문항×4점 =100점	–	25문항 100점
전공심화, 학위취득 (3~4과정)	24문항×2.5점 =60점	4문항×10점 =40점	28문항 100점	15문항×4점 =60점	5문항×8점 =40점	20문항 100점

※ 2017년도부터 교양과정 인정시험 및 전공기초과정 인정시험은 객관식 문항으로만 출제

합격 기준

■ 1~3과정(교양, 전공기초, 전공심화) 시험

단계	과정	합격 기준	유의 사항
1	교양	매 과목 60점 이상 득점을 합격으로 하고, 과목 합격 인정(합격 여부만 결정)	5과목 합격
2	전공기초		6과목 이상 합격
3	전공심화		

■ 4과정(학위취득) 시험 : 총점 합격제 또는 과목별 합격제 선택

구분	합격 기준	유의 사항
총점 합격제	• 총점(600점)의 60% 이상 득점(360점) • 과목 낙제 없음	• 6과목 모두 신규 응시 • 기존 합격 과목 불인정
과목별 합격제	• 매 과목 100점 만점으로 하여 전 과목(교양 2, 전공 4) 60점 이상 득점	• 기존 합격 과목 재응시 불가 • 1과목이라도 60점 미만 득점하면 불합격

시험 일정

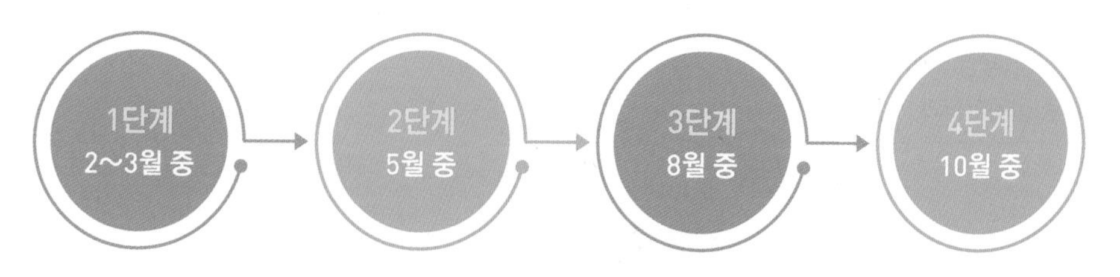

■ 국어국문학과 3단계 시험 과목 및 시간표

구분(교시별)	시간	시험 과목명
1교시	09:00~10:40(100분)	국어음운론, 한국문학사
2교시	11:10~12:50(100분)	문학비평론, 국어정서법
중식 12:50~13:40(50분)		
3교시	14:00~15:40(100분)	구비문학론, 국어의미론
4교시	16:10~17:50(100분)	한국한문학, 고전시가론

※ 시험 일정 및 세부사항은 반드시 독학학위제 홈페이지(bdes.nile.or.kr)를 통해 확인하시기 바랍니다.
※ SD에듀에서 개설되었거나 개설 예정인 과목은 빨간색으로 표시했습니다.

CURRICULUM

독학학위제 과정

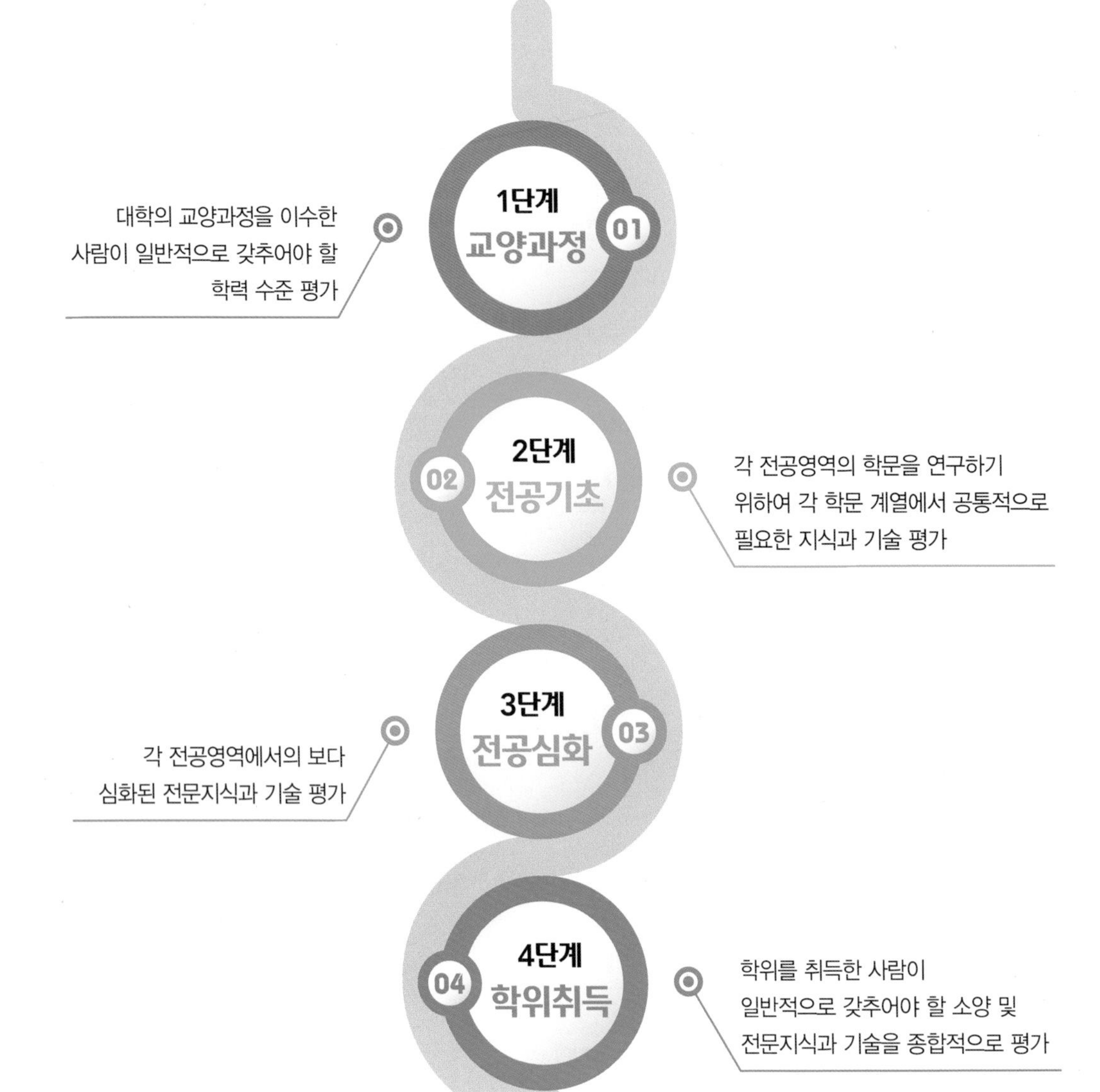
1단계
교양과정
01
대학의 교양과정을 이수한
사람이 일반적으로 갖추어야 할
학력 수준 평가
2단계
전공기초
02
각 전공영역의 학문을 연구하기
위하여 각 학문 계열에서 공통적으로
필요한 지식과 기술 평가
3단계
전공심화
03
각 전공영역에서의 보다
심화된 전문지식과 기술 평가
4단계
학위취득
04
학위를 취득한 사람이
일반적으로 갖추어야 할 소양 및
전문지식과 기술을 종합적으로 평가

DIRECTION

독학학위제 출제방향

국가평생교육진흥원에서 고시한 과목별 평가영역에 준거하여 출제하되, 특정한 영역이나 분야가 지나치게 중시되거나 경시되지 않도록 한다.

교양과정 인정시험 및 전공기초과정 인정시험의 시험방법은 객관식(4지택1형)으로 한다.

단편적 지식의 암기로 풀 수 있는 문항의 출제는 지양하고, 이해력 · 적용력 · 분석력 등 폭넓고 고차원적인 능력을 측정하는 문항을 위주로 한다.

독학자들의 취업 비율이 높은 점을 감안하여, 과목의 특성상 가능한 경우에는 학문적이고 이론적인 문항뿐만 아니라 실무적인 문항도 출제한다.

교양과정 인정시험(1과정)은 대학 교양교재에서 공통적으로 다루고 있는 기본적이고 핵심적인 내용을 출제하되, 교양과정 범위를 넘는 전문적이거나 지엽적인 내용의 출제는 지양한다.

이설(異說)이 많은 내용의 출제는 지양하고 보편적이고 정설화된 내용에 근거하여 출제하며, 그럴 수 없는 경우에는 해당 학자의 성명이나 학파를 명시한다.

전공기초과정 인정시험(2과정)은 각 전공영역의 학문을 연구하기 위하여 각 학문 계열에서 공통적으로 필요한 지식과 기술을 평가한다.

전공심화과정 인정시험(3과정)은 각 전공영역에 관하여 보다 심화된 전문적인 지식과 기술을 평가한다.

학위취득 종합시험(4과정)은 시험의 최종 과정으로서 학위를 취득한 자가 일반적으로 갖추어야 할 소양 및 전문지식과 기술을 종합적으로 평가한다.

전공심화과정 인정시험 및 학위취득 종합시험의 시험방법은 객관식(4지택1형)과 주관식(80자 내외의 서술형)으로 하되, 과목의 특성에 따라 다소 융통성 있게 출제한다.

STUDY PLAN

독학학위제 단계별 학습법

1 단계

평가영역에 기반을 둔 이론 공부!

독학학위제에서 발표한 평가영역에 기반을 두어 효율적으로 이론 공부를 해야 합니다. 각 장별로 정리된 '핵심이론'을 통해 핵심적인 개념을 파악합니다. 모든 내용을 다 암기하는 것이 아니라, 포괄적으로 이해한 후 핵심내용을 파악하여 이 부분을 확실히 알고 넘어가야 합니다.

2 단계

시험경향 및 문제유형 파악!

독학사 시험 문제는 지금까지 출제된 유형에서 크게 벗어나지 않는 범위에서 비슷한 유형으로 줄곧 출제되고 있습니다. 본서에 수록된 이론을 충실히 학습한 후 '실전예상문제'를 풀어 보면서 문제의 유형과 출제의도를 파악하는 데 집중하도록 합니다. 교재에 수록된 문제는 시험 유형의 가장 핵심적인 부분이 반영된 문항들이므로 실제 시험에서 어떠한 유형이 출제되는지에 대한 감을 잡을 수 있을 것입니다.

3 단계

'실전예상문제'를 통한 효과적인 대비!

독학사 시험 문제는 비슷한 유형들이 반복되어 출제되므로 다양한 문제를 풀어 보는 것이 필수적입니다. 각 단원의 끝에 수록된 '실전예상문제'를 통해 단원별 내용을 제대로 학습했는지 꼼꼼하게 확인하고, 실력점검을 합니다. 이때 부족한 부분은 따로 체크해 두고 복습할 때 중점적으로 공부하는 것도 좋은 학습 전략입니다.

4 단계

복습을 통한 학습 마무리!

이론 공부를 하면서, 혹은 문제를 풀어 보면서 헷갈리고 이해하기 어려운 부분은 따로 체크해 두는 것이 좋습니다. 중요 개념은 반복학습을 통해 놓치지 않고 확실하게 익히고 넘어가야 합니다. 마무리 단계에서는 '최종모의고사'를 통해 실전연습을 할 수 있도록 합니다.

COMMENT

합격수기

" 저는 학사편입 제도를 이용하기 위해 2~4단계를 순차로 응시했고 한 번에 합격했습니다.
아슬아슬한 점수라서 부끄럽지만 독학사는 자료가 부족해서 부족하나마 후기를 쓰는 것이 도움이 될까 하여
제 합격전략을 정리하여 알려 드립니다.

#1. 교재와 전공서적을 가까이에!

학사학위 취득은 본래 4년을 기본으로 합니다. 독학사는 이를 1년으로 단축하는 것을 목표로 하는 시험이라 실제 시험도 변별력을 높이는 몇 문제를 제외한다면 기본이 되는 중요한 이론 위주로 출제됩니다. SD에듀의 독학사 시리즈 역시 이에 맞추어 중요한 내용이 일목요연하게 압축 · 정리되어 있습니다. 빠르게 훑어보기 좋지만 내가 목표로 한 전공에 대해 자세히 알고 싶다면 전공서적과 함께 공부하는 것이 좋습니다. 교재와 전공서적을 함께 보면서 교재에 전공서적 내용을 정리하여 단권화하면 시험이 임박했을 때 교재 한 권으로도 자신 있게 시험을 치를 수 있습니다.

#2. 시간확인은 필수!

쉬운 문제는 금방 넘어가지만 지문이 길거나 어렵고 헷갈리는 문제도 있고, OMR 카드에 마킹까지 해야 하니 실제로 주어진 시간은 더 짧습니다. 1번에 어려운 문제가 있다고 해서 시간을 많이 허비하면 쉽게 풀 수 있는 마지막 문제들을 놓칠 수 있습니다. 문제 푸는 속도도 느려지니 집중력도 떨어집니다. 그래서 어차피 배점은 같으니 아는 문제를 최대한 많이 맞히는 것을 목표로 했습니다.
① 어려운 문제는 빠르게 넘기면서 문제를 끝까지 다 풀고 ② 확실한 답부터 우선 마킹한 후 ③ 다시 시험지로 돌아가 건너뛴 문제들을 다시 풀었습니다. 확실히 시간을 재고 문제를 많이 풀어봐야 실전에 도움이 되는 것 같습니다.

#3. 문제풀이의 반복!

여느 시험과 마찬가지로 문제는 많이 풀어볼수록 좋습니다. 이론을 공부한 후 실전예상문제를 풀다보니 부족한 부분이 어딘지 확인할 수 있었고, 공부한 이론이 시험에 어떤 식으로 출제될지 예상할 수 있었습니다. 그렇게 부족한 부분을 보충해가며 문제유형을 파악하면 이론을 복습할 때도 어떤 부분을 중점적으로 암기해야 할지 알 수 있습니다. 이론 공부가 어느 정도 마무리되었을 때 시계를 준비하고 최종모의고사를 풀었습니다. 실제 시험시간을 생각하면서 예행연습을 하니 시험 당일에는 덜 긴장할 수 있었습니다.

학위취득을 위해 오늘도 열심히 학습하시는 동지 여러분에게도 합격의 영광이 있으시길 기원하면서 이만 줄입니다. "

PREVIEW

이 책의 구성과 특징

| 단원 개요 |

제1장에서는 차자 표기법의 원리를 파악하고 고유 명사 표기 및 구결 · 이두 · 향찰의 쓰임을 이해한다. 제2장에서는 훈민정음 창제와 15세기의 표기법에 대해 살피고, 연철과 중철, 분철의 특징을 이해한다. 제3장에서는 한글 맞춤법 정비 과정을 소개한다.

| 출제 경향 및 수험 대책 |

- 차자 표기법의 의미와 원리를 이해한다.
- 음차와 훈차의 원리를 이해한다.
- 구결 · 이두 · 향찰의 종류와 표기를 이해하고 그 예를 숙지한다.
- 훈민정음의 창제의 역사와 기본 원리를 이해한다.
- 표음주의 표기와 표의주의 표기의 원리를 이해하고 그 예를 숙지한다.
- 연철 · 중철 · 분철의 의미를 이해하고 그 예를 숙지한다.
- 개화기의 표기법의 역사를 이해한다.
- 한글 맞춤법 통일안의 역사와 내용을 이해한다.

01 단원 개요

핵심이론을 학습하기에 앞서 각 단원에서 파악해야 할 중점과 학습목표를 정리하여 수록하였습니다.

제 1 장 차자 표기법의 원리

제1절 원리

우리말의 고유 명사를 표기하기 위해서는 표기를 위한 문자가 따로 필요했는데, 훈민정음이 창제되기 이전에는 우리말을 표기하기 위한 독립적인 문자 체계가 존재하지 않았다. 따라서 다른 문자를 빌려 쓸 수밖에 없었고, 이 때 주로 중국의 한자가 사용되었다.

다른 문자를 빌려서 우리말인 한국어를 표기하는 방식을 차자 표기라고 한다. 한자의 역사를 고려할 때, 한자를 활용한 차자 표기는 상당히 오래전부터 이어졌을 것으로 추론할 수 있다. 차자 표기는 고유 명사만을 표기하는 등 한정적으로 사용되다가, 시간이 지나면서 그 양상이 발달하여 문장 수준의 표기까지 가능하게 되었다.

더 알아두기

고유 명사

고유 명사란 '낱낱의 특정한 사물이나 사람을 다른 것들과 구별하여 부르기 위하여 고유의 기호를 붙인 이름'을 뜻한다. 다시 말하면, 같은 성질을 지닌 복수의 대상 중 특정 대상을 다른 것들과 구분해야 할 때 사용되는 명사를 고유 명사라고 한다. '홍길동'과 같이 사람을 구별하기 위한 이름, '조선'과 같이 나라를 구별하기 위한 이름 등이 이에 해당한다.

제2절 유형(고유 명사 표기, 구결, 이두, 향찰)

1 차자 표기의 원리와 양상

한자를 활용한 차자 표기 방식은 크게 두 가지로 나누어 볼 수 있다.

(1) 음차

02 핵심이론

독학사 시험의 출제경향에 맞춰 시행처의 평가영역을 바탕으로 '핵심이론'을 정리하여 수록하였습니다.

제 1 편 실전예상문제

제1장 차자 표기법의 원리

01 훈민정음 창제 이전에 우리말을 표기하기 위한 방법으로 옳지 않은 것은?

① 이두
② 향가
③ 구결
④ 향찰

01 구결, 이두, 향찰은 모두 훈민정음 창제 이전에 우리말을 표기하기 위한 방법으로, 한자를 활용한 차자 표기이다. '향가'는 향찰이 사용된 시가(詩歌) 문학 장르를 일컫는다.

02 한문 원문의 구절에 우리말 문법 요소에 해당하는 토만 달아 두는 구결 표기법으로 옳은 것은?

① 음독 구결
② 자토 석독 구결
③ 점토 석독 구결
④ 순독 구결

02 음독 구결은 한문 원문을 읽을 때 의미를 쉽게 파악하기 위해 한문 원문의 구절에 우리말 문법 요소에 해당하는 토만 달아 두는 구결 표기법이다. 문법적 요소를 제외하면 원문의 내용이 그대로 유지된다.

03 차자 표기 방식 중 '이두'와 동일한 명칭이 아닌 것은?

03 차자 표기 방식 중 하나인 '이두'는

03 실전예상문제

학습자가 해당 교과정에서 반드시 알아야 할 내용을 문제로 정리하였습니다. '실전예상문제'를 통해 객관식 · 주관식 문제를 충분히 연습할 수 있도록 구성하였습니다.

제1회 최종모의고사 | 국어정서법

제한시간 : 50분 | 시작 ___시 ___분 - 종료 ___시 ___분

정답 및 해설 255p

01 차자 표기에 대한 설명으로 옳지 않은 것은?

① 구결이란 한문의 구절 아래에 특정 요소를 달아 쓰는 문법적 요소이다.
② 음독 구결은 한문 원문 구절에 우리말 문법 요소에 해당하는 토만 달아 두는 표기법이다.
③ 석독 구결은 문법 요소인 토를 달고 우리말 해석의 순서까지 표시하는 표기법이다.
④ 이두는 한문의 어순대로 한자의 음과 훈을 빌려 우리말을 표현한 표기법이다.

02 다음 중 향찰에 대한 설명으로 옳지 않은 것은?

① 우리말의 어순과 문법적 요소 등을 포함하여 우리말 자체를 온전하게 적기 위한 표기이다.
② 향찰은 한문 원문의 큰 틀에서 벗어나지 못한다는 한계가 존재한다.
③ 단어 중에서 실질적인 의미를 지니는 부분들은 한자의 뜻을 빌려 훈차를 하였다.
④ 단어 중에서 문법적인 의미를 지니는 부분들은 한자의 음을 빌려 음차를 하였다.

03 다음은 향가 '서동요'의 내용 중 일부이다. 밑줄 친 부분에서 훈차가 적용된 부분은?

04 최종모의고사

실전감각을 기르고 최종점검을 할 수 있도록 '최종모의고사(총 2회분)'를 수록하였습니다.

CONTENTS

목 차

핵심이론 + 실전예상문제

제 1 편

한국어 표기의 역사

| 단원 개요 |

제1장에서는 차자 표기법의 원리를 파악하고 고유 명사 표기 및 구결 · 이두 · 향찰의 쓰임을 이해한다. 제2장에서는 훈민정음 창제와 15세기의 표기법에 대해 살피고, 연철과 중철, 분철의 특징을 이해한다. 제3장에서는 한글 맞춤법 정비 과정을 소개한다.

| 출제 경향 및 수험 대책 |

- 차자 표기법의 의미와 원리를 이해한다.
- 음차와 훈차의 원리를 이해한다.
- 구결 · 이두 · 향찰의 종류와 표기를 이해하고 그 예를 숙지한다.
- 훈민정음의 창제의 역사와 기본 원리를 이해한다.
- 표음주의 표기와 표의주의 표기의 원리를 이해하고 그 예를 숙지한다.
- 연철 · 중철 · 분철의 의미를 이해하고 그 예를 숙지한다.
- 개화기의 표기법의 역사를 이해한다.
- 한글 맞춤법 통일안의 역사와 내용을 이해한다.

제 1 장 차자 표기법의 원리

제1절 원리

우리말의 고유 명사를 표기하기 위해서는 표기를 위한 문자가 따로 필요했는데, 훈민정음이 창제되기 이전에는 우리말을 표기하기 위한 독립적인 문자 체계가 존재하지 않았다. 따라서 다른 문자를 빌려 쓸 수밖에 없었고, 이 때 주로 중국의 한자가 사용되었다.

다른 문자를 빌려서 우리말인 한국어를 표기하는 방식을 차자 표기라고 한다. 한자의 역사를 고려할 때, 한자를 활용한 차자 표기는 상당히 오래전부터 이어졌을 것으로 추론할 수 있다. 차자 표기는 고유 명사만을 표기하는 등 한정적으로 사용되다가, 시간이 지나면서 그 양상이 발달하여 문장 수준의 표기까지 가능하게 되었다.

> **더 알아두기**
>
> **고유 명사**
>
> 고유 명사란 '낱낱의 특정한 사물이나 사람을 다른 것들과 구별하여 부르기 위하여 고유의 기호를 붙인 이름'을 뜻한다. 다시 말하면, 같은 성질을 지닌 복수의 대상 중 특정 대상을 다른 것들과 구분해야 할 때 사용되는 명사를 고유 명사라고 한다. '홍길동'과 같이 사람을 구별하기 위한 이름, '조선'과 같이 나라를 구별하기 위한 이름 등이 이에 해당한다.

제2절 유형(고유 명사 표기, 구결, 이두, 향찰)

1 차자 표기의 원리와 양상

한자를 활용한 차자 표기 방식은 크게 두 가지로 나누어 볼 수 있다.

(1) 음차

한자의 음을 활용하여 한국어를 표기하는 방법을 음차(音借)라고 하는데, 말 그대로 '음(音)을 빌려서 쓰는 것'을 의미하는 용어이다. 예를 들어, 동물 '너구리'는 '汝古里(여고리)'로 적기도 하였는데, 여기서 '古'와 '里'는 한자의 음만을 가져와 적은 음차 표기이다.

(2) 훈차

한자의 뜻을 활용하여 한국어를 표기하는 방법이 있다. 이를 훈차(訓借)라고 하는데, 말 그대로 '뜻(訓)을 빌려서 쓰는 것'을 의미하는 용어이다. 예를 들어, 앞서 살펴본 '너구리'의 한자 표기인 '汝古里(여고리)'에서 '汝'는 '너'라는 뜻을 지니고 있으므로, 이를 빌려서 '너구리'의 '너'를 표현한 것이다.

이와 같은 단순한 단어 표기 차원을 넘어 한국어의 문장 표기를 위한 방안들이 고안되어 실제 사용되었는데, 이를 **구결**, **이두**, **향찰**이라 한다.

2 구결의 종류와 표기

구결(口訣)이란 한문을 읽을 때 한문의 구절 아래에 특정 요소를 달아 쓰는 문법적 요소를 일컫는다. 즉, 한문 구절의 의미나 구절 간의 문법적인 관계 등을 표시하고 이를 독자가 이해하기 쉽게 하기 위한 표기 요소이다.
차자 표기의 의미를 고려할 때, 차자 표기에서 살펴볼 구결은 한자로 적힌 구결에 한정될 수밖에 없다. 구결은 한문 원문의 의미 파악을 위해 각 구절에 토(吐)를 달아 두는 것이므로, 구결을 제외하면 한문 원문의 본래 형태를 유지하게 된다.
구결은 **음독 구결**과 **석독 구결**로 다시 나누어 살펴볼 수 있다.

(1) 음독 구결

한문 원문을 읽을 때 의미를 쉽게 파악하기 위해 한문 원문의 구절에 우리말 문법 요소에 해당하는 토만 달아 두는 구결 표기법이다. 문법적 요소를 제외하면 원문의 내용이 그대로 유지된다. 사용된 예는 다음과 같다.

(가) 樊遲 問仁 子曰 愛人
(나) 樊遲 問仁爲隱大 子曰 愛人是尼羅
(번지가 인에 대하여 묻자 공자께서 말씀하셨다. "사람을 사랑하는 것이다.")

해당 예문의 (가)는 한문 원문이고, (나)는 음독 구결의 예이다. (나)에서 밑줄 친 '爲隱大'와 '是尼羅'가 각각 토(吐), 즉 음독 구결에 해당한다. (나)에서 '爲隱大'는 '한대', '是尼羅'는 '이니라'의 역할을 각각 수행하는데, 이는 한문 원문을 그대로 읽고 이해할 수 있도록 우리말의 문법적 요소들을 추가한 것이다.

(2) 석독 구결

한문 원문을 읽을 때 당시 한국어로 쉽게 풀어 읽을 수 있도록 토를 달아놓고, 우리말로 해석하는 순서까지 표시한 구결 표기를 의미한다. 석독 구결은 자토 석독 구결과 점토 석독 구결로 나누어 살펴볼 수 있다. 먼저 자토 석독 구결(字吐釋讀口訣)이란 한자의 모양을 보다 단순하게 바꾼 구결자(口訣字)로 토를 달아 둔 것이고, 다른 하나인 점토 석독 구결(點吐釋讀口訣)은 점이나 선 모양의 구결점으로 토를 달아 둔 것이다. 자토 석독 구결은 '순독 구결(順讀口訣)'로, 점토 석독 구결은 '각필 구결(角筆口訣)'로 부르기도 한다. 자토 석독 구결의 예는 다음과 같다.

檀波羅蜜乙 行向ソか
(단바라밀을 수행하며)

현대어 역을 참고할 때, 해당 예시에서 '乙'은 '을', 'ソか'은 '하며'의 문법적 역할을 수행한다는 사실을 확인할 수 있다.

점토 석독 구결은 한자를 둘러싼 공간을 일정하게 나눈 뒤, 해당 위치에 점과 선을 넣어 구결을 표시하는 방식이다. 이는 해당 위치의 기호가 의미하는 내용을 모두 외워야만 사용할 수 있기에, 자토 석독 구결에 비해 다소 복잡하고 사용하기 어렵다는 특성을 지닌다.

3 이두의 종류와 표기

이두(吏讀)는 한자의 음과 훈을 빌려서 우리말을 기록하던 표기법이다. 이두는 주로 삼국시대부터 사용되었는데, '이서(吏書)', '이도(吏道)', '이도(吏刀)', '이두(吏頭)', '이토(吏吐)', '이찰(吏札)', '이문(吏文)'과 같은 다양한 명칭으로 불리기도 하였다. 삼국시대에는 귀족부터 평민까지 다양한 계층들이 사용하던 표기 방식이었으나, 이후 관리들의 공문서 작성과 같은 일부 영역에서만 제한적으로 사용되는 양상을 보였다. 앞서 살펴본 다양한 명칭들에 공통적으로 '吏(이)'자가 들어가는 이유도 관아의 서리(胥吏)들이 사용하였다는 사실에서 기인한 것이다.
이두는 기본적으로 우리말 어순을 따른다. 한문의 어순은 우리말의 어순과 다른데, 이두는 이러한 어순을 조정하여 우리말 문장 구조에 맞추어 재배열함으로써 의미를 쉽게 이해할 수 있도록 돕는다. 초창기 이두는 이러한 어순의 재배열 양상을 중심으로 전개되었는데, 그 예는 다음과 같다.

二人并誓記 天前誓
(두 사람이 함께 맹세하여 기록한다. 하늘 앞에 맹세한다.)

해당 예시의 현대어 역을 참고할 때, 우리말의 어순과 완벽하게 일치한다는 사실을 알 수 있다. 한문의 어순이 '주어+서술어+목적어'임을 고려했을 때, 만약 '天前誓'을 한문 어순대로 표현하였다면 '誓前天'으로 적었을 것이다. 이는 우리말의 어순과 일치시킴으로써 그 내용을 쉽게 이해할 수 있도록 하기 위한 재배치임을 알 수 있다.
한편, 어순 재배열을 넘어 우리말의 조사나 어미까지도 차자 표기로 적는 이두의 양상도 보인다. 그 예는 다음과 같다.

(가) 以後中座中昇
(이후에 자리에 올라)
(나) 本國乙 背叛爲遣
(본국을 배반하고)

해당 예시 중 (가)에서 현대어 역을 참고할 때, 밑줄 친 '中'은 '에'에 해당함을 알 수 있다. 또한 (나)에서 현대어 역을 참고할 때, 밑줄 친 '乙'은 '을', '爲遣'은 '하고'에 각각 해당함을 알 수 있다. 이처럼 이두는 우리말의 어순에 맞는 재배열뿐만 아니라 우리말의 문법적 요소까지도 표기하는 방식으로 발전하였다.

4 향찰의 종류와 표기

향찰(鄕札)은 우리말의 어순과 문법적 요소 등을 포함하여 우리말 자체를 온전하게 적기 위한 차자 표기이다. 이두 또한 우리말을 적기 위한 표기 방식이었으나, 한문 원문을 기본으로 하여 재배열하거나 특정 문법 요소만을 추가하는 등의 방식을 사용함으로써 한문 원문의 큰 틀에서 벗어나지 못한다는 한계가 존재한다.
이에 비해 향찰은 우리말 표기를 위해 한자를 단순 차용한 것에 가깝다고 볼 수 있다. 단어 중에서 실질적인 의미를 지니는 부분들은 한자의 뜻을 빌려 훈차를 하였고, 문법적인 의미를 지니는 부분들은 한자의 음을 빌려 음차를 하였다.
향찰이라는 이름은 향가(鄕歌)를 표기하는 데에 사용된 차자 표기였기에 붙여진 이름이다. 향가 내에서 향찰이 사용된 예는 다음과 같다.

(가) 善花公主主隱
(선화공주님은)
(나) 吾隱(나는), 夜矣(밤에)

해당 예시의 (가)에서 고유 명사인 '선화공주'를 제외하고, 밑줄 친 '主隱'은 각각 '主'를 훈차, '隱'를 음차로 하여 읽어야만 현대어 역과 일치한다. 이를 통해, 어휘 형태소와 관련된 것은 주로 훈차를 하였고, 문법 형태소와 관련된 것은 주로 음차를 하였다는 것을 알 수 있다. 이는 예시 (나)에도 적용할 수 있는데, '吾'와 '夜'는 훈차, '隱'과 '矣'는 음차를 해야 현대어 역과 일치하기 때문에 '吾'와 '夜'는 어휘 형태소, '隱'과 '矣'는 문법 형태소임을 추론할 수 있다.

또한 향찰은 해독의 용이성을 확보하기 위해 '말음 첨기'라는 표기법을 사용한다는 특징을 지닌다. 말음 첨기는 어휘 형태소의 말음을 밝히기 위해 음독자를 더하는 것을 의미한다. 그 예는 다음과 같다.

夜音(밤), 栢史(잣), 有叱多(있다)

해당 예시에서는 '밤'을 '夜音'으로 표기하였다. 이를 통해 '밤'의 종성 'ㅁ'을 '音'으로 첨기한 것임을 알 수 있다. 마찬가지로 '잣'을 표기한 '栢史'을 통해 '잣'의 종성 'ㅅ'을 '史'로 첨기한 것임을 알 수 있다. 이러한 방식은 용언에서도 나타났는데, '있다(잇다)'를 '有叱多'로 표기하였음을 통해 '있(잇)'의 종성 'ㅅ'을 '叱'로 첨기하였음을 알 수 있다. 이러한 말음 첨기는 향찰이 사용된 원문의 본 내용을 해독하는 데에 도움을 준다.

제 2 장 | 훈민정음 창제와 표기법

제1절 훈민정음 창제와 15세기 표기법

1 훈민정음의 창제

우리말의 표기를 위해 중국의 한자를 빌려 사용한 차자 표기는 우리말을 온전히 표기하기에는 분명한 한계가 존재했다. 이러한 한계를 극복하기 위해 세종대왕이 직접 우리말 표기를 위한 독립적 문자 체계인 훈민정음(訓民正音)을 1443년(세종 25년)에 창제하였다. 훈민정음이란 '백성을 가르치는 올바른 소리'라는 뜻을 지니고 있으며, 세종대왕이 1446년(세종 28)에 반포한 우리 고유의 문자 체계(한글), 또는 그 체계와 내용을 상세하게 해설한 책의 이름을 모두 일컫는다.

훈민정음, 즉 한글 창제의 기본 원리는 '**상형(象形)**'과 '**가획(加劃)**'이다. 상형은 사물의 모양을 본떠 만든 것을 의미하며, 가획은 기본자에 획을 더하는 것을 의미한다. 초성자는 자음들이 발음되는 조음 기관의 모양을 본떠서 기본자를 만들었으며, 이러한 기본자에 획을 더하여 나머지 글자를 만들었다. 중성자는 성리학의 삼재(三才)인 '하늘, 땅, 사람'을 상형의 대상으로 삼아 기본자를 만들었으며, 기본자에 획을 더하여 나머지 글자를 만들었다.

> **더 알아두기**
>
> **한글의 창제와 반포 시기**
>
> 훈민정음은 1443년에 창제되었으나, 반포는 1446년에야 이루어졌다. 한글 창제 이후 그 체계와 용례 등을 정비하고 체계와 내용을 완성하여 이를 상세하게 해설한 책이 바로 『훈민정음』이다. 한글 창제와 반포 간의 간격은 한글의 문자 체계를 정교화하기 위한 시간으로 이해하면 될 것이다.

2 15세기 표기법 중요

글자의 표기법은 크게 '**표음주의 표기법**'과 '**표의주의 표기법**'으로 나눌 수 있는데, 표음주의 표기법이란 단어의 발음 그대로 표기하는 것을 의미하고, 표의주의 표기법은 단어의 원형을 밝혀 적는 것을 의미한다. 15세기에는 주로 표음주의 표기법을 사용했는데, 이는 단어의 발음을 충실하게 반영하여 적는 방법이다. 예를 들어, '꽃이, 꽃도, 꽃만'을 각각의 표기법대로 적으면 다음과 같이 나눌 수 있다.

(가) 표음주의 표기법 : 꼬치, 곧또, 꼰만
(나) 표의주의 표기법 : 꽃이, 꽃도, 꽃만

(가)는 발음 나는 대로 적은 표음주의 표기법의 예시이고, (나)는 단어의 원형을 밝혀 적는 표의주의 표기법의 예시로 현대 한국어의 표기와 동일하다. 이를 통해 현대 한국어에는 표의주의 표기법이 반영되어 있음을 알 수 있는데, 이에 대한 자세한 내용은 제2편에서 다루기로 한다.

『훈민정음』에서는 종성자 표기 규정도 설명하고 있다. 'ㄱ, ㄴ, ㄷ, ㄹ, ㅁ, ㅂ, ㅅ, ㆁ' 8자를 종성에 표기하는 글자로 규정하고 있는데, 이를 가리켜 **'8종성법'**이라 한다.

16세기 이후 8종성법 사용 양상이 변화하여, 'ㄷ'과 'ㅅ' 받침을 구분하지 않고 'ㅅ'으로 통일하여 'ㄱ, ㄴ, ㄹ, ㅁ, ㅂ, ㅅ, ㆁ'을 받침으로 사용하는 7종성법이 쓰이게 된다. 7종성법은 1933년 「한글 맞춤법 통일안」이 제정되기 전까지 사용되었다. 「한글 맞춤법 통일안」 제정 이후 현대국어에서는 홑받침 16개(ㄱ, ㄴ, ㄷ, ㄹ, ㅁ, ㅂ, ㅅ, ㅇ, ㅈ, ㅊ, ㅋ, ㅌ, ㅍ, ㅎ, ㄲ, ㅆ)와 겹받침 11개(ㄳ, ㄵ, ㄶ, ㄺ, ㄻ, ㄼ, ㄽ, ㄾ, ㄿ, ㅀ, ㅄ)를 모두 종성으로 표기할 수 있으나, 종성의 발음은 'ㄱ, ㄴ, ㄷ, ㄹ, ㅁ, ㅂ, ㅇ'의 7개 자음의 소리로 제한하고 있다. 이처럼 7개의 소리로 제한한 것을 **'음절 끝소리 규칙'**이라고 한다.

더 알아두기

종성부용초성과 8종성법

『훈민정음』에서 종성에 관한 제자 규정인 '종성부용초성'과 표기 규정인 8종성법은 그 의미를 혼동하기 쉽다. 제자 규정에 해당하는 '종성부용초성'이란 종성은 글자를 따로 만들지 않고 초성의 글자를 사용한다는 의미이며, 표기 규정인 8종성법은 초성 글자들 중 8자를 종성 표기에 사용한다는 의미이다.

제2절 연철, 중철, 분철

1 연철(連綴, 이어적기) 중요

표음주의 표기법은 형태소와 형태소 사이의 경계를 구분하지 않고 발음이 나는 대로 이어서 적는다. 즉, 앞 형태소의 말음이 뒤에 이어지는 음절의 초성으로 연음이 된다는 것이다. 이러한 현상을 표기에 그대로 반영한 것이 연철이다. 15세기 한국어 표기법은 연철을 원칙으로 하였는데, 그 예는 다음과 같다.

> 늧+이 〉 ᄂᆞ치, 높+ᄋᆞᆫ 〉 노ᄑᆞᆫ, 믈+에 〉 므레

해당 예시는 체언이나 용언 어간 뒤에 모음으로 시작하는 문법 형태소가 결합할 때, 앞 형태소의 말음이 뒤 음절의 초성으로 연철된 예이다. 이와 같은 형태가 **15세기의 일반적인 표기법**이다.

2 중철(重綴, 거듭적기)

중철이란 여러 형태소가 연결될 때, 앞 형태소의 말음을 해당 음절의 종성에도 적고, 뒤에 이어지는 음절의 초성에도 거듭 적는 방식을 말한다.

> ᄂᆞᆾ+이 〉 ᄂᆞᆺ치, 높+ᄋᆞᆫ 〉 놉ᄑᆞᆫ, 믈+에 〉 믈레

해당 예시는 앞서 살펴본 연철의 예시를 중철한 것이다. 앞 형태소의 종성과 뒤 형태소의 초성이 동일하게 적히는 것이 원칙인데, 'ᄂᆞᆺ치, 놉ᄑᆞᆫ'의 경우는 8종성법이 적용된 형태이다. 중철은 연철과 분철의 성격을 모두 지닌 형태라고 볼 수 있다.

3 분철(分綴, 끊어적기)

분철이란 여러 형태소가 연결될 때, 형태소 사이의 경계를 구분하여 적는 방식을 말한다. 형태소를 음절 단위로 구분하기 때문에 단어의 원형을 파악할 수 있어 의미를 독해하는 데에 유리하다. 그러나 해당 단어가 어떻게 발음되는지 직관적으로 파악하기는 어렵다.

> ᄂᆞᆾ+이 〉 ᄂᆞᆺ이, 높+ᄋᆞᆫ 〉 놉ᄋᆞᆫ, 믈+에 〉 믈에

해당 예시는 앞서 살펴본 연철의 예시를 분철한 것이다. 체언이나 용언 어간의 원형, 그리고 결합하는 문법 형태소의 형태까지 그대로 남아 있어서 그 의미를 파악하기 용이하다. 다만 'ᄂᆞᆺ이, 놉ᄋᆞᆫ'의 경우에는 8종성법이 적용된 형태이다. 분철 표기는 15세기에는 찾기 어려우나, 표기법이 조금씩 변화를 겪으며 현대 한국어에 정착되었다.

제 3 장 한글 맞춤법 정비

제1절 개화기의 표기법

한글 창제 이후 오랜 시간이 지났음에도, 우리말을 표기하기 위한 문자로서의 입지는 한글보다는 한자가 더욱 우세한 상황이 지속되었다. 이러한 상황 속에서, 1894년 11월 고종칙령 1호로 인해 한글이 우리나라 공문서의 공식 문자가 되었다. 이를 계기로 한글은 비로소 우리 생활에서의 '국문(國文)'의 위상을 갖추게 되었다.
이후 표기 규범의 제정과 정비 및 연구를 위해 1907년 학부에 '국문연구소'를 설치하였고, 1907년 1차 회의 이후 23차례의 회의 끝에 1909년 「국문연구의정안」을 제출하였다. 의정안의 내용은 아래아 사용 유지 등을 제외하면 현대의 한글 맞춤법에 계승되고 있다는 점에 큰 의의를 지니지만, 보고서에 대한 내용이 이행되지 못하고 이후 일제가 국권을 침탈함으로써 세상에 공포되지 못하였다. 이후 『조선어독본』의 간행, 「언문철자법」의 공포를 거치며 조선총독부의 주도로 한글 표기법에 대한 수정이 이루어지게 되었다.

제2절 한글 맞춤법 통일안 중요

1933년 조선어학회는 「한글 맞춤법 통일안」을 발표하였다. 오늘날의 한글 맞춤법은 이때 완성된 통일안을 주요 기반으로 한다. 이는 국가 공인의 통일안은 아니었으나, 큰 사회적 지지를 바탕으로 하여 대한민국 건국 이후 맞춤법으로 채택되기에 이른다.
「한글 맞춤법 통일안」은 총론, 각론 7장 63항 및 부록 2항으로 구성된 체계적 규정집이다. 「한글 맞춤법 통일안」의 가장 큰 특징 중 하나는 표의주의 표기법의 채택이다. 15세기의 주된 표기법이자 그 이후에도 꾸준히 사용되었던 표음주의 표기법만을 고수하던 데에서 벗어나 단어의 원형을 밝혀 적는 표의주의 표기법도 채택한 것이다. 표의주의 표기법이 반영된 내용은 총론에서도 찾아볼 수 있는데, 제1조의 내용인 '표준말을 그 소리대로 적되, 어법에 맞도록 함으로써 원칙을 삼는다.'에 반영되어 있다. 「한글 맞춤법 통일안」에서 채택한 표의주의 표기법은 현대 한글 맞춤법의 중요한 근간이 되었다.
「한글 맞춤법 통일안」이 발표된 이후, 문교부가 1988년에 제88-1호로 고시한 「한글 맞춤법」이 1989년에 본격적으로 시행되며 현재에 이르게 된다.

> **더 알아두기**
>
> **「한글 맞춤법 통일안」 총론**
>
> 1. 한글 맞춤법은 표준말을 그 소리대로 적되, 어법에 맞도록 함으로써 원칙을 삼는다.
> 2. 표준말은 대체로 현재 중류 사회에서 쓰는 서울말로 한다.
> 3. 문장의 각 단어는 띄어 쓰되, 토는 그 웃말에 붙여 쓴다.

제 1 편 실전예상문제

제1장 차자 표기법의 원리

01 훈민정음 창제 이전에 우리말을 표기하기 위한 방법으로 옳지 않은 것은?

① 이두
② 향가
③ 구결
④ 향찰

01 구결, 이두, 향찰은 모두 훈민정음 창제 이전에 우리말을 표기하기 위한 방법으로, 한자를 활용한 차자 표기이다. '향가'는 향찰이 사용된 시가(詩歌) 문학 장르를 일컫는다.

02 한문 원문의 구절에 우리말 문법 요소에 해당하는 토만 달아 두는 구결 표기법으로 옳은 것은?

① 음독 구결
② 자토 석독 구결
③ 점토 석독 구결
④ 순독 구결

02 음독 구결은 한문 원문을 읽을 때 의미를 쉽게 파악하기 위해 한문 원문의 구절에 우리말 문법 요소에 해당하는 토만 달아 두는 구결 표기법이다. 문법적 요소를 제외하면 원문의 내용이 그대로 유지된다.

03 차자 표기 방식 중 '이두'와 동일한 명칭이 아닌 것은?

① 이서(吏書)
② 이도(吏刀)
③ 이토(吏吐)
④ 이종(吏種)

03 차자 표기 방식 중 하나인 '이두'는 '이서(吏書)', '이도(吏道)', '이도(吏刀)', '이두(吏頭)', '이토(吏吐)', '이찰(吏札)', '이문(吏文)'과 같은 다양한 명칭으로 불리기도 하였다.

정답 01 ② 02 ① 03 ④

04 동물 '너구리'를 한자 '汝古里(여고리)'로 적었음을 고려할 때, 여기서 '古'와 '里'에 적용된 표기 원리로 옳은 것은?

① 훈차(訓借)
② 자차(字借)
③ 음차(音借)
④ 순차(順借)

04 동물 '너구리'는 '汝古里(여고리)'로 적기도 하였는데, 여기서 '古'와 '里'는 한자의 음만을 가져와 적은 음차 표기이다.

05 향찰 표기에서 해독의 용이성 확보를 위해 어휘 형태소의 말음을 밝히기 위한 음독자를 더하는 것을 의미하는 용어는?

① 말음 첨기
② 한자 차용
③ 음절 종성
④ 문법 형태소

05 향찰은 해독의 용이성을 확보하기 위해 '말음 첨기'라는 표기법을 사용한다는 특징을 지닌다. 말음 첨기는 어휘 형태소의 말음을 밝히기 위해 음독자를 더하는 것을 의미한다.

정답 04 ③ 05 ①

주관식 문제

01 다음 예문 중 (가)는 한문 원문이고, (나)는 한문 원문에 음독 구결 표기가 적용된 글이다. (나)의 내용 중 음독 구결 표기인 것을 쓰고, '是尼羅'의 현대어 역이 '이니라'임을 고려할 때 '是尼羅'에 적용된 표기 원리를 서술하시오.

(가) 樊遲問仁子曰愛人
(번지가 인에 대하여 묻자 공자께서 말씀하셨다. "사람을 사랑하는 것이다.")
(나) 樊遲 問仁爲隱大 子曰 愛人是尼羅

01 정답
(나)에서 '爲隱大'와 '是尼羅'가 각각 토(吐), 즉 음독 구결에 해당한다. '是尼羅'의 현대어 역이 '이니라'이므로 '是(이 시)'는 훈독, '尼羅(니라)'는 음독임을 알 수 있다.

02 다음 내용에서 괄호 안에 들어갈 말로 적절한 것을 쓰시오.

> 훈민정음이 창제되기 이전에는 우리말을 표기하기 위한 독립적인 문자 체계가 존재하지 않았다. 따라서 다른 문자를 빌려 쓸 수밖에 없었고, 이를 위해 주로 중국의 (   )이/가 사용되었다.

02 **정답**
한자

제2장 훈민정음 창제와 표기법

01 우리말을 온전히 표기하기 위해 세종대왕이 직접 반포한 독립적 문자 체계는?

① 우리말
② 훈민정음
③ 한국어
④ 표준국어대사전

01 훈민정음이란 '백성을 가르치는 올바른 소리'라는 뜻을 지니고 있으며, 세종대왕이 1446년(세종 28)에 반포한 우리 고유의 문자 체계(한글) 또는 그 체계와 내용을 상세하게 해설한 책의 이름을 모두 일컫는다.

02 다음 중 15세기의 표음주의 표기법에 해당하지 않는 것은?

① 꼬치(곶+이)
② 지비(집+이)
③ 잡을(잡+을)
④ 꼰만(곶+만)

02 '꼬치, 지비, 꼰만'은 모두 표음주의 표기법에 해당하지만, '잡을'은 단어의 발음이 [자블]임에도 그 원형을 그대로 살려 표기한 표의주의 표기법에 해당한다.

03 『훈민정음』에서 규정하는 8종성법에 해당하는 글자로 옳지 않은 것은?

① ㄱ
② ㄷ
③ ㅅ
④ ㅈ

03 『훈민정음』에서 규정하는 8종성법에 해당하는 글자는 'ㄱ, ㄴ, ㄷ, ㄹ, ㅁ, ㅂ, ㅅ, ㆁ'이다. 종성에서의 'ㅈ'은 'ㄷ'으로 발음되므로 'ㄷ'으로 표기된다.

정답 01 ② 02 ③ 03 ④

04 **다음 중 연철(連綴)에 해당하는 예로 옳지 않은 것은?**

① ᄂᆞᆾ+이 〉 ᄂᆞ치
② 높+ᄋᆞᆫ 〉 노ᄑᆞᆫ
③ 믈+에 〉 므레
④ 님+ᄋᆞᆯ 〉 님ᄋᆞᆯ

05 **다음 중 중철(重綴)에 해당하는 예로 옳은 것은?**

① 나+ᄅᆞᆯ 〉 나ᄅᆞᆯ
② 사ᄅᆞᆷ+이 〉 사ᄅᆞᆷ미
③ 남+ᄋᆞᆯ 〉 나ᄆᆞᆯ
④ ᄡᆞᄅᆞᆷ+이니라 〉 ᄡᆞᄅᆞ미니라

주관식 문제

01 **훈민정음 창제의 기본 원리인 '상형(象形)'과 '가획(加劃)'에 대해 서술하시오.**

04 'ᄂᆞ치, 노ᄑᆞᆫ, 므레'는 모두 발음이 나는 대로 이어서 적는 연철(連綴, 이어적기)에 해당하는 것이다. 그러나 '님ᄋᆞᆯ'은 형태소 사이의 경계를 구분하여 적었으므로 분철(分綴, 끊어적기)에 해당하는 예시이다.

05 '나ᄅᆞᆯ'은 분철에 해당하는 예시이며, '나ᄆᆞᆯ, ᄡᆞᄅᆞ미니라'는 연철에 해당하는 예시이다.

01 정답
상형은 사물의 모양을 본떠 만든 것을 의미하며, 가획은 기본자에 획을 더하는 것을 의미한다. 훈민정음 초성자는 자음들이 발음되는 조음 기관의 모양을 본떠 기본자를 만들었으며, 이러한 기본자에 획을 더하여 나머지 글자를 만들었다. 중성자는 성리학의 삼재(三才)인 '하늘, 땅, 사람'을 상형의 대상으로 삼아 기본자를 만들었으며, 기본자에 획을 더하여 나머지 글자를 만들었다.

정답 04 ④ 05 ②

02 『훈민정음』의 규정 중 '종성부용초성'과 '8종성법'의 차이를 서술하시오.

03 15세기의 8종성법과 16세기 이후의 7종성법, 현대의 음절 끝소리 규칙의 차이를 서술하시오.

02 정답
제자 규정에 해당하는 '종성부용초성'은 글자를 따로 만들지 않고 초성의 글자를 사용한다는 의미이며, 표기 규정인 8종성법은 초성 글자들 중 8자를 종성 표기에 사용한다는 의미이다.

03 정답
15세기의 8종성법은 종성에 쓰이는 글자를 'ㄱ, ㄴ, ㄷ, ㄹ, ㅁ, ㅂ, ㅅ, ㆁ'으로 규정한 것이고, 16세기 이후의 7종성법은 종성에 쓰이는 글자를 'ㄱ, ㄴ, ㄹ, ㅁ, ㅂ, ㅅ, ㆁ'으로 규정한 것인데, 이는 'ㄷ'과 'ㅅ' 받침을 구분하지 않고 'ㅅ'으로 통일하여 사용한 것이다. 이후 「한글 맞춤법 통일안」이 제정된 이후 현대에 이르러 종성의 발음을 'ㄱ, ㄴ, ㄷ, ㄹ, ㅁ, ㅂ, ㅇ' 7개로 제한한 것이 음절 끝소리 규칙이다. 8종성법과 7종성법은 표기에 대한 규정이라면, 음절 끝소리 규칙은 발음되는 소리에 대한 규정이라는 차이가 있다.

제3장 한글 맞춤법 정비

01 근대의 한글 맞춤법에 대한 설명으로 옳지 않은 것은?

① 훈민정음 반포를 계기로 한글은 표기 문자로서 한자보다 월등히 높은 입지를 가지게 되었다.

② 1894년 고종의 칙령으로 인해 한글이 우리나라 공문서의 공식 문자가 되었다.

③ 1909년 국문연구소의 주도로 「국문연구의정안」이 제출되었다.

④ 일제 국권 침탈 이후, 조선 총독부의 주도로 한글 표기법에 대한 수정이 이루어졌다.

01 한글 창제 이후에도 우리말을 표기하기 위한 문자로서의 입지는 한자가 한글보다 더욱 우세한 상황이 지속되었다.

02 조선어학회의 「한글 맞춤법 통일안」에 대한 설명으로 옳지 않은 것은?

① 15세기의 주된 표기법이었던 표음주의 표기법을 벗어나 표의주의 표기법을 채택하였다.

② 표준말은 대체로 현대 상류 사회에서 쓰는 서울말로 한다고 하였다.

③ 문장의 각 단어는 띄어 쓰되, 토는 그 웃말에 붙여 쓴다고 하였다.

④ 오늘날의 한글 맞춤법의 근간이 되었다.

02 「한글 맞춤법 통일안」의 총론에서는 '표준말은 대체로 현대 중류 사회에서 쓰는 서울말로 한다.'고 하였다.

정답 01 ① 02 ②

03 「한글 맞춤법 통일안」에 대한 설명으로 옳은 것은?

① 1933년 한글학회의 주도로 「한글 맞춤법 통일안」이 제정되었다.
② 「한글 맞춤법 통일안」은 국가 공인의 통일안이다.
③ 「한글 맞춤법 통일안」은 총론 및 각론 등의 항목을 갖추지 않아 비체계적이다.
④ 「한글 맞춤법 통일안」은 대한민국 건국 이후 맞춤법으로 채택되었다.

03 ① 「한글 맞춤법 통일안」은 1933년 조선어학회의 주도로 제정되었다.
② 「한글 맞춤법 통일안」은 국가 공인의 통일안은 아니다.
③ 「한글 맞춤법 통일안」은 총론, 각론 및 부록 등의 구성을 가진 체계적 규정집이다.

04 다음 중 개화기의 표기법에 대한 설명으로 옳은 것은?

① 표기 규범의 제정과 정비 및 연구를 위해 1907년 학부에 '한글연구소'가 설치되었다.
② 「국문연구의정안」에서는 '아래아 사용 금지'를 통해 현대 한글 맞춤법 체계를 만들었다.
③ 「국문연구의정안」은 그 내용이 이행되지 못하고 국권이 침탈되어 정식 공포되지 않았다.
④ 조선 총독부의 한글 표기법은 전체 내용이 현대의 한글 표기법에 그대로 계승되었다.

04 ① 표기 규범의 제정과 정비 및 연구를 위해 1907년 학부에 '국문연구소'가 설치되었다.
② '아래아 사용 유지' 등을 제외하면 현대 한글 맞춤법에 그 내용이 계승되었다.
④ 조선 총독부의 주도로 한글 표기법이 수정되었으나 전체 내용이 그대로 계승된 것으로 보기는 어렵다.

정답 03 ④ 04 ③

주관식 문제

01 「한글 맞춤법 통일안」의 표의주의 표기법 채택의 의의를 서술하시오.

01 정답
「한글 맞춤법 통일안」의 가장 큰 특징 중 하나는 표의주의 표기법의 채택이다. 15세기의 주된 표기법이자, 이후로도 꾸준히 사용되었던 표음주의 표기법만을 고수하던 데에서 벗어나 단어의 원형을 밝혀 적는 표의주의 표기법도 채택한 것이다. 표의주의 표기법이 반영된 내용은 총론에서도 찾아볼 수 있는데, 제1조의 내용인 '표준말을 그 소리대로 적되, 어법에 맞도록 함으로써 원칙을 삼는다'에 반영되어 있다. 표의주의 표기법을 채택하여 단어의 원형을 밝혀 적음으로써 그 의미와 문법적 관계 등을 명확하게 파악할 수 있게 되었다.

02 공식 문자로서의 한글이 가지는 의의를 서술하시오.

02 정답
1894년 11월 고종칙령 1호로 우리나라 공문서의 공식 문자가 된 한글은 우리 생활에서 비로소 '국문(國文)'의 위상을 갖추게 되었다. 이전에는 사회적으로 널리 쓰이는 글자임에도 공식 문자로 인정받지 못하였으므로, 공문서에서는 주로 한자가 사용되었다. 따라서 생활 속에서 주로 사용되는 글자가 공문서에서도 주로 사용됨으로써 문자 생활의 편리성이 증대하였다고 볼 수 있다.

SDEDU

합격의
공식
SD에듀

SD에듀와 함께, 합격을 향해 떠나는 여행

제 2 편

한글 맞춤법

| 단원 개요 |

제1장에서는 한글 맞춤법 총칙의 내용을 통해 한글 맞춤법의 대원칙을 이해한다. 제2장에서는 한글의 자모 수와 명칭과 특징을 이해한다. 제3장에서는 된소리, 구개음화, 'ㄷ' 소리 받침, 모음, 두음 법칙, 겹쳐 나는 소리에 대한 내용과 특징을 이해한다. 제4장에서는 체언과 조사, 어간과 어미, 접미사가 붙어서 된 말, 합성어 및 접두사가 붙는 말, 준말에 대한 내용과 특징을 이해한다. 제5장에서는 조사, 의존 명사, 단위를 나타내는 명사 및 열거하는 말, 보조 용언, 고유 명사 및 전문 용어들의 띄어쓰기에 대한 내용과 특징을 이해한다. 제6장은 앞서 언급한 내용 이외의 항목들의 내용과 그 특징에 대해 이해한다. 제7장은 문장 부호의 쓰임에 대한 내용과 그 특징을 이해한다.

| 출제 경향 및 수험 대책 |

- 한글 맞춤법의 총칙 내용을 숙지한다.
- 한글 자・모음의 특징을 이해한다.
- 된소리의 특징과 그 예를 숙지한다.
- 구개음화의 특징과 그 예를 숙지한다.
- 'ㄷ' 소리 받침의 특징과 그 예를 숙지한다.
- 모음 소리의 특징과 그 예를 숙지한다.
- 두음 법칙의 특징과 그 예를 숙지한다.
- 겹쳐 나는 소리의 특징과 그 예를 숙지한다.
- 체언과 조사의 표기에 대해 이해하고 그 예를 숙지한다.
- 어간과 어미의 표기에 대해 이해하고 그 예를 숙지한다.
- 접미사가 붙어서 된 말의 표기에 대해 이해하고 그 예를 숙지한다.
- 합성어 및 접두사가 붙는 말의 표기에 대해 이해하고 그 예를 숙지한다.
- 준말의 표기에 대해 이해하고 그 예를 숙지한다.
- 조사의 띄어쓰기에 대해 이해하고 그 예를 숙지한다.
- 의존 명사의 띄어쓰기에 대해 이해하고 그 예를 숙지한다.
- 단위를 나타내는 명사의 띄어쓰기에 대해 이해하고 그 예를 숙지한다.
- 열거하는 말의 띄어쓰기에 대해 이해하고 그 예를 숙지한다.
- 보조 용언의 띄어쓰기에 대해 이해하고 그 예를 숙지한다.
- 고유 명사 및 전문 용어의 띄어쓰기에 대해 이해하고 그 예를 숙지한다.
- 부사, 한자어, 어미, 접미사의 소리에 대해 이해하고 그 예를 숙지한다.
- '더라, –던'과 '–든지'의 쓰임에 대해 이해하고 그 예를 숙지한다.
- 문장 부호의 쓰임과 특징을 숙지한다.

제 1 장 | 총칙

제1절 한글 맞춤법의 원칙

「한글 맞춤법」은 우리글인 한글을 사용하여 우리말을 적는 데에 필요한 사항들을 규정한 내용을 일컫는다. 한글 맞춤법은 1933년에 「한글 맞춤법 통일안」이 처음 제정된 이후, 수차례의 수정을 거쳐 1988년 1월 「한글 맞춤법」이 발표되었고 1989년부터 공식적으로 시행되었다. 현행 한글 맞춤법은 크게 6장으로 구성되어 있으며 '문장 부호'가 부록으로 수록되어 있다.

한글 맞춤법 제1장은 총칙으로, 한글 맞춤법 전체를 포괄하는 내용을 담고 있다. 제1항부터 제3항까지 총 세 개의 조항으로 이루어져 있는데, 먼저 제1항의 내용을 살펴보면 다음과 같다.

1 한글 맞춤법 제1항

> 제1항 한글 맞춤법은 표준어를 소리대로 적되, 어법에 맞도록 함을 원칙으로 한다.

한글 맞춤법 제1항의 내용은 표면적으로는 한 문장으로 이루어져 있으나, 여기에는 한글 맞춤법의 대원칙과 관련된 두 가지 중요한 원칙이 담겨 있다. 첫째는 '표준어를 소리대로 적되'에서 한글 맞춤법의 대상에 대한 원칙을 확인할 수 있으며, 둘째는 '소리대로 적되', '어법에 맞도록 함'에서 한글 맞춤법 상의 표기 원리에 대한 원칙을 확인할 수 있다.

첫 번째로 '표준어를 소리대로 적되'라는 말에 담긴 '표준어를'의 의미를 파악해 보자면, 이는 한글 맞춤법에서 표준어로 인정되는 말들을 어떻게 적을 것인지를 규정하는 내용임을 알 수 있다. 다시 말하자면 소위 '표준어'로 인정되는 것만 한글 맞춤법의 대상이 될 수 있다는 의미이다. 그렇다면 '표준어'의 의미를 정확히 알고 가는 것이 우선적으로 중요할 것이다. 한국어 어문 규범 내에서는 '표준어는 교양 있는 사람들이 두루 쓰는 현대 서울말로 정함을 원칙으로 한다.'라고 규정하고 있다. '표준어'에 대한 이와 같은 규정이 존재하므로, 이에 해당하지 않는 말은 모두 한글 맞춤법의 대상에서도 제외된다. 표준어 규정에 대한 내용은 해당 부분에서 다시 자세히 살펴보기로 한다.

두 번째로, '소리대로 적되', '어법에 맞도록 함'은 한글 맞춤법의 한글 맞춤법 상의 표기 원리를 나타낸 것이다. 즉, 한글 맞춤법은 '소리대로' 적고 '어법에 맞도록' 적는다는 의미이며, 이를 다시 쉽게 풀어 설명한다면 다음과 같다.

먼저 '소리대로' 적는다는 것은 다음과 같이 표준어를 발음이 나는 대로 적는다는 의미이다.

> (가) 나무[나무], 마음[마음], 파랑[파랑], 불[불]
> (나) 꽃[꼳] – 꽃이[꼬치], 꽃밭[꼳빧], 꽃동산[꼳똥산], 꽃놀이[꼰노리]

예시 (가)에 제시된 단어들은 모두 표기된 단어와 실제 발음이 일치하는 경우이다. 즉, 글자 그대로 읽어도 발음과 글자가 정확하게 일치하는 경우의 예시라는 의미이다. 그러나 표준어를 소리대로 적는 원칙만으로 한국어를 모두 설명하고 표기할 수는 없다.

표준어를 소리대로 적는 원칙만을 적용한다면 예시 (나)의 '꽃'은 '꼳'이라고 적어야 할 것이다. 또한 '꽃이'는 '꼬치'로, '꽃밭'은 '꼳빧'으로, '꽃동산'은 '꼳똥산'으로, '꽃놀이'는 '꼰노리'로 각각 적어야 할 것이다. 그러나 소리대로 적게 된다면, 원래의 단어인 '꽃'은 위의 예처럼 '꽃, 꼳, 꼰' 등 여러 형태로 나뉠 수밖에 없다. 이와 같이 동일한 단어를 여러 형태로 나누어 적으면 원래의 형태나 의미가 무엇인지 알아보는 것은 매우 어려워진다. 단어의 의미를 올바르게 파악하기 위해서는 우선 형태가 하나로 고정되어야 다른 단어와의 결합이나 음운적 환경의 변화에도 쉽게 원래의 의미를 파악할 수 있게 된다. 제시된 예처럼 '꽃, 꼳, 꼰'은 모두 '꽃'으로 통일되어 적혀야 비로소 그 의미가 '꽃'임을 알아볼 수 있다는 것이다.

따라서 '어법에 맞도록 함'은 본디 단어가 가지는 의미 파악의 용이성을 확보하기 위한 것이다. 즉, 형태소의 원형을 밝혀서 적는다는 의미이다. 이러한 원칙에 따라 '꽃'은 후행 형태소의 음운적 특성 등과는 무관하게 모두 '꽃'이라는 원형을 유지하여 적는 것이다.

소리대로 적는 원리는 단어의 음소 차원에서 발음 그대로 표기하는 것을 의미하는데, 이를 **표음주의** 혹은 **음소주의**라고 표현하기도 한다. 표음주의는 소리가 나는 대로 적는 것을 말하는 것이고, 음소주의는 실현되는 음소 차원에서의 발음을 표기한다는 의미이다. 어법에 맞도록 적는 원리는 형태소의 원형을 밝혀 적는 것을 의미하는데, 이를 **표의주의** 혹은 **형태음소주의**라고 표현하기도 한다.

표음주의와 표의주의는 서로 양립할 수 없는 관계이다. 만약 어떠한 단어를 소리대로 적는다면 기본형, 즉 형태소의 원형을 밝혀 적을 수 없는 경우가 대부분이기 때문이다. 하지만 이 두 가지가 한글 맞춤법의 총칙에서 공존할 수 있는 이유는, 두 원리가 각기 다른 환경에서 적용되기 때문이다.

(다) a. 덥다, 덥지, 덥고
b. 더워, 더우니, 더우며

(다)는 용언 어간 '덥-'에 다양한 어미가 결합한 경우이다. 우선 (다a.)에서는 어간 '덥-'이 규칙적인 교체를 보이며 그 형태 또한 '덥-'으로 일정하게 고정되어 있다. 반면 (다b.)에서는 어간이 '덥-'임에도 불구하고 그 형태가 (다a.)와는 다소 다른 양상을 보인다. 어법에 따라 (다b.) 예시를 수정하여 형태소의 원형을 밝혀 적는다면 '덥-'을 살려야 하므로 '더워'의 경우에는 '덥어'로 적어야 한다. 하지만 이를 발음하면 '덥어'는 '덥어[더버]'로 읽게 되고, 이는 기존의 '더워[더워]'를 나타낼 수 없게 된다. 따라서 '덥-'과 같이 불규칙적 교체를 하는 어간은 기본형이 무엇인지 명확하지 않거나 어간과 어미의 경계를 설정하기에 불분명한 경우도 존재하므로 소리대로 적기도 한다. 이는 앞서 언급했던 표음주의와 표의주의가 공존하는 경우라고 할 수 있다.

(라) a. 먹이, 길이
b. 무덤, 주검

(라)는 어근에 파생 접사가 결합한 경우이다. (라a.)는 각각 어근의 원형인 '먹-', '길-'을 명확하게 밝혀서 적고 있는 반면, (라b.)는 이어적기로 인해 어근의 원형을 정확하게 유추하기 어렵다. 이러한 차이가 발생하는 이유는 해당 단어에서 어근의 명확성 여부, 혹은 파생 접사의 쓰임새 차이, 즉 생산성의 차이에서 비롯되기도 한다.
소리대로 적는 표음주의는 어간의 불규칙적 교체나 단어의 어원을 유추하기 어려운 경우 등에서 주로 적용된다. 그러나 이러한 경우를 제외하고는 주로 어법에 맞도록 적는 표의주의가 적용된다. 한글 맞춤법의 하위 조항에도 이러한 원칙들이 각각 다르게 적용되는 경우들이 있다.

(마) a. 제5절 두음 법칙
제10항 한자음 '녀, 뇨, 뉴, 니'가 단어 첫머리에 올 적에는, 두음 법칙에 따라 '여, 요, 유, 이'로 적는다. (ㄱ을 취하고, ㄴ을 버림)
b. 제2절 구개음화
제6항 'ㄷ, ㅌ' 받침 뒤에 종속적 관계를 가진 '-이(-)'나 '-히-'가 올 적에는 그 'ㄷ, ㅌ'이 'ㅈ, ㅊ'으로 소리 나더라도 'ㄷ, ㅌ'으로 적는다. (ㄱ을 취하고, ㄴ을 버림)

(마a.)는 표음주의가 적용된 조항이다. 해당 조항은 두음 법칙이 적용된 조항인데, 어두에서는 한자가 가진 원래의 음 대신 소리 나는 대로 적도록 규정하는 내용이다. (마b.)는 표의주의가 적용된 조항이다. 해당 조항은 구개음화가 적용된 조항인데, 형태소의 결합 과정에서 구개음화가 일어나는 경우에도 원형을 밝혀 적도록 규정하는 내용이다.

(바) a. 어법(語法) [어뻡]
b. 국어(國語) [구거]

한편, 한자어의 경우에는 위에서 밝힌 원리들과는 다르게 한자 각 글자가 가진 소리를 밝혀서 적는다. (바a.)의 '어법(語法)'의 소리는 [어뻡]이고 (바b.)의 '국어(國語)'의 소리는 [구거]이다. 그러나 이들을 표음주의를 적용하여 '어뻡', '구거'로 적지 않는데, 이는 한자 각각에 부여된 소리와 의미가 존재하기 때문이다. 따라서 독립적인 한자들의 의미를 유추하기에 용이하도록 '어법', '국어'와 같이 적는다.

2 한글 맞춤법 제2항

제2항 문장의 각 단어는 띄어 씀을 원칙으로 한다.

한글 맞춤법 총칙 제2항은 띄어쓰기 원칙에 대한 내용이다. 제2항의 내용을 분석하면 띄어쓰기는 기본적으로 단어를 단위로 한다는 사실을 알 수 있다. 이 원칙에는 하나의 예외가 있는데, 바로 **조사**의 경우가 이에 해당한다.

(가) a. 나는 학생이다.
b. 바닷바람, 아침저녁

제시된 (가a.) 예문은 일인칭 대명사 '나'와 보조사 '는', 명사 '학생'과 서술격 조사 '이다'의 결합으로 각각 이루어져 있다. 띄어쓰기를 기준으로 각 단위는 명사와 조사의 결합으로 이루어져 있으므로 제2항의 원칙을 적용하여 본다면 '나는', '학생이다'가 각각의 단어여야 한다. 조사는 결합한 체언과 분리해도 그 체언이 자립성을 유지하기 때문에 한국어 품사 분류 체계에서 단어로 인정된다. 하지만 다른 단어와 달리 단독으로 쓰이지 못할 뿐만 아니라 체언 뒤에 결합하여 실현되기 때문에 독립성이 없다고 볼 수 있는데, 이것이 일반적인 단어와의 차이점이다. 따라서 조사는 단어임에도 앞말에 붙여 쓰는 것이다. 결국 띄어쓰기는 단어 단위이나, 조사는 해당 원칙에서 예외로 처리됨을 확인할 수 있다. 조사의 띄어쓰기는 제41항에 제시되어 있다.
(가b.)는 두 단어의 결합으로 이루어진 합성어이다. 각각 '바다'와 '바람'의 결합, '아침'과 '저녁'의 결합으로 이루어져 있다. 이 경우 두 단어의 결합으로 이루어졌지만, 하나의 단어가 되었으므로 제2항의 원칙을 적용하여 붙여 쓴다.

3 한글 맞춤법 제3항

제3항 외래어는 '외래어 표기법'에 따라 적는다.

한글 맞춤법 총칙 제3항은 외래어를 적는 방법에 대한 내용인데, 외래어는 외국에서 들어온 말로 국어에서 널리 쓰이는 단어를 의미한다. 그러므로 원래 가지고 있던 언어 체계 내에서의 언어적 특징을 잘 반영하여 적어야 한다. 이를 위해 별도로 '외래어 표기법'을 정하여 그에 따라 외래어를 적도록 원칙을 설정한 것이다. 외래어는 비록 외국에서 들어온 말이지만 고유어나 한자어와 마찬가지로 국어 체계에 자연스럽게 정착한 어휘이며, '외래어 표기법'이라는 별도 규정이 마련되어 있다. 따라서 해당 편에서는 외래어를 따로 다루지 않는다.

제 2 장 자모

제1절 한글 자모의 수와 명칭

한글 맞춤법 제2장은 한글의 자모에 대한 내용이다. 총 1개의 조항으로 이루어져 있으며, 제4항이 여기에 해당된다.

제4항 한글 자모의 수는 스물넉 자로 하고, 그 순서와 이름은 다음과 같이 정한다.

ㄱ(기역)	ㄴ(니은)	ㄷ(디귿)	ㄹ(리을)	ㅁ(미음)
ㅂ(비읍)	ㅅ(시옷)	ㅇ(이응)	ㅈ(지읒)	ㅊ(치읓)
ㅋ(키읔)	ㅌ(티읕)	ㅍ(피읖)	ㅎ(히읗)	
ㅏ(아)	ㅑ(야)	ㅓ(어)	ㅕ(여)	ㅗ(오)
ㅛ(요)	ㅜ(우)	ㅠ(유)	ㅡ(으)	ㅣ(이)

제4항에서는 한글 자모의 수를 24자로 규정하고 있다. 이를 다시 자음과 모음으로 나누면 다음 (가)와 같다. 해당 분류에 따라 한글 자모는 자음 14자, 모음 10자로 총 24자임을 확인할 수 있다. 훈민정음이 처음 창제될 때의 28자와 비교하면 소실된 'ㆍ(아래아), ㅿ(반치음), ㆁ(옛이응), ㆆ(여린 히읗)'을 제외한 24자가 현대 한국어의 자모를 구성하고 있다.

(가) a. 자음(14자)

ㄱ(기역)	ㄴ(니은)	ㄷ(디귿)	ㄹ(리을)	ㅁ(미음)	ㅂ(비읍)	ㅅ(시옷)
ㅇ(이응)	ㅈ(지읒)	ㅊ(치읓)	ㅋ(키읔)	ㅌ(티읕)	ㅍ(피읖)	ㅎ(히읗)

b. 모음(10자)

ㅏ(아)	ㅑ(야)	ㅓ(어)	ㅕ(여)	ㅗ(오)
ㅛ(요)	ㅜ(우)	ㅠ(유)	ㅡ(으)	ㅣ(이)

(가)에서 제시된 24자 이외의 글자들은 다음의 [붙임]에서 설명하고 있다. [붙임 1]은 (가)의 자모를 결합하여 새로운 글자를 구성한다는 점을 규정한 것이고, [붙임 2]는 자모의 순서를 사전에 올릴 때, 그 순서를 명확하게 하기 위해 규정한 것이다. 따라서 시중의 한국어 사전들은 모두 [붙임 2]의 자모 순서 원칙을 준수하여 출판하여야 하며 한국어 학습자들 또한 모두 해당 순서를 숙지하여야 사전을 수월하게 이용할 수 있다.

[붙임 1] 위의 자모로써 적을 수 없는 소리는 두 개 이상의 자모를 어울러서 적되, 그 순서와 이름은 다음과 같이 정한다.

〈자음〉

ㄲ(쌍기역)	ㄸ(쌍디귿)	ㅃ(쌍비읍)	ㅆ(쌍시옷)	ㅉ(쌍지읒)

〈모음〉

ㅐ(애)	ㅒ(얘)	ㅔ(에)	ㅖ(예)	ㅘ(와)	ㅙ(왜)
ㅚ(외)	ㅝ(워)	ㅞ(웨)	ㅟ(위)	ㅢ(의)	

[붙임 2] 사전에 올릴 적의 자모 순서는 다음과 같이 정한다.

〈자음〉

ㄱ	ㄲ	ㄴ	ㄷ	ㄸ
ㄹ	ㅁ	ㅂ	ㅃ	ㅅ
ㅆ	ㅇ	ㅈ	ㅉ	ㅊ
ㅋ	ㅌ	ㅍ	ㅎ	

〈모음〉

ㅏ	ㅐ	ㅑ	ㅒ	ㅓ	ㅔ	ㅕ
ㅖ	ㅗ	ㅘ	ㅙ	ㅚ	ㅛ	ㅜ
ㅝ	ㅞ	ㅟ	ㅠ	ㅡ	ㅢ	ㅣ

다음의 (나a.)는 자음이 결합한 경우이다. 동일한 자음이 결합하여 새로운 자음을 만들었다는 것을 강조하기 위해 '쌍'이라는 표현을 사용하여 '쌍기역, 쌍디귿, 쌍비읍, 쌍시옷, 쌍지읒'이라고 각각 정하였다. 『훈민정음』의 「해례」에 의하면, 동일한 문자를 나란히 쓰는 병용(竝用)을 각자병서라 하였다. 이를 고려하면 '쌍'이라는 용어는 『훈민정음』에서 설명한 각자병서의 원리를 반영하기 위한 용어임을 추론할 수 있다.

(나b.)는 모음이 결합한 경우이다. 이는 다시 두 가지로 나눌 수 있는데, 모음 두 글자가 결합한 경우와 세 글자가 결합한 경우가 바로 그것이다. 'ㅙ, ㅞ'가 세 글자의 결합에 해당하는데, 이는 각각 'ㅘ'에 'ㅣ'가 결합한 것, 'ㅝ'에 'ㅣ'가 결합한 것으로도 분석할 수 있다.

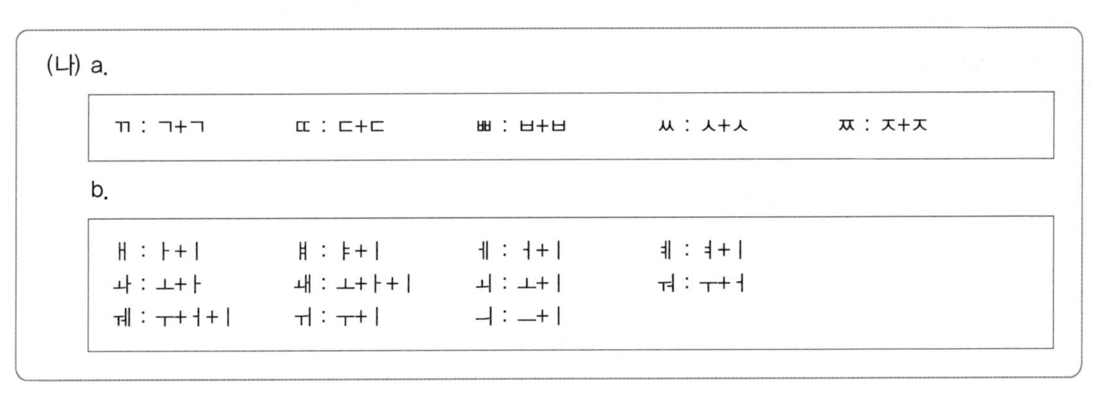

(나) a.

ㄲ : ㄱ+ㄱ	ㄸ : ㄷ+ㄷ	ㅃ : ㅂ+ㅂ	ㅆ : ㅅ+ㅅ	ㅉ : ㅈ+ㅈ

b.

ㅐ : ㅏ+ㅣ	ㅒ : ㅑ+ㅣ	ㅔ : ㅓ+ㅣ	ㅖ : ㅕ+ㅣ
ㅘ : ㅗ+ㅏ	ㅙ : ㅗ+ㅏ+ㅣ	ㅚ : ㅗ+ㅣ	ㅝ : ㅜ+ㅓ
ㅞ : ㅜ+ㅓ+ㅣ	ㅟ : ㅜ+ㅣ	ㅢ : ㅡ+ㅣ	

제 3 장 소리에 관한 것

한글 맞춤법 제3장은 소리, 즉 발음에 대한 내용이다. 총 6개의 절과 9개의 조항으로 이루어져 있으며, 제5항부터 제13항까지가 여기에 해당된다.

제1절 된소리 중요

제5항 한 단어 안에서 뚜렷한 까닭 없이 나는 된소리는 다음 음절의 첫소리를 된소리로 적는다.

1. 두 모음 사이에서 나는 된소리

소쩍새	어깨	오빠	으뜸	아끼다
기쁘다	깨끗하다	어떠하다	해쓱하다	가끔
거꾸로	부썩	어찌	이따금	

2. 'ㄴ, ㄹ, ㅁ, ㅇ' 받침 뒤에서 나는 된소리

산뜻하다	잔뜩	살짝	훨씬
담뿍	움찔	몽땅	엉뚱하다

다만, 'ㄱ, ㅂ' 받침 뒤에서 나는 된소리는, 같은 음절이나 비슷한 음절이 겹쳐 나는 경우가 아니면 된소리로 적지 아니한다.

국수	깍두기	딱지	색시
싹둑(~싹둑)	법석	갑자기	몹시

된소리는 경음(硬音)으로도 부르는데, 조음 기관에 강한 긴장을 일으켜 발음되는 소리를 의미한다. 된소리가 실현되는 현상을 된소리되기, 혹은 경음화(硬音化)로 지칭하기도 한다.

된소리와 관련된 내용은 제5항에 제시되어 있는데, 제5항에서 제시한 조건을 분석하면 첫째는 '한 단어 안'에서 된소리가 나야 하며, 둘째는 뚜렷한 까닭이 없이 된소리가 나야 한다는 것이다. 뚜렷한 까닭이 없다는 것은 경음화의 일반적인 규칙이 적용되지 않는다는 의미이다.

첫째 조건인 한 단어 안을 기본 전제로 삼을 때, 둘째 조건인 뚜렷한 까닭이 없이 된소리가 나는 경우는 다시 세 가지로 나누어 살피고 있다. 첫째는 두 모음 사이에서 나는 경우, 둘째는 'ㄴ, ㄹ, ㅁ, ㅇ' 받침 뒤에서 나는 경우, 셋째는 'ㄱ, ㅂ' 받침 뒤에서 나는 경우이다.

첫째 조건인 '두 모음 사이'는 경음화의 일반적인 규칙이 적용되는 환경이 아니다. 그럼에도 불구하고 된소리가 실현되므로, 이를 표기에 그대로 반영하여 적는다. 이는 언중들의 된소리로 인한 혼동으로 표기 오류가 일어나는 상황을 예방하기 위함이다.

둘째 조건인 'ㄴ, ㄹ, ㅁ, ㅇ' 받침 뒤에서의 경음화 또한 첫째 조건과 마찬가지로 일반적인 경음화 환경으로 보기 어렵다. 셋째 조건으로 제시된 내용과 비교할 때, 두 경우에는 된소리 표기가 적용되는 양상이 다르다. 'ㄴ, ㄹ, ㅁ, ㅇ' 받침 뒤에서 나는 된소리는 된소리를 표기하고 있으나, 'ㄱ, ㅂ' 받침 뒤에서 나는 된소리는 표기에서 된소리를 반영하지 않고 있다. 다만 동일하거나 유사한 음절이 반복되는 경우에는 된소리로 적는데, 예를 들면 '똑똑(하다), 쌕쌕(하다), 짭짤(하다)' 등이 이에 해당된다. 따라서 '*깍뚜기, *싹뚝, *법썩'[1] 처럼 표기하지 않도록 주의해야 한다.

제2절 구개음화 중요

제6항 'ㄷ, ㅌ' 받침 뒤에 종속적 관계를 가진 '-이(-)'나 '-히-'가 올 적에는 그 'ㄷ, ㅌ'이 'ㅈ, ㅊ'으로 소리 나더라도 'ㄷ, ㅌ'으로 적는다. (ㄱ을 취하고, ㄴ을 버림)

ㄱ	ㄴ	ㄱ	ㄴ
맏이	마지	핥이다	할치다
해돋이	해도지	걷히다	거치다
굳이	구지	닫히다	다치다
같이	가치	묻히다	무치다
끝이	끄치		

구개음화란 음절의 끝소리가 'ㄷ, ㅌ'인 경우, 경구개 근처의 조음 위치를 가진 모음 'ㅣ'나 반모음 'ㅣ[j]'의 영향으로 치조음인 'ㄷ, ㅌ'이 경구개음인 'ㅈ, ㅊ'으로 변하게 되는 것을 말한다. '굳이[구지]', '샅샅이[삳싸치]'와 같은 경우가 이에 해당된다.

구개음화와 관련된 내용은 제6항에 제시되어 있다. 제6항에서 제시한 조건을 분석하면 첫째는 앞의 말이 'ㄷ, ㅌ' 받침으로 끝나야 하며, 둘째는 종속적 관계를 가진 '이'나 '히'가 이어 붙어야 한다. 결국 두 가지 조건을 모두 반영하면 '디'가 '지'로 발음되는 경우와 '티'가 '치'로 발음되는 경우로 정리된다. '종속적 관계'라는 것은 문법적 기능을 더해주는 경우로 설명할 수 있는데, 이러한 조건이 붙은 이유는 구개음화가 문법 형태소와의 결합에서만 나타나기 때문이다. 실질 형태소 간의 결합인 합성어에서는 구개음화가 아닌 'ㄴ' 첨가가 일어나는데, 예컨대 '밭이랑'은 실질 형태소 '밭'과 '이랑'의 결합이므로 구개음화가 적용된 발음인 [바치랑]이 아닌 [반니랑]으로 발음한다.

1) 앞에 *이 붙은 단어나 문장은 맞춤법이 맞지 않거나 비문임을 뜻함. 이하 동일

제3절 'ㄷ' 소리 받침

제7항 'ㄷ' 소리로 나는 받침 중에서 'ㄷ'으로 적을 근거가 없는 것은 'ㅅ'으로 적는다.

덧저고리	돗자리	엇셈	웃어른	핫옷
무릇	사뭇	얼핏	자칫하면	뭇[衆]
옛	첫	헛		

받침, 즉 음절의 말음이 'ㄷ'으로 소리가 나더라도 그 말음이 'ㄷ'이라는 명확한 근거가 없다면 'ㅅ'으로 적어야 한다는 것을 설명한 것이다. 'ㄷ' 소리 받침과 관련된 내용은 제7항에 제시되어 있는데, 제7항에서 제시한 조건 중 'ㄷ'으로 적을 근거가 없다는 것은, 형태소의 기본형이 'ㄷ' 혹은 'ㄷ'과 관련된 것이 아닌 경우를 말하는 것이다. 예를 들어 '닫다'의 '닫-'은 '닫다, 닫고, 닫으니'와 같이 활용할 수 있는데, 이는 기본형 '닫-'의 말음이 'ㄷ'이라는 점을 명확하게 드러낸다. 그러나 이처럼 명확한 근거가 없는 경우에는 말음이 'ㄷ'으로 소리가 나더라도 'ㅅ'으로 적는 것이다.

제4절 모음

한국어의 모음은 조음 기관이 움직이지 않아 소리의 처음과 끝이 동일한 단모음과 조음 기관이 움직여서 소리의 처음과 끝이 다른 이중모음으로 나뉜다. 이중모음은 반모음 'ㅣ[j]'계와 반모음 'ㅜ[w]'계로 나뉘며, 각각의 반모음이 결합하는 위치에 따라 상향 이중모음과 하향 이중모음으로 구분할 수 있다. 이중모음은 모두 11개로 이루어져 있는데, 'ㅑ, ㅕ, ㅛ, ㅠ, ㅒ, ㅖ, ㅘ, ㅙ, ㅝ, ㅞ, ㅢ'가 이에 해당한다.

모음과 관련된 내용은 제8항과 제9항에 제시되어 있다. 모음은 자음과는 달리 단독으로 음절을 구성할 수 있다는 특징을 지닌다. 국어의 모음은 반모음 결합 여부에 따라 단모음과 이중모음으로 나뉘는데, 몇몇 이중모음들은 자신의 음가대로 발음되지 못하고 단모음으로 발음되기도 한다.

이러한 현상에 대한 것이 제8항과 제9항의 내용인데, 이중모음 그대로 발음되지 못하더라도 형태소의 원형을 밝혀 이중모음의 원형 그대로 적도록 하고 있다. 제8항에서는 'ㅖ'에 대해, 제9항에서는 'ㅢ'에 대해 각각 다루고 있다.

1 한글 맞춤법 제8항

제8항 '계, 례, 몌, 폐, 혜'의 'ㅖ'는 'ㅔ'로 소리 나는 경우가 있더라도 'ㅖ'로 적는다. (ㄱ을 취하고, ㄴ을 버림)

ㄱ	ㄴ	ㄱ	ㄴ
계수(桂樹)	게수	혜택(惠澤)	헤택
사례(謝禮)	사레	계집	게집
연몌(連袂)	연메	핑계	핑게
폐품(廢品)	페품	계시다	게시다

다만, 다음 말은 본음대로 적는다.

게송(偈頌)	게시판(揭示板)	휴게실(休憩室)

제8항의 '계, 례, 몌, 폐, 혜'는 모두 이중모음 그대로 발음이 가능하지만 현실적으로는 [게, 레, 메, 페, 헤]와 같이 발음되고 있다. 'ㅖ'는 음절 초성에 자음이 없는 경우에는 '예의[예의]'와 같이 발음되지만, '계'와 같이 음절 초성에 자음이 있는 경우에는 '계수[게수]', '사례[사레]'와 같이 발음할 수 있기 때문이다.
'다만'의 경우, 한자 '偈, 揭, 憩'는 본음이 [게]이므로 본음대로 '게'로 적는다는 것이다. 제시된 예 외에도 '게구(偈句), 게기(揭記), 게방(揭榜), 게양(揭揚), 게류(憩流), 게식(憩息)' 등과 같이 적는 예시가 있다.

2 한글 맞춤법 제9항

제9항 '의'나, 자음을 첫소리로 가지고 있는 음절의 'ㅢ'는 'ㅣ'로 소리 나는 경우가 있더라도 'ㅢ'로 적는다. (ㄱ을 취하고, ㄴ을 버림)

ㄱ	ㄴ	ㄱ	ㄴ
의의(意義)	의이	늴큼	닝큼
본의(本義)	본이	띄어쓰기	띠어쓰기
무늬[紋]	무니	씌어	씨어
보늬	보니	틔어	티어
오늬	오니	희망(希望)	히망
하늬바람	하니바람	희다	히다
늴리리	닐리리	유희(遊戲)	유히

제9항의 '의'는 발음의 양상이 매우 다양하다. '의'가 어두에 위치하지 않거나 해당 음절에 초성이 있는 경우에는 단모음 'ㅣ'로 발음되는 것이 현실 발음이다. 그럼에도 이러한 현상을 표기에 반영하지 않고, '의' 형태 그대로 적는다.

제5절 두음 법칙 중요

두음 법칙과 관련된 내용은 제10항부터 제12항까지에 제시되어 있다. 우리말 단어 첫머리에는 오지 못하는 소리 제약들이 존재하는데, 첫째는 초성에 자음이 둘 이상 나오는 자음군(子音群)이 위치할 수 없고, 둘째는 음가를 가진 'ㄴ'이나 'ㄹ'이 올 수 없으며, 셋째는 단모음 'ㅣ'나 반모음 'ㅣ' 앞에 'ㄴ'이 올 수 없다는 것이다. 이러한 제약들을 바탕으로, 한국어에서는 앞서 언급한 세 가지 제약에 해당하는 글자들이 발음하기 쉬운 방향으로 발전하여 왔다. 이러한 과정을 규칙화한 것이 바로 두음 법칙이다. 두음 법칙 규정은 다른 규정과 비교했을 때 그 내용이 상당히 많은 편인데, 이는 한국어 언어생활에서 자주 쓰이는 만큼 실생활과 밀접한 관련이 있기 때문이다.

1 한글 맞춤법 제10항

제10항 한자음 '녀, 뇨, 뉴, 니'가 단어 첫머리에 올 적에는, 두음 법칙에 따라 '여, 요, 유, 이'로 적는다. (ㄱ을 취하고, ㄴ을 버림)

ㄱ	ㄴ	ㄱ	ㄴ
여자(女子)	녀자	유대(紐帶)	뉴대
연세(年歲)	년세	이토(泥土)	니토
요소(尿素)	뇨소	익명(匿名)	닉명

다만, 다음과 같은 의존 명사에서는 '냐, 녀' 음을 인정한다.

냥(兩)	냥쭝(兩-)	년(年)(몇 년)

[붙임 1] 단어의 첫머리 이외의 경우에는 본음대로 적는다.

남녀(男女)	당뇨(糖尿)	결뉴(結紐)	은닉(隱匿)

[붙임 2] 접두사처럼 쓰이는 한자가 붙어서 된 말이나 합성어에서, 뒷말의 첫소리가 'ㄴ' 소리로 나더라도 두음 법칙에 따라 적는다.

신여성(新女性)	공염불(空念佛)	남존여비(男尊女卑)

[붙임 3] 둘 이상의 단어로 이루어진 고유 명사를 붙여 쓰는 경우에도 [붙임 2]에 준하여 적는다.

한국여자대학	대한요소비료회사

제10항은 한자음 '녀, 뇨, 뉴, 니'의 표기에 대한 규정이다. 이는 단어의 첫머리에 오는 'ㄴ'을 탈락시켜 표기하는 내용을 담고 있다. 다만 단어의 첫머리 이외의 경우에는 'ㄴ'이 발음될 수 있으므로, [붙임 1]의 내용과 같이 본래 형태 그대로 적는다. [붙임 2]에서는 접두사처럼 쓰이는 한자어 '신, 구, 공' 등과 결합하거나, 독립적 성격을 지닌 단어끼리 결합하는 합성어에서 후행어의 첫소리가 두음 법칙을 적용받는다는 점을 나타낸 것이다. 다만, 의존 명사 '냥, 냥쭝, 년'과 같은 경우에는 항상 다른 단어와 같이 쓰여야 온전한 하나의 단위를 구성할 수 있으므로 [붙임 1]과 같이 다루어지는 것이다. [붙임 3]의 경우, 비록 효율성을 위해 붙여 쓰는 경우라 할지라도 각각 독립된 단어를 구성 요소로 하고 있으므로 두음 법칙의 적용 대상이 되는 것이다.

2 한글 맞춤법 제11항

제11항 한자음 '랴, 려, 례, 료, 류, 리'가 단어의 첫머리에 올 적에는, 두음 법칙에 따라 '야, 여, 예, 요, 유, 이'로 적는다. (ㄱ을 취하고, ㄴ을 버림)

ㄱ	ㄴ	ㄱ	ㄴ
양심(良心)	량심	용궁(龍宮)	룡궁
역사(歷史)	력사	유행(流行)	류행
예의(禮儀)	례의	이발(理髮)	리발

다만, 다음과 같은 의존 명사는 본음대로 적는다.

리(里) : 몇 리냐?
리(理) : 그럴 리가 없다.

[붙임 1] 단어의 첫머리 이외의 경우에는 본음대로 적는다.

개량(改良)	선량(善良)	수력(水力)	협력(協力)
사례(謝禮)	혼례(婚禮)	와룡(臥龍)	쌍룡(雙龍)
하류(下流)	급류(急流)	도리(道理)	진리(眞理)

다만, 모음이나 'ㄴ' 받침 뒤에 이어지는 '렬, 률'은 '열, 율'로 적는다. (ㄱ을 취하고, ㄴ을 버림)

ㄱ	ㄴ	ㄱ	ㄴ
나열(羅列)	나렬	분열(分裂)	분렬
치열(齒列)	치렬	선열(先烈)	선렬
비열(卑劣)	비렬	진열(陳列)	진렬
규율(規律)	규률	선율(旋律)	선률
비율(比率)	비률	전율(戰慄)	전률
실패율(失敗率)	실패률	백분율(百分率)	백분률

[붙임 2] 외자로 된 이름을 성에 붙여 쓸 경우에도 본음대로 적을 수 있다.

신립(申砬)	최린(崔麟)
채륜(蔡倫)	하륜(河崙)

[붙임 3] 준말에서 본음으로 소리 나는 것은 본음대로 적는다.

국련(국제 연합)	한시련(한국 시각 장애인 연합회)

[붙임 4] 접두사처럼 쓰이는 한자가 붙어서 된 말이나 합성어에서, 뒷말의 첫소리가 'ㄴ' 또는 'ㄹ' 소리로 나더라도 두음 법칙에 따라 적는다.

역이용(逆利用)	연이율(年利率)
열역학(熱力學)	해외여행(海外旅行)

[붙임 5] 둘 이상의 단어로 이루어진 고유 명사를 붙여 쓰는 경우나 십진법에 따라 쓰는 수(數)도 [붙임 4]에 준하여 적는다.

서울여관	신흥이발관	육천육백육십육(六千六百六十六)

제11항은 한자음 '랴, 려, 례, 료, 류, 리'의 표기에 대한 규정이다. 이는 단어의 첫머리에 오는 'ㄹ'을 탈락시켜 표기하는 내용을 담고 있다. 그러나 의존 명사의 경우나 [붙임 1]과 같이 해당 한자음이 단어의 첫머리에 오지 않는 경우에는 본음대로 적는데, 이런 경우에도 모음이나 'ㄴ' 받침 뒤에 이어지는 '렬, 률'의 경우에는 'ㄹ'을 탈락시켜 '열, 율'로 적도록 규정하고 있다. '율(率)'의 경우에는 특히 실생활에서 많은 표기 오류를 보이는 경우에 해당한다.
다음 예시의 (가a.)와 (가b.) 모두 받침 'ㅇ, ㄱ' 뒤에 '률'이 이어지기 때문에 [붙임 1]의 '다만'에서 제시하는 모음이나 'ㄴ' 받침 뒤에 이어지는 경우에 해당되지 않는다. 따라서 이러한 환경에서는 원형 그대로 '률'로 적어야 한다. (가c.)와 (가d.)는 앞서 나온 [붙임 1]의 '다만'에서 제시한 조건에 해당되므로 '율'로 적어야 한다.

(가) a. *인상율/인상률
b. *합격율/합격률
c. 회수율
d. 생산율

'ㄹ'의 두음 법칙은 제10항의 경우와 마찬가지로, 접두사처럼 쓰이는 한자가 붙어서 된 말이나 합성어에서 뒷말의 첫소리가 'ㄴ' 또는 'ㄹ' 소리로 나더라도 두음 법칙을 따라 'ㄹ'을 탈락시켜 표기한다. 고유어 뒤에 한자어가 결합한 경우에도, 뒤에 이어지는 한자어는 하나의 단어로 인식되므로 두음 법칙이 적용된다.
그러나 여기에는 두 가지 예외가 있는데, [붙임 2]와 같이 외자로 된 이름을 성에 붙여 쓰는 경우와 [붙임 3]과 같이 준말에서 본음으로 소리가 나는 경우가 이에 해당한다.

[붙임 4]에서는 독립성을 가진 단어에 접두사처럼 쓰이는 한자['역(逆)-', '몰(沒)-' 등]가 결합하여 형성된 단어, 혹은 합성어 등에는 두음 법칙을 적용한다는 내용을 담고 있다. 이로 인해 '몰염치(沒廉恥)', '수학여행(修學旅行)'과 같이 표기한다. [붙임 5]에서도 십진법에서 수를 나타내는 말이나 둘 이상의 단어로 이루어진 고유 명사를 붙여 쓸 때에도 [붙임 4]와 같이 두음 법칙을 적용한다는 내용을 담고 있다. 따라서 '*서울려관'이 아닌, '서울여관'으로 적는 것이다.

3 한글 맞춤법 제12항

제12항 한자음 '라, 래, 로, 뢰, 루, 르'가 단어의 첫머리에 올 적에는, 두음 법칙에 따라 '나, 내, 노, 뇌, 누, 느'로 적는다. (ㄱ을 취하고, ㄴ을 버림)

ㄱ	ㄴ	ㄱ	ㄴ
낙원(樂園)	락원	뇌성(雷聲)	뢰성
내일(來日)	래일	누각(樓閣)	루각
노인(老人)	로인	능묘(陵墓)	릉묘

[붙임 1] 단어의 첫머리 이외의 경우에는 본음대로 적는다.

쾌락(快樂)	극락(極樂)	거래(去來)	왕래(往來)
부로(父老)	연로(年老)	지뢰(地雷)	낙뢰(落雷)
고루(高樓)	광한루(廣寒樓)	동구릉(東九陵)	가정란(家庭欄)

[붙임 2] 접두사처럼 쓰이는 한자가 붙어서 된 단어는 뒷말을 두음 법칙에 따라 적는다.

내내월(來來月)	상노인(上老人)
중노동(重勞動)	비논리적(非論理的)

제12항은 한자음 '라, 래, 로, 뢰, 루, 르'가 단어의 첫머리에 올 때의 표기에 대한 규정이다. 이러한 경우에는 앞서 살핀 제11항의 내용과 달리, 'ㄹ'을 탈락시키는 대신 'ㄴ'으로 표기해야 한다.
그러나 [붙임 1]과 같이 단어의 첫머리 이외에는 본음대로 적어야 하는데, 일상에서 가장 많이 쓰이는 '란(欄)'의 예로 들면 다음과 같이 이해할 수 있다.

(나) a. 가정란(家庭欄)
b. 가십(gossip)난

(나a.)는 '란(欄)'이 '가정(家庭)'이라는 한자어 뒤에 결합되어 있으므로 단어의 첫머리 이외의 경우로 판단하여 본음 '란'을 그대로 적는다. (나b.)는 '가십'이라는 외래어 다음 '란(欄)'이 결합되어 있다. 이러한 경우는 외래어 '가십'

과 한자어 '란'을 각각 하나의 단어로 인식하여 두음 법칙을 적용하여 '난'으로 적는 것이다. [붙임 2]에서는 접두사처럼 쓰이는 한자가 붙어서 된 단어는 뒷말을 두음 법칙에 따라 적도록 하고 있다. 이는 제10항의 [붙임 2]나 제11항의 [붙임 4]의 내용처럼 독립적 성격을 지닌 단어끼리의 결합에서 후행어의 첫소리가 두음 법칙을 적용받는다는 점을 나타낸 것이다.

제6절 겹쳐 나는 소리 중요

제13항 한 단어 안에서 같은 음절이나 비슷한 음절이 겹쳐 나는 부분은 같은 글자로 적는다. (ㄱ을 취하고, ㄴ을 버림)

ㄱ	ㄴ	ㄱ	ㄴ
딱딱	딱닥	꼿꼿하다	꼿곳하다
쌕쌕	쌕색	놀놀하다	놀롤하다
씩씩	씩식	눅눅하다	눙눅하다
똑딱똑딱	똑닥똑닥	밋밋하다	민밋하다
쓱싹쓱싹	쓱삭쓱삭	싹싹하다	싹삭하다
연연불망(戀戀不忘)	연련불망	쌉쌀하다	쌉살하다
유유상종(類類相從)	유류상종	씁쓸하다	씁슬하다
누누이(屢屢-)	누루이	짭짤하다	짭잘하다

제13항은 겹쳐 나는 소리와 관련된 내용을 담고 있다. '겹쳐 나는 소리'란 한 단어 안에서 음절이 중복되는 경우를 말한다. '딱딱하다'의 경우, '딱딱'을 '*딱닥'으로 적어도 소리는 동일하지만 '딱딱'이라고 적으면 '딱'이라는 음절이 반복된다는 것을 한눈에 알 수 있다. 이러한 방식이 언어직관에 더욱 적합하기 때문에 다른 예시들처럼 같은 글자로 적는 것이다. 본디 한자어의 경우, 첫째 음절은 두음 법칙을 따르고 둘째 음절은 본음대로 적는 원칙을 따라야 한다. 그러나 제13항과 같이, 같거나 비슷한 음절이 반복되는 경우임에도 다른 형태로 적으면 글자의 모양과 발음의 차이, 원형 유추의 어려움 등 다양한 문제점이 생길 수 있다. 이러한 문제점을 해결하기 위해 본음대로 적는 원칙을 의도적으로 위배하고 같은 글자로 적음으로써 문제점을 예방하는 것이다.

제4장 형태에 관한 것

제1절 체언과 조사

제14항 체언은 조사와 구별하여 적는다.

떡이	떡을	떡에	떡도	떡만
손이	손을	손에	손도	손만
팔이	팔을	팔에	팔도	팔만
밤이	밤을	밤에	밤도	밤만
집이	집을	집에	집도	집만
옷이	옷을	옷에	옷도	옷만
콩이	콩을	콩에	콩도	콩만
낮이	낮을	낮에	낮도	낮만
꽃이	꽃을	꽃에	꽃도	꽃만
밭이	밭을	밭에	밭도	밭만
앞이	앞을	앞에	앞도	앞만
밖이	밖을	밖에	밖도	밖만
넋이	넋을	넋에	넋도	넋만
흙이	흙을	흙에	흙도	흙만
삶이	삶을	삶에	삶도	삶만
여덟이	여덟을	여덟에	여덟도	여덟만
곬이	곬을	곬에	곬도	곬만
값이	값을	값에	값도	값만

제14항은 체언 및 조사 표기와 관련된 내용을 담고 있다. 체언이란 문장에서 주어 따위의 기능을 하는 명사, 대명사, 수사를 통틀어 이르는 말인데, 한글 맞춤법에서는 주로 명사를 다루고 있다. 조사는 일반적으로 체언과 결합하여 사용되는데, 이로 인해 체언이 문장 안에서 가지게 되는 관계를 나타낸다. 이러한 체언과 조사 간의 관계를 규정하는 것이 해당 내용이라고 볼 수 있다.

체언과 조사를 구별한다는 것은 둘의 경계를 명확하게 설정하겠다는 것이며, 이는 앞서 언급했던 형태음소적 표기 및 분철과 관련이 있다. 이를테면 '밖'과 '을'의 결합을 '*바끌'이 아니라 '밖을'로 적겠다는 것이다. 이는 체언의 원래 형태를 분명하게 밝힘으로써 체언이 가지는 의미를 명확하게 드러내도록 하기 위함이다.

제2절 어간과 어미 중요

용언의 어간과 어미 표기와 관련된 내용은 다음의 제15항부터 제18항에 제시되어 있다. 용언이란 문장에서 서술어의 기능을 하는 동사 및 형용사를 통틀어 이르는 말이다. 용언은 활용할 때에 형태가 변하지 않는 부분인 어간과 형태가 변하는 어미로 구분할 수 있다.

1 한글 맞춤법 제15항

제15항 용언의 어간과 어미는 구별하여 적는다.

먹다	먹고	먹어	먹으니
신다	신고	신어	신으니
믿다	믿고	믿어	믿으니
울다	울고	울어	(우니)
넘다	넘고	넘어	넘으니
입다	입고	입어	입으니
웃다	웃고	웃어	웃으니
찾다	찾고	찾아	찾으니
좇다	좇고	좇아	좇으니
같다	같고	같아	같으니
높다	높고	높아	높으니
좋다	좋고	좋아	좋으니
깎다	깎고	깎아	깎으니
앉다	앉고	앉아	앉으니
많다	많고	많아	많으니
늙다	늙고	늙어	늙으니
젊다	젊고	젊어	젊으니
넓다	넓고	넓어	넓으니
훑다	훑고	훑어	훑으니
읊다	읊고	읊어	읊으니
옳다	옳고	옳아	옳으니
없다	없고	없어	없으니
있다	있고	있어	있으니

[붙임 1] 두 개의 용언이 어울려 한 개의 용언이 될 적에, 앞말의 본뜻이 유지되고 있는 것은 그 원형을 밝히어 적고, 그 본뜻에서 멀어진 것은 밝히어 적지 아니한다.

(1) 앞말의 본뜻이 유지되고 있는 것

넘어지다	늘어나다	늘어지다	돌아가다
되짚어가다	들어가다	떨어지다	벌어지다
엎어지다	접어들다	틀어지다	흩어지다

(2) 본뜻에서 멀어진 것

드러나다	사라지다	쓰러지다

[붙임 2] 종결형에서 사용되는 어미 '-오'는 '요'로 소리 나는 경우가 있더라도 그 원형을 밝혀 '오'로 적는다. (ㄱ을 취하고, ㄴ을 버림)

ㄱ	ㄴ
이것은 책이오. 이리로 오시오. 이것은 책이 아니오.	이것은 책이요. 이리로 오시요. 이것은 책이 아니요.

[붙임 3] 연결형에서 사용되는 '이요'는 '이요'로 적는다. (ㄱ을 취하고, ㄴ을 버림)

ㄱ	ㄴ
이것은 책이요, 저것은 붓이요, 또 저것은 먹이다.	이것은 책이오, 저것은 붓이오, 또 저것은 먹이다.

제15항에서 용언의 어간과 어미를 구별하여 적는다는 것은 앞서 살핀 제14항과 그 원리가 같다고 할 수 있다. 즉, 체언과 조사를 구분하여 적는 것처럼 용언의 어간과 어미를 구분하여 적음으로써 용언 어간의 실질적인 의미를 직관적으로 파악할 수 있도록 한 것이다. 한편으로는 형태가 변하지 않아야 하는 어간의 특성을 고려할 때, 그 형태를 그대로 살려 적는 것이 어간이 가지는 특성을 그대로 반영할 수 있는 것이기도 하다.

제15항의 [붙임 1]에서는 두 개의 용언이 한 개의 용언이 될 때, 본뜻이 유지되는 것만 원형을 밝혀 적는다고 규정한다. 예를 들어 '넘어지다'의 경우는 용언 '넘다'와 '지다'의 결합이며, '늘어나다'의 경우는 용언 '늘다'와 '나다'의 결합이다. 또한 이들은 각각 '넘다'와 '늘다'의 본뜻이 유지되므로, 원형을 밝혀 '넘어지다, 늘어나다'로 적는다. 반면 '드러나다'의 경우에는 용언 '들다'와 '나다'의 결합으로 보되, '들다'의 본뜻이 유지되지 않으므로 '드러나다'와 같이 원형을 밝히지 않고 소리 나는 대로 적는다.

제15항의 [붙임 2]에서는 종결형에서 사용되는 어미 '-오'는 그대로 '오'로 적는다고 규정하며, [붙임 3]에서는 연결형에서 사용되는 '이요'는 '이요'로 적는다고 규정하고 있다. 즉, 종결형은 '오', 연결형은 '요'로 적는다는 것이다. '-오'에 'ㅣ' 모음이 선행하는 경우에는 모음충돌 회피를 위해 반모음 'ㅣ[j]'가 삽입되어 '-요'로 발음될 수 있다. 그러나 발음상으로 반모음 'ㅣ[j]'가 삽입된다고 할지라도 표기에서는 그 원형을 밝힌다는 것이며, 이는 나중에 살펴볼 제17항의 보조사 '요'에도 적용된다. 따라서 어미가 종결형인가, 연결형인가를 파악하여 이에 따라 적합한 형태를 올바르게 사용하는 것이 중요하다.

2 한글 맞춤법 제16항

제16항 어간의 끝음절 모음이 'ㅏ, ㅗ'일 때에는 어미를 '-아'로 적고, 그 밖의 모음일 때에는 '-어'로 적는다.

1. '-아'로 적는 경우

나아	나아도	나아서
막아	막아도	막아서
얇아	얇아도	얇아서
돌아	돌아도	돌아서
보아	보아도	보아서

2. '-어'로 적는 경우

개어	개어도	개어서
겪어	겪어도	겪어서
되어	되어도	되어서
베어	베어도	베어서
쉬어	쉬어도	쉬어서
저어	저어도	저어서
주어	주어도	주어서
피어	피어도	피어서
희어	희어도	희어서

제16항은 모음조화에 대한 내용이다. 모음조화란 두 음절 이상의 단어에서, 뒤의 모음이 앞 모음의 영향으로 인해 그와 가깝거나 같은 소리로 되는 언어 현상을 말한다. 예를 들어 'ㅏ', 'ㅗ' 따위의 양성 모음은 양성 모음끼리 어울리고, 'ㅓ', 'ㅜ' 따위의 음성 모음은 음성 모음끼리 어울리는 것이다. 양성 모음의 모음조화에 해당하는 예는 '깎아, 알록달록, 졸졸' 등이 있으며, 음성 모음의 모음조화에 해당하는 예는 '숨어, 얼룩덜룩, 줄줄' 등이 있다. 제16항의 내용 또한 이와 같은데, 'ㅏ, ㅗ'는 현대 한국어에서의 양성 모음에 해당되므로 어간의 끝음절 모음이 'ㅏ, ㅗ'인 경우에는 어미도 양성 모음인 '-아'로 적는다는 것이다. '-어'로 적는 경우에 해당하는 그 밖의 모음이라는 것은 양성 모음 'ㅏ, ㅗ'를 제외한 음성 모음들과 중성 모음 'ㅣ' 등을 포함하는 경우를 의미한다. 다만 제16항에서 주의할 점은 다음과 같다. 첫째는 'ㅐ, ㅚ'와 같은 양성 모음도 '-어'로 적는 경우에 포함된다는 점이며, 둘째는 현대 한국어에서의 모음조화 약화로 인해 '막아'가 '막어'로 발음되는 경우 등이 늘어남에도, 이러한 경향은 표기에 반영하지 않는다는 점이다.

3 한글 맞춤법 제17항

제17항 어미 뒤에 덧붙는 조사 '요'는 '요'로 적는다.

읽어	읽어요
참으리	참으리요
좋지	좋지요

제17항은 어미 뒤에 덧붙는 조사 '요'에 대한 내용이다. '요'는 '먹어요, 먹지요, 먹을까요' 등과 같이 문장을 종결하는 어미 뒤에 붙어 청자에게 높임의 뜻을 나타내는 보조사의 역할을 수행한다. 혹은 '집은요 정말 깨끗해요.', '어서요 빨리 오세요.' 등과 같이 체언이나 부사어, 연결 어미 등의 뒤에 결합하여 청자에게 높임의 뜻을 나타낼 수도 있다.

4 한글 맞춤법 제18항

제18항 다음과 같은 용언들은 어미가 바뀔 경우, 그 어간이나 어미가 원칙에 벗어나면 벗어나는 대로 적는다.

1. 어간의 끝 'ㄹ'이 줄어질 적

갈다 :	가니	간	갑니다	가시다	가오
놀다 :	노니	논	놉니다	노시다	노오
불다 :	부니	분	붑니다	부시다	부오
둥글다 :	둥그니	둥근	둥급니다	둥그시다	둥그오
어질다 :	어지니	어진	어집니다	어지시다	어지오

[붙임] 다음과 같은 말에서도 'ㄹ'이 준 대로 적는다.

마지못하다	마지않다	(하)다마다
(하)자마자	(하)지 마라	(하)지 마(아)

2. 어간의 끝 'ㅅ'이 줄어질 적

긋다 :	그어	그으니	그었다
낫다 :	나아	나으니	나았다
잇다 :	이어	이으니	이었다
짓다 :	지어	지으니	지었다

3. 어간의 끝 'ㅎ'이 줄어질 적

그렇다 :	그러니	그럴	그러면	그러오
까맣다 :	까마니	까말	까마면	까마오
동그랗다 :	동그라니	동그랄	동그라면	동그라오
퍼렇다 :	퍼러니	퍼럴	퍼러면	퍼러오
하얗다 :	하야니	하얄	하야면	하야오

4. 어간의 끝 'ㅜ, ㅡ'가 줄어질 적

푸다 :	퍼	펐다	뜨다 :	떠	떴다
끄다 :	꺼	껐다	크다 :	커	컸다
담그다 :	담가	담갔다	고프다 :	고파	고팠다
따르다 :	따라	따랐다	바쁘다 :	바빠	바빴다

5. 어간의 끝 'ㄷ'이 'ㄹ'로 바뀔 적

걷다[步] :	걸어	걸으니	걸었다
듣다[聽] :	들어	들으니	들었다
묻다[問] :	물어	물으니	물었다
싣다[載] :	실어	실으니	실었다

6. 어간의 끝 'ㅂ'이 'ㅜ'로 바뀔 적

깁다 :	기워	기우니	기웠다
굽다[炙] :	구워	구우니	구웠다
가깝다 :	가까워	가까우니	가까웠다
괴롭다 :	괴로워	괴로우니	괴로웠다
맵다 :	매워	매우니	매웠다
무겁다 :	무거워	무거우니	무거웠다
밉다 :	미워	미우니	미웠다
쉽다 :	쉬워	쉬우니	쉬웠다

다만, '돕-, 곱-'과 같은 단음절 어간에 어미 '-아'가 결합되어 '와'로 소리 나는 것은 '-와'로 적는다.

돕다[助] :	도와	도와서	도와도	도왔다
곱다[麗] :	고와	고와서	고와도	고왔다

7. '하다'의 활용에서 어미 '-아'가 '-여'로 바뀔 적

하다 :	하여	하여서	하여도	하여라	하였다

8. 어간의 끝음절 '르' 뒤에 오는 어미 '-어'가 '-러'로 바뀔 적

이르다[至] :	이르러	이르렀다
노르다 :	노르러	노르렀다
누르다 :	누르러	누르렀다
푸르다 :	푸르러	푸르렀다

9. 어간의 끝음절 '르'의 'ㅡ'가 줄고, 그 뒤에 오는 어미 '-아/-어'가 '-라/-러'로 바뀔 적

가르다 :	갈라	갈랐다	부르다 :	불러	불렀다
거르다 :	걸러	걸렀다	오르다 :	올라	올랐다
구르다 :	굴러	굴렀다	이르다 :	일러	일렀다
벼르다 :	별러	별렀다	지르다 :	질러	질렀다

제18항은 용언 활용에서 나타나는 형태소의 교체에 대한 내용이며, 불규칙 활용에 대한 내용이다. 다음은 세부 항목과 그에 대한 설명이다.

(1) 어간 말음 'ㄹ' 생략

1. 어간의 끝 'ㄹ'이 줄어질 적

갈다 :	가니	간	갑니다	가시다	가오
놀다 :	노니	논	놉니다	노시다	노오
불다 :	부니	분	붑니다	부시다	부오
둥글다 :	둥그니	둥근	둥급니다	둥그시다	둥그오
어질다 :	어지니	어진	어집니다	어지시다	어지오

[붙임] 다음과 같은 말에서도 'ㄹ'이 준 대로 적는다.

마지못하다	마지않다	(하)다마다
(하)자마자	(하)지 마라	(하)지 마(아)

'ㄹ' 불규칙 용언에 대한 내용으로, 'ㄹ'로 끝나는 어간에 어미가 연결될 때 'ㄹ'이 탈락하는 경우가 이에 해당한다. 현재는 이를 규칙적인 현상으로 여기고 있지만 한글 맞춤법을 처음 제정할 때는 불규칙한 현상으로

보았다. 따라서 다른 불규칙 현상들에 맞추어 기술하고 있는 것이다. 'ㄹ'로 끝나는 어간에 'ㄴ, ㄹ, ㅂ, ㅅ, 오'로 시작하는 어미가 결합하면 'ㄹ'이 탈락한다. 예로 제시된 '갈다'의 경우, 어간은 '갈-'이므로 'ㄹ'로 끝난다. 여기에 'ㄴ'으로 시작하는 '-니, ㄴ', 'ㅂ'으로 시작하는 '-ㅂ니다', 'ㅅ'으로 시작하는 '-시다', '오'가 결합되는 경우에 모두 'ㄹ'이 탈락한다. 또한 어미 '-네, -세, -오'가 결합해도 'ㄹ'이 탈락하여 '가네, 가세, 가오'가 된다.

(2) 어간 말음 'ㅅ' 생략

2. 어간의 끝 'ㅅ'이 줄어질 적

긋다 :	그어	그으니	그었다
낫다 :	나아	나으니	나았다
잇다 :	이어	이으니	이었다
짓다 :	지어	지으니	지었다

용언 어간 말음이 'ㅅ'인 경우, 후행하는 어미가 자음으로 시작할 때는 'ㅅ'이 발음되지만, 모음으로 시작하는 어미가 후행할 때는 'ㅅ'이 연음되지 않고 생략되어 발음되지 않는다. 다만 '웃다, 솟다, 빗다'와 같은 용언의 경우에는 위의 내용이 적용되지 않는다는 점을 주의해야 하는데, '웃다, 웃어, 웃으니, 웃었다', '솟다, 솟아, 솟으니, 솟았다', '빗다, 빗어, 빗으니, 빗었다'와 같이 어간 말음 'ㅅ'이 그대로 유지되기 때문이다. 제18항이 어간이나 어미가 원칙에 벗어나면 벗어나는 대로 적는다는 내용임을 고려할 때, 어간 말음 'ㅅ'은 모음으로 시작하는 어미가 후행하더라도 생략되지 않는 것이 원칙임을 알 수 있으며, 해당 예시가 이러한 원칙에서 벗어난 경우임을 알 수 있다.

(3) 어간 말음 'ㅎ' 생략

3. 어간의 끝 'ㅎ'이 줄어질 적

그렇다 :	그러니	그럴	그러면	그러오
까맣다 :	까마니	까말	까마면	까마오
동그랗다 :	동그라니	동그랄	동그라면	동그라오
퍼렇다 :	퍼러니	퍼럴	퍼러면	퍼러오
하얗다 :	하야니	하얄	하야면	하야오

'ㅎ' 불규칙 용언에 대한 내용인데, 예시로 제시된 '-니, -ㄹ, -면, -ㅂ니다, -오' 등의 어미와 결합하는 경우에는 어간의 말음 'ㅎ'이 생략된다는 것이다. 'ㅎ' 불규칙 용언은 어간의 말음 'ㅎ'이 줄어진 형태 그대로 '그렇다, 그러나, 그럴, 그러면, 그럽니다, 그러오'와 같이 적는다. 다만, '좋다'의 경우에는 '좋니, 좋으면, 좋네, 좋아' 등과 같이 활용할 때 'ㅎ'이 탈락하지 않는다.

(4) 어간 말음 'ㅜ, ㅡ' 생략

4. 어간의 끝 'ㅜ, ㅡ'가 줄어질 적

푸다 :	퍼	펐다	뜨다 :	떠	떴다
끄다 :	꺼	껐다	크다 :	커	컸다
담그다 :	담가	담갔다	고프다 :	고파	고팠다
따르다 :	따라	따랐다	바쁘다 :	바빠	바빴다

어간 말음이 'ㅜ'나 'ㅡ'인 경우, 어미 '-어, -었-' 등이 후행할 때 어간 말음의 'ㅜ, ㅡ'가 생략되는 경우에 대한 내용이다. 'ㅡ' 생략 관련 내용도 앞서 살핀 '(1) 어간 말음 'ㄹ' 생략'과 마찬가지로 한글 맞춤법의 초기에는 불규칙한 현상으로 보았으나, 현재는 규칙적인 현상으로 처리하고 있다. 'ㅡ'는 'ㄹ' 탈락처럼 일정 환경에서는 무조건 탈락하기 때문이다. 어간 말음 'ㅜ'가 생략되는 단어는 '푸다' 하나만 존재한다.

(5) 어간 말음 'ㄷ'이 'ㄹ'로 변화

5. 어간의 끝 'ㄷ'이 'ㄹ'로 바뀔 적

걷다[步] :	걸어	걸으니	걸었다
듣다[聽] :	들어	들으니	들었다
묻다[問] :	물어	물으니	물었다
싣다[載] :	실어	실으니	실었다

어간 말음 'ㄷ'이 모음으로 시작하는 어미와 결합할 경우 'ㄹ'로 변화하는 현상에 대한 설명이다. 예시의 '걷다'의 경우, 자음으로 시작하는 어미와 결합하면 '걷다, 걷고, 걷지만'과 같이 어간 말음 'ㄷ'이 변화 없이 그대로 남게 된다. 그러나 모음으로 시작하는 어미와 결합하면 '걸어, 걸으니, 걸었다'와 같이 'ㄷ'이 'ㄹ'로 변화한다. 이와 같은 변화를 겪는 경우는 '싣다, 붇다, 닫다(빨리 뛰다)' 등이 있다. 그러나 어간 말음 'ㄷ'이 'ㄹ'로 변화하지 않고 'ㄷ'을 유지하는 경우도 있는데, '곧다, 돋다, 뜯다, 믿다, 받다' 등이 이에 해당한다.

(6) 어간 말음 'ㅂ'이 'ㅜ'로 변화

6. 어간의 끝 'ㅂ'이 'ㅜ'로 바뀔 적

깁다 :	기워	기우니	기웠다
굽다[炙] :	구워	구우니	구웠다
가깝다 :	가까워	가까우니	가까웠다
괴롭다 :	괴로워	괴로우니	괴로웠다
맵다 :	매워	매우니	매웠다
무겁다 :	무거워	무거우니	무거웠다
밉다 :	미워	미우니	미웠다
쉽다 :	쉬워	쉬우니	쉬웠다

다만, '돕-, 곱-'과 같은 단음절 어간에 어미 '-아'가 결합되어 '와'로 소리 나는 것은 '-와'로 적는다.

돕다[助] :	도와	도와서	도와도	도왔다
곱다[麗] :	고와	고와서	고와도	고왔다

'ㅂ'이 모음으로 시작하는 어미와 만날 때 생략되는 것이 아닌, 'ㅜ'로 변화한다는 점이 특징이다. 제시된 예시 이외에도 '가볍다, 간지럽다, 노엽다, 덥다, 서럽다' 등이 이에 해당한다. 후행하는 어미와의 모음조화는 '돕다, 곱다'를 다루며 설명하고 있는데, 이는 어간 음절이 1음절일 경우에만 해당한다. 어간이 2음절 이상인 '사납다, 아니꼽다'의 경우에는 '사나워, 아니꼬워'와 같이 모음조화가 적용되지 않는다. 다만 어간 말음 'ㅂ'이 'ㅜ'로 변하지 않는 경우도 존재하는데, '꼬집다, 다잡다, 씹다' 등과 같은 경우에는 '꼬집다, 꼬집어, 꼬집으니, 꼬집었다'와 같이 어간 말음 'ㅂ'이 변화하지 않고 유지된다.

(7) '하다' 활용에서 어미 '-아'가 '-여'로 변화

7. '하다'의 활용에서 어미 '-아'가 '-여'로 바뀔 적

하다 :	하여	하여서	하여도	하여라	하였다

'하다'의 어간 '하-'가 활용할 때 어미 '-아'와 결합하는 경우, '하여'가 되는 현상에 대한 내용이다. 규칙적으로 변화한다면 '하아'가 되는 것이 옳으나, '하여'로 바뀌는데, 여기서 설명하는 어간 '하-'는 단독 용언으로서의 '하다'와 '일하다, 참하다'와 같은 용언의 어간 일부인 '하-'를 모두 포함한다. '하여'는 다시 '해'로 줄어들 수 있는데, 이는 한글 맞춤법 제34항의 [붙임 2]에 명시되어 있다.

(8) 어간 말 '르' 뒤의 어미 '-어'가 '-러'로 변화

8. 어간의 끝음절 '르' 뒤에 오는 어미 '-어'가 '-러'로 바뀔 적

이르다[至] :	이르러	이르렀다
노르다 :	노르러	노르렀다
누르다 :	누르러	누르렀다
푸르다 :	푸르러	푸르렀다

어간의 끝음절이 '르'인 경우, 후행하는 어미 '-어'는 '-러'로 변화한다는 내용이다. 예시로 제시된 '푸르다'의 경우, 어미 '-어'와 결합하면 '*푸르어'가 되는 것이 규칙에 부합하나, '-어'가 '-러'로 변화하여 '푸르러'로 적는다. 이는 규칙에 위배되기 때문에 이를 '러' 불규칙이라고 한다. '노르다, 누르다, 이르다, 푸르다' 등의 용언이 여기에 해당한다.

(9) 어간 말 '르'의 'ㅡ' 탈락, 뒤의 어미 '-아/어'가 '-라/러'로 변화

9. 어간의 끝음절 '르'의 'ㅡ'가 줄고, 그 뒤에 오는 어미 '-아/-어'가 '-라/-러'로 바뀔 적

가르다 :	갈라	갈랐다	부르다 :	불러	불렀다
거르다 :	걸러	걸렀다	오르다 :	올라	올랐다
구르다 :	굴러	굴렀다	이르다 :	일러	일렀다
벼르다 :	별러	별렀다	지르다 :	질러	질렀다

어간의 끝음절이 '르'인 어간에 어미 '-아/어'가 후행하는 경우, '르'의 'ㅡ'가 탈락하고 뒤의 어미 '-아/어'가 '-라/러'로 변화한다는 내용이다. 이는 다시 말하면 'ㅡ'가 탈락하고 'ㄹ'이 덧붙는다고 이해할 수 있다. 예시로 제시된 '가르다'의 경우에 적용하여 살피면, 어간 '가르-'에 어미 '-아'가 결합하면 '*가르아'가 되는 것이 규칙에 부합하나, 어간의 'ㅡ'가 탈락하여 '가ㄹ(갈)'이 되고 어미 '-아'에 'ㄹ'이 덧붙은 '-라'가 되어 '갈라'가 된 것이다. 이를 '르' 불규칙이라고 한다. 다만 '누르다[黃], 이르다[到]'와 같은 경우에는 '르' 불규칙의 내용이 적용되지 않아 '*눌러, *일러'가 아닌 '누르러, 이르러'와 같이 활용하여 적는다. '르' 불규칙은 피동이나 사동 접미사 '-이-'가 결합하는 경우에도 나타나, 어간의 'ㅡ'가 탈락하고 '-이-'가 '-리-'로 변화하여 '부르다 → 불리다', '오르다 → 올리다'와 같이 변화하기도 한다.

제3절 접미사가 붙어서 된 말 중요

접미사 결합 표기와 관련된 내용은 제19항부터 제26항에 제시되어 있다. 접미사란 어근의 뒤에 결합하는 문법 요소로서, 새로운 단어로 파생시키는 역할을 한다.

1 한글 맞춤법 제19항

제19항 어간에 '-이'나 '-음/-ㅁ'이 붙어서 명사로 된 것과 '-이'나 '-히'가 붙어서 부사로 된 것은 그 어간의 원형을 밝히어 적는다.

1. '-이'가 붙어서 명사로 된 것

길이	깊이	높이	다듬이	땀받이	달맞이
먹이	미닫이	벌이	벼훑이	살림살이	쇠붙이

2. '-음/-ㅁ'이 붙어서 명사로 된 것

걸음	묶음	믿음	얼음	엮음
웃음	졸음	죽음	앎	울음

3. '-이'가 붙어서 부사로 된 것

같이	굳이	길이	높이
좋이	짓궂이	많이	실없이

4. '-히'가 붙어서 부사로 된 것

밝히	익히	작히

다만, 어간에 '-이'나 '-음'이 붙어서 명사로 바뀐 것이라도 그 어간의 뜻과 멀어진 것은 원형을 밝히어 적지 아니한다.

굽도리	다리[髢]	목거리(목병)	무녀리
코끼리	거름(비료)	고름[膿]	노름(도박)

[붙임] 어간에 '-이'나 '-음' 이외의 모음으로 시작된 접미사가 붙어서 다른 품사로 바뀐 것은 그 어간의 원형을 밝히어 적지 아니한다.

(1) 명사로 바뀐 것

귀머거리	까마귀	너머	뜨더귀	마감
마개	마중	무덤	비렁뱅이	쓰레기
올가미	주검			

(2) 부사로 바뀐 것

거뭇거뭇	너무	도로	뜨덤뜨덤	바투
불긋불긋	비로소	오긋오긋	자주	차마

(3) 조사로 바뀌어 뜻이 달라진 것

나마	부터	조차

제19항은 원형을 밝혀 적는다는 점에 큰 의미를 둘 수 있다. 명사를 만드는 접미사 '-이'나 '-음/-ㅁ', 부사를 만드는 접미사 '-이, -히'는 모두 어간이 가지는 본뜻을 유지하면서 비교적 여러 어간에 결합할 수 있으므로, 어간 형태소의 원형을 밝혀서 적는 것이다.

그러나 어간이 가지는 본뜻과 멀어지는 경우에는 원형을 밝혀 적지 않는데, 예를 들어 '굽도리'의 경우에는 '돌다'의 의미가, '노름(도박)'의 경우에는 '놀다'의 의미가 각각 유지되고 있지 않으므로 '*굽돌이, *놀음'으로 적지 않는다. 참고로, 현대 한국어의 '노름'과 '놀음'은 모두 사전에 등재된 표제어이다. '노름'은 도박의 의미를, '놀음'은 놀이의 의미를 각각 지닌다. 따라서 도박의 의미를 지닌 '노름'을 '*놀음'으로 적지 않는다는 것이지, '놀음'이라는 단어는 따로 존재한다. '놀음'은 '놀다'의 의미가 유지되고 있으므로 원형을 밝혀 적는 것이라 볼 수 있다. 이러한 양상은 '목거리'와 '목걸이'에도 나타난다고 볼 수 있다.

어간의 본뜻을 유추하기 어려운 경우 또한 원형을 밝혀 적지 않는다. 예를 들어 '코끼리'의 경우에는 '코낄-'에 '-이'가 결합한 형태로 유추할 수는 있으나, '코낄-'이 무슨 의미를 지니는지 유추하기 어려우므로 원형을 밝혀 적지 않는다.

다만 어간의 원형을 밝혀 적는 원칙은 불규칙적으로 활용되는 용언에서는 다르게 적용되기도 한다. 예를 들어 '쉽다'의 어간 '쉽-'에 '-이'가 결합한 말을 그 원형을 밝혀 적자면 '*쉽이'가 되고, '서럽다'의 어간 '서럽-'에 '-음'이 결합한 말의 원형을 밝혀 적자면 '*서럽음'이 된다. 이를 그대로 발음하면 [쉬비, 서:러븜]이 되는데, 이렇게 되면 일반적인 발음인 [쉬이, 서:러움]과는 달라지는 결과를 초래한다. 따라서 이러한 경우에는 소리 나는 대로 '쉬이, 서러움'으로 적는다.

[붙임]에서는 '-이'나 '-음' 이외의 모음으로 시작하는 접미사가 결합하여 다른 품사로 바뀔 때는 어간의 원형을 밝혀 적지 않는다는 내용을 담고 있다. 이러한 경우에 해당하는 접미사는 결합하는 어간이 제약되어 있고, 더 이상 새로운 말도 만들어 내지 못하기 때문이다. 주의할 점은 어간이 가지는 본뜻의 유지 여부가 아닌, 음운론・형태론적 환경에 초점을 맞추어야 한다는 점이다.

(1) 명사로 바뀐 것 : 넘- + -어 〉 너머, 막- + -애 〉 마개

'-어, -애'가 결합하여 명사가 되었다. '너머'는 '넘다'에서 기원하였으나 명사가 된 것으로, '넘다'의 활용형인 '넘어'와 구분된다. 또한 '-이'나 '-음'이 아닌 모음 '-어'가 결합하였으므로 원형을 밝혀 적지 않았다.

(2) 부사로 바뀐 것 : 돌- + -오 〉 도로, 참- + -아 〉 차마

'-오, -아'가 결합하여 부사가 된 것 중 '차마'는 '참다'에서 기원하였으나 부사가 된 것으로, '-이'나 '-음'이 아닌 모음 '-아'가 결합하였으므로 원형을 밝혀 적지 않았다.

(3) 조사로 바뀐 것 : 붙- + -어 〉 부터, 좇- + -아 〉 조차

'-어, -아'가 결합하여 조사가 되었다. '조차'의 경우에도 '좇다'에서 기원하였으나 조사가 된 것이며, '-이'나 '-음'이 아닌 모음 '-아'가 결합하였으므로 원형을 밝혀 적지 않았다.

2 한글 맞춤법 제20항

제20항 명사 뒤에 '-이'가 붙어서 된 말은 그 명사의 원형을 밝히어 적는다.

1. 부사로 된 것

곳곳이	낱낱이	몫몫이	샅샅이	앞앞이	집집이

2. 명사로 된 것

곰배팔이	바둑이	삼발이
애꾸눈이	육손이	절뚝발이/절름발이

[붙임] '-이' 이외의 모음으로 시작된 접미사가 붙어서 된 말은 그 명사의 원형을 밝히어 적지 아니한다.

꼬락서니	끄트머리	모가치	바가지
바깥	사타구니	싸라기	이파리
지붕	지푸라기	짜개	

제20항은 명사에 접미사 '-이'가 결합하여 품사가 부사 혹은 명사가 되는 경우에 접미사와 결합한 명사의 원형을 밝혀 적는다는 내용을 담고 있다. 접미사 '-이'는 명사나 부사를 파생할 수 있는 파생 접미사의 역할을 하는데, 다양한 명사에 '-이'가 결합할 수 있으므로 결합한 명사의 원형을 밝혀 적는 것이다. 예를 들어, '집집이'의 경우에는 명사 '집'이 반복된 '집집'에 접미사 '-이'가 결합하여 부사가 된 것이다. 이때 명사 '집'의 의미가 유지되고 있으며, 부사로 파생시키는 '-이'의 역할이 분명하게 드러나므로 명사의 원형 '집집'을 그대로 유지하여 '집집이'로 적는다. 품사가 명사가 되는 경우도 이와 같은데, '애꾸눈이'의 경우 명사 '애꾸눈'과 '-이'의 결합으로 명사가 된 것으로, 명사의 본래 의미가 유지되므로 원형을 밝혀 '애꾸눈이'로 적는 것이다.

[붙임]에서는 명사에 '-이' 이외의 모음으로 시작하는 접미사가 결합할 때는 명사의 원형을 밝혀 적지 않는다는 내용을 담고 있다. 이에 해당하는 접미사는 결합 가능한 명사가 제약되는 경우가 많다. 예를 들어, '끄트머리'는 명사 '끝'과 접미사 '-으머리'의 결합으로 볼 수 있는데, 원형을 밝혀 적으면 '*끝으머리'가 된다. 그러나 접미사 '-으머리'는 '-이' 이외의 모음으로 시작하는 접미사에 해당하며, '끝' 이외에는 다른 명사가 결합하는 경우를 찾기 어렵다. 따라서 원형을 밝히지 않고 '끄트머리'로 적는다.

그러나 여기에도 예외의 경우가 존재한다. 예를 들어, '값어치[가버치]'는 명사 '값'에 접미사 '-어치'가 결합한 말이므로 제20항과 [붙임]의 규정에 따르면 '*갑서치'로 적는 것이 옳다. 그러나 표기는 '값어치'로 적는데, 그 이유는 선행하는 명사 '값'이 독립적으로 쓰이는 명사이며 접미사 '-어치'도 '십 원어치', '만 원어치' 등으로 널리 쓰인다는 점에서 원형을 밝혀 '값어치'로 적는다. 이와 유사한 예로는 '벼슬아치, 반빗아치(반찬 만드는 일을 하는 여자 하인)' 등이 있다.

3 한글 맞춤법 제21항

제21항 명사나 혹은 용언의 어간 뒤에 자음으로 시작된 접미사가 붙어서 된 말은 그 명사나 어간의 원형을 밝히어 적는다.

1. 명사 뒤에 자음으로 시작된 접미사가 붙어서 된 것

값지다	홑지다	넋두리
빛깔	옆댕이	잎사귀

2. 어간 뒤에 자음으로 시작된 접미사가 붙어서 된 것

낚시	늙정이	덮개	뜯게질
갉작갉작하다	갉작거리다	뜯적거리다	뜯적뜯적하다
굵다랗다	굵직하다	깊숙하다	넓적하다
높다랗다	늙수그레하다	얽죽얽죽하다	

다만, 다음과 같은 말은 소리대로 적는다.

(1) 겹받침의 끝소리가 드러나지 아니하는 것

할짝거리다	널따랗다	널찍하다
말끔하다	말쑥하다	말짱하다
실쭉하다	실큼하다	얄따랗다
얄팍하다	짤따랗다	짤막하다
실컷		

(2) 어원이 분명하지 아니하거나 본뜻에서 멀어진 것

넙치	올무
골막하다	납작하다

제21항은 명사나 어간에 자음으로 시작하는 접미사가 붙는 경우에는 명사나 어간의 원형을 밝혀 적는다는 내용을 담고 있다. 예를 들어, 명사 '빛'에 자음으로 시작하는 접미사 '-깔'이 결합하는 경우에는 명사 원형 '빛'을 밝혀 적어 '빛깔'로 적는다는 것이다. 또한 어간 '덮-'에 자음으로 시작하는 접미사 '-개'가 결합하는 경우에는 어간 원형 '덮-'을 밝혀 적어 '덮개'로 적는다는 것이다. '빛깔, 덮개' 모두 명사나 어간의 의미를 그대로 유지하고 있다는 특징을 지닌다.

다만 겹받침의 끝소리가 드러나지 않는 경우, 혹은 어원이 분명하지 않거나 본뜻에서 멀어진 경우에는 원형을 밝혀 적지 않고 소리대로 적는다는 내용도 함께 제시된다. 겹받침의 끝소리가 드러나지 않는다는 것은 겹받침의 앞에 있는 받침만 소리가 난다는 의미이다. 예를 들어, '할짝거리다'의 경우 '핥다'의 받침 중 앞의 'ㄹ'만 발음되는 경우이므로 원형을 밝힌 형태인 '*핥짝거리다'가 아닌, 소리대로 '할짝거리다'로 적는다. 다만 '굵다랗다'의 경우는 이와 조금 다르다. '굵다'에서 '굵다랗다'가 될 때에는 [국:따라타]로 발음되는데, 이때 '굵-'의 받침 중 뒤의 'ㄱ'만 발음되는 경우임에도 원형을 밝혀 '굵다랗다[국:따라타]'로 적는다. 이를 통해, 겹받침의 앞의 소리가 발음이 되면 원형을 밝혀 적지 않고, 뒤의 소리가 발음이 되면 원형을 밝혀 적는다는 사실을 알 수 있다. 이러한 원칙이 적용된 예로는 '널따랗다[널따라타], 널찍하다[널찌카다]' 등이 있다.

어원이 분명하지 않은 경우로는 '올무, 골막하다' 등이 해당되는데, '올무'의 경우는 '옭+우', '올+무', '옭-' 등 다양한 결합 양상과 어원을 유추할 수는 있으나 분명하지는 않다. '골막하다'의 경우에도 '곯다(담긴 것이 그릇에 가득 차지 아니하고 조금 비다)'를 어원으로 했음을 간접적으로 유추할 수는 있다. 그러나 사전의 표제어 '골막'은 '골막하다'의 어근으로만 등재되어 있을 뿐, 그 의미를 분명하게 알기 어렵다. 본뜻에서 멀어진 경우는 '넙치, 납작하다' 등이 해당되는데, 분명 '넓다, 낫다'를 본뜻으로 지녔음을 유추할 수는 있으나 그 어원을 정확하게 파악하기가 어렵고, 이미 본뜻에서 멀어진 단어들이므로 소리대로 적은 것이다.

4 한글 맞춤법 제22항

제22항 용언의 어간에 다음과 같은 접미사들이 붙어서 이루어진 말들은 그 어간을 밝히어 적는다.

1. '-기-, -리-, -이-, -히-, -구-, -우-, -추-, -으키-, -이키-, -애-'가 붙는 것

맡기다	옮기다	웃기다	쫓기다	뚫리다
울리다	낚이다	쌓이다	핥이다	굳히다
굽히다	넓히다	앉히다	얽히다	잡히다
돋구다	솟구다	돋우다	갖추다	곧추다
맞추다	일으키다	돌이키다	없애다	

다만, '-이-, -히-, -우-'가 붙어서 된 말이라도 본뜻에서 멀어진 것은 소리대로 적는다.

도리다(칼로~)	드리다(용돈을~)	고치다
바치다(세금을~)	부치다(편지를~)	거두다
미루다	이루다	

2. '-치-, -뜨리-, -트리-'가 붙는 것

놓치다	덮치다	떠받치다	받치다
밭치다	부딪치다	뻗치다	엎치다
부딪뜨리다/부딪트리다		쏟뜨리다/쏟트리다	
젖뜨리다/젖트리다		찢뜨리다/찢트리다	
흩뜨리다/흩트리다			

[붙임] '-업-, -읍-, -브-'가 붙어서 된 말은 소리대로 적는다.

미덥다	우습다	미쁘다

제22항은 다양한 접미사들이 어간과 결합하는 예들에 대한 내용이다. 어간에 접미사가 규칙적으로 결합하여 단어를 형성하는 경우에는, 어간의 의미와 접미사의 의미가 결합된 단어인 경우가 많다. 사동사 '울리다'의 경우, 어간 '울-'에 사동을 나타내는 접미사 '-이-'가 결합한 것이므로 어간과 사동 접미사의 의미를 결합한 단어 '울리다'를 유추할 수 있다. 이처럼 생산적으로 쓰이는 접미사가 어간과 결합하는 경우에는 어간과 접미사의 의미를 유추할 수 있도록 어간과 접미사의 원형을 밝혀 적도록 하고 있는 것이다.

다만, 접미사 '-이-, -히-, -우-'가 결합하였으나 본뜻에서 멀어진 말은 원형을 밝혀 적지 않는다. 예시로 제시된 '드리다, 고치다, 미루다'의 경우, 각각 '들- + -이-, 곧- + -히-, 밀- + -우-'의 결합으로 유추할 수는 있으나, '들다, 곧다, 밀다'의 의미와는 멀어진 경우이므로 원형을 밝혀 적지 않는다는 것이다.

(제22항 2.)의 접미사 '-뜨리-/-트리-'가 결합한 단어는 동일하게 표준어로 인정받는 복수 표준어이며, 접미사 '-치-'와 함께 어간 원형을 밝혀 적는 경우에 해당한다.

[붙임]의 '미덥다, 미쁘다'는 '믿다'에 접미사 '-업-'과 '-브-'가 결합한 것이며 '우습다'는 '웃다'에 접미사 '-읍-'이 결합한 것이다. 그러나 이들은 역사적으로 굳어진 말이므로 어간과 접미사의 원형을 그대로 드러내지 않고 소리대로 적는 것이다.

5 한글 맞춤법 제23항

제23항 '-하다'나 '-거리다'가 붙는 어근에 '-이'가 붙어서 명사가 된 것은 그 원형을 밝히어 적는다. (ㄱ을 취하고, ㄴ을 버림)

ㄱ	ㄴ	ㄱ	ㄴ
깔쭉이	깔쭈기	살살이	살사리
꿀꿀이	꿀꾸리	쌕쌕이	쌕쌔기
눈깜짝이	눈깜짜기	오뚝이	오뚜기
더펄이	더퍼리	코납작이	코납자기
배불뚝이	배불뚜기	푸석이	푸서기
삐죽이	삐주기	홀쭉이	홀쭈기

[붙임] '-하다'나 '-거리다'가 붙을 수 없는 어근에 '-이'나 또는 다른 모음으로 시작되는 접미사가 붙어서 명사가 된 것은 그 원형을 밝히어 적지 아니한다.

개구리	귀뚜라미	기러기	깍두기	꽹과리
날라리	누더기	동그라미	두드러기	딱따구리
매미	부스러기	뻐꾸기	얼루기	칼싹두기

제23항은 어근과 '-이'가 결합하는 경우에 대한 내용이며, 해당 어근에 '-하다, -거리다'가 붙을 수 있는가의 여부로 내용이 달라진다. '-하다, -거리다'가 붙을 수 있는 어근은 '-이'가 붙어 명사가 되면 원형을 밝혀 적고, '-하다, -거리다'가 붙을 수 없는 어근은 '-이'나 다른 모음으로 시작하는 접미사가 붙어 명사가 되면 원형을 밝혀 적지 않는다. '오뚝이'의 경우, 어근 '오뚝'에 '-하다'가 결합한 '오뚝하다'가 가능하므로 '-이'가 붙어 명사가 되는 형태는 발음대로 적는 '*오뚜기'가 아닌, 원형을 밝혀 적는 '오뚝이'의 형태가 되어야 한다.

[붙임]은 '-하다, -거리다'가 결합할 수 없는 어근과 접미사가 결합하여 명사가 되는 경우에는 원형을 밝혀 적지 않는다는 내용이다. 예를 들어 '매미'는 '맴맴(매미가 우는 소리)'을 통해 어근 '맴'을 설정할 수는 있으나, '*맴하다, *맴거리다'라는 단어가 없다는 점에서 다른 단어를 형성하거나 독립적으로 쓰인다고 보기 어려워, '-이'가 결합한 형태를 소리 나는 대로 적어 '매미'로 적는다는 것이다. '뻐꾸기'의 경우는 이와 조금 다른데, '뻐꾹'이라는 의성어는 사전의 표제어로 존재하나 '*뻐꾹하다, *뻐꾹거리다'는 존재하지 않는 단어이므로 '-이'와 결합한 형태를 '뻐꾸기'

로 적는다. '얼루기'의 경우, '얼룩얼룩하다'는 존재하지만 '*얼룩하다, *얼룩거리다'는 존재하지 않으므로 '얼룩 + -이'의 결합을 '얼루기'로 적는다.

6 한글 맞춤법 제24항

제24항 '-거리다'가 붙을 수 있는 시늉말 어근에 '-이다'가 붙어서 된 용언은 그 어근을 밝히어 적는다. (ㄱ을 취하고, ㄴ을 버림)

ㄱ	ㄴ	ㄱ	ㄴ
깜짝이다	깜짜기다	속삭이다	속사기다
꾸벅이다	꾸버기다	숙덕이다	숙더기다
끄덕이다	끄더기다	울먹이다	울머기다
뒤척이다	뒤처기다	움직이다	움지기다
들먹이다	들머기다	지껄이다	지꺼리다
망설이다	망서리다	퍼덕이다	퍼더기다
번득이다	번드기다	허덕이다	허더기다
번쩍이다	번쩌기다	헐떡이다	헐떠기다

제24항은 '-거리다'가 붙을 수 있는 시늉말에 대한 내용을 담고 있다. '시늉말'이란 소리나 모양, 동작 따위를 흉내 내는 말을 의미하며, 다시 의성어와 의태어로 나눌 수 있다. '시늉말'의 동의어로는 '상징어'가 있으며, 문학에서는 '음성 상징어'라는 용어를 사용하기도 한다.

'꾸벅거리다 → 꾸벅이다', '번쩍거리다 → 번쩍이다'와 같이 '-거리다'가 붙을 수 있는 시늉말 어근에는 '-이다'가 붙을 수 있는 경우가 대부분이다. 이러한 경우에는 어근의 본뜻이 유지되고 있고 어근이 다양한 접사들과 결합할 수 있으므로 원형을 밝혀 적는 것이 합리적이기에 제24항과 같이 규정하고 있는 것이다.

7 한글 맞춤법 제25항

제25항 '-하다'가 붙는 어근에 '-히'나 '-이'가 붙어서 부사가 되거나, 부사에 '-이'가 붙어서 뜻을 더하는 경우에는 그 어근이나 부사의 원형을 밝히어 적는다.

1. '-하다'가 붙는 어근에 '-히'나 '-이'가 붙는 경우

급히	꾸준히	도저히	딱히	어렴풋이	깨끗이

[붙임] '-하다'가 붙지 않는 경우에는 소리대로 적는다.

갑자기	반드시(꼭)	슬며시

2. 부사에 '-이'가 붙어서 역시 부사가 되는 경우

곰곰이	더욱이	생긋이	오뚝이	일찍이	해죽이

제25항에서는 부사들 중 어근의 원형을 밝혀 적는 경우에 대한 내용을 담고 있다.

부사에서 어근의 원형을 밝혀 적는 경우는 다음과 같이 크게 세 가지로 나누어 볼 수 있다.

구분	예	해당
'-하다'가 붙는 어근에 '-히, -이'가 붙어 부사가 되는 경우	깨끗하다 – 깨끗이	한글 맞춤법 제25항에 해당
부사에 '-이'가 붙어 다시 부사가 되는 경우	더욱 – 더욱이	
반복적인 명사 어근에 '-이'가 결합하여 부사가 되는 경우	곳곳 – 곳곳이	한글 맞춤법 제20항에 해당

8 한글 맞춤법 제26항

제26항 '-하다'나 '-없다'가 붙어서 된 용언은 그 '-하다'나 '-없다'를 밝히어 적는다.

1. '-하다'가 붙어서 용언이 된 것

딱하다	숱하다	착하다	텁텁하다	푹하다

2. '-없다'가 붙어서 용언이 된 것

부질없다	상없다	시름없다	열없다	하염없다

제26항에서는 '-하다, -없다'가 붙어 형성된 용언은 이를 밝혀 적는다는 내용을 담고 있다. '-하다'와 '-없다'와 결합하는 어근은 자립적인 것과 비(非)자립적인 것으로 나눌 수 있는데, 전자에 해당하는 예는 '노래하다, 귀가하다, 버릇없다, 값없다' 등이 있으며, 후자에 해당하는 예는 '찡하다, 멍하다, 서슴없다, 부질없다' 등이 있다.
그러나 어근의 자립성의 여부와 관계없이, '-하다, -없다'가 결합한 용언은 결합 구조를 분석할 수 있고 원형을 밝혀 적는 것이 본래 의미를 알기 쉽기에 발음대로 적지 않는 것이기도 하다.

제4절 합성어 및 접두사가 붙는 말 중요

합성어 및 접두사가 결합한 말의 표기와 관련된 내용은 다음과 같이 제27항부터 제31항에 제시되어 있다.

1 한글 맞춤법 제27항

제27항 둘 이상의 단어가 어울리거나 접두사가 붙어서 이루어진 말은 각각 그 원형을 밝히어 적는다.

국말이	꺾꽂이	꽃잎	끝장	물난리
밑천	부엌일	싫증	옷안	웃옷
젖몸살	첫아들	칼날	팥알	헛웃음
홀아비	홑몸	흙내		
값없다	겉늙다	굶주리다	낮잡다	맞먹다
받내다	벋놓다	빗나가다	빛나다	새파랗다
샛노랗다	시꺼멓다	싯누렇다	엇나가다	엎누르다
엿듣다	옻오르다	짓이기다	헛되다	

[붙임 1] 어원은 분명하나 소리만 특이하게 변한 것은 변한 대로 적는다.

할아버지	할아범

[붙임 2] 어원이 분명하지 아니한 것은 원형을 밝히어 적지 아니한다.

골병	골탕	끌탕	며칠
아재비	오라비	업신여기다	부리나케

[붙임 3] '이[齒, 虱]'가 합성어나 이에 준하는 말에서 '니' 또는 '리'로 소리 날 때에는 '니'로 적는다.

간니	덧니	사랑니	송곳니
앞니	어금니	윗니	젖니
톱니	틀니	가랑니	머릿니

제27항에서는 합성어와 파생어 구성 요소들의 원형을 밝히도록 규정하는 내용을 담고 있다. '둘 이상의 단어가 어울리는 말'은 합성어, '접두사가 붙어서 이루어진 말'은 파생어를 각각 지칭하는 것이다. 이를 합성어와 파생어의 경우로 나누어 살피면 다음과 같다.

첫째로 둘 이상의 단어가 어울려 합성어를 이루는 '꽃잎, 팥알'과 같은 경우, 각각 '꽃+잎, 팥+알'과 같은 단어 결합임을 알 수 있다. 이들은 각각 [꼰닙], [파달]로 발음된다. 그러나 이들은 발음대로 적을 경우, 그 의미를 파악하기 어렵다. 그리고 '꽃'과 '잎', '팥'과 '알'은 각각 자립적으로 쓰이므로, 그 원형을 밝혀 적는다.
둘째로 접두사가 붙어 이루어진 '헛되다, 짓이기다'와 같은 경우, 각각 '헛- + 되다, 짓- + 이기다'의 조합임을 알 수 있다. 이들은 각각 [헏뙤다], [진니기다]로 발음된다. 앞서 살핀 예시와 마찬가지로, 발음대로 적을 경우 의미를 파악하기 어렵다. 접두사가 자립성을 지닌 어근에 결합하는 경우, 어근이 가지는 뜻이 유지되고 파생어의 의미를 어근의 의미를 기반으로 하여 예측이 가능하다면 원형을 밝혀 적는다.
[붙임 1]은 어원이 분명해도 소리가 특이하게 바뀐 경우에는 원형을 밝히지 않는다는 의미이다. 예시로는 '할아버지, 할아범'이 제시되었는데, 이들은 '한아버지, 한아범'에서 온 말이지만, 그 발음이 [하라버지], [하라범]으로 변하였으므로 '한'이 '할'로 변한 것으로 간주된다. 따라서 변한 대로 '할아버지, 할아범'으로 적는다.
[붙임 2]는 어원을 분명하게 확인할 수 없는 경우도 원형을 밝혀 적지 않는다고 밝히고 있다. '며칠'은 '몇 년 몇 월 몇 일'처럼 '몇'을 어원으로 인식할 수 있다. 따라서 그 원형을 살려 적는 차원에서 '*몇일'로 쓰는 일이 굉장히 많다. 그러나 '몇 월'은 [며둴]로 발음하는 데에 비해, '*몇일'은 [며칠]로 발음한다. [며칠]로 발음되기 위해서는 '*몇일'의 종성 'ㅊ'이 연음되어야 하는데, 같은 음운 조건을 가진 '몇 월'을 통해 종성 'ㅊ'이 연음되지 않는다는 사실을 확인할 수 있다. 따라서 [며칠]이라는 소리가 가능한 표기를 위해 소리 나는 대로 '며칠'로 적는 것이다. 또한 '부리나케(서둘러서 아주 급하게)'는 그 어원을 따져 보면 '불이 나게'와 관련이 있다. 그러나 지금은 그 의미가 다소 멀어졌으므로 '*불이나케'와 같이 원형을 살려 적을 필요가 없다. 따라서 이 또한 원형을 밝히지 않고 소리 나는 대로 적어 '부리나케'가 된다.
[붙임 3]은 합성어에서 실질 형태소가 의미를 유지하는 경우에는 원형을 밝혀 적는 것이 앞서 밝힌 원칙이지만, '이(齒)'는 예외라는 내용을 담고 있다. [붙임 3]은 '이'의 현실 발음이 제대로 구현되도록 하기 위한 대책이다. 예를 들어 '송곳니'의 경우 '송곳+이'의 조합이며, 이를 원형을 살려 적으면 '송곳이'가 된다. 이를 원칙대로 발음하면 [송고시]가 되는데, 이는 현실 발음인 [송곤니]와 다르다. 따라서 단독으로 적을 때에는 '이'로 원형을 살려 적으나, 합성어나 이에 준하는 말에서 '니, 리'로 소리가 날 때에는 '니'로 적는다고 한 것이다.

더 알아두기

연음

연음(連音)이란 자음으로 끝나는 음절 뒤에 모음으로 시작하는 형식(문법) 형태소가 오면, 앞 음절의 끝소리(받침)인 자음이 뒤 음절 초성의 위치로 자리를 옮기는 규칙이다. '밥이[바비]', '봄이[보미]', '부엌에[부어케]' 등이 이에 해당한다. 위의 예시 중 '꽃잎'과 '팥알'의 '잎, 알'은 모음으로 시작하나 형식 형태소가 아니므로 바로 연음이 적용되어 [*꼬칩], [*파탈]이 되지 않는다. '꽃잎'은 음절 끝소리 규칙 및 'ㄴ' 첨가, 비음화가 적용되어 [꼰닙]이 되고, '팥알'은 음절 끝소리 규칙이 우선 적용된 뒤에 연음되어 [파달]이 된다.

2 한글 맞춤법 제28항

제28항 끝소리가 'ㄹ'인 말과 딴 말이 어울릴 적에 'ㄹ' 소리가 나지 아니하는 것은 아니 나는 대로 적는다.

다달이(달-달-이)	따님(딸-님)	마되(말-되)
마소(말-소)	무자위(물-자위)	바느질(바늘-질)
부삽(불-삽)	부손(불-손)	싸전(쌀-전)
여닫이(열-닫이)	우짖다(울-짖다)	화살(활-살)

제28항은 끝소리 'ㄹ'과 어울리는 말의 발음에 대한 내용을 담고 있다. 'ㄹ' 받침을 가진 말이 합성어나 파생어를 만들 때 'ㄹ' 받침이 발음되지 않는 경우는 발음되지 않는 대로 적는다는 것이다. 'ㄹ'은 역사적으로 'ㄴ, ㄷ, ㅅ, ㅈ' 앞에서 탈락하는 일이 많았는데, '나날이(날 + 날 + -이), 아드님(아들 + -님)' 등의 예가 그러하다.
한자 '불(不)'이 첫소리 'ㄷ, ㅈ' 앞에서 '부'로 읽히는 단어도 제28항에 해당한다. '부당(不當, 불+당), 부동(不同, 불+동)' 등의 예가 그러하다.

3 한글 맞춤법 제29항

제29항 끝소리가 'ㄹ'인 말과 딴 말이 어울릴 적에 'ㄹ' 소리가 'ㄷ' 소리로 나는 것은 'ㄷ'으로 적는다.

반짇고리(바느질~)	사흗날(사흘~)	삼짇날(삼질~)
섣달(설~)	숟가락(술~)	이튿날(이틀~)
잗주름(잘~)	풀소(풀~)	섣부르다(설~)
잗다듬다(잘~)	잗다랗다(잘~)	

제29항은 단어의 역사적 변천을 반영한 것이다. 제시된 예시 중 '숟가락'의 경우, '술'에서 기원한 말이지만 '*술가락'이 아니라 '숟가락'으로 적는다는 것이다. 현대 국어의 '숟가락'의 옛말인 '술'은 15세기 문헌에서부터 나타나는데, 19세기 이후에 '술'에 관형격 조사 'ㅅ'과 '가락'이 통합하여 한 단어가 되면서 '숤가락'의 'ㅅ' 앞 'ㄹ'이 탈락하여 '숫가락'이 되었다. 이후 종성의 'ㅅ'이 'ㄷ'으로 표기가 바뀌며 현대에 이르게 되었으며, '술'은 '밥 따위의 음식물을 숟가락으로 떠 그 분량을 세는 단위'로 의미가 제한되었다.
제시된 예시 중 '이튿날'도 이와 유사하다. '이틀'과 '날'을 합성한 단어는 본래 사이시옷이 개입된 형태인 '이틄날'이며, 'ㄹ'이 탈락한 '이틋날'의 형태도 나타났다. 따라서 '이튿날' 또한 '이틄날'의 'ㄹ'이 탈락한 '이틋날'에서 현대의 형태로 바뀐 것으로 이해할 수 있다.

4 한글 맞춤법 제30항

제30항 사이시옷은 다음과 같은 경우에 받치어 적는다.

1. 순우리말로 된 합성어로서 앞말이 모음으로 끝난 경우
   (1) 뒷말의 첫소리가 된소리로 나는 것

고랫재	귓밥	나룻배	나뭇가지	냇가
댓가지	뒷갈망	맷돌	머릿기름	모깃불
못자리	바닷가	뱃길	볏가리	부싯돌
선짓국	쇳조각	아랫집	우렁잇속	잇자국
잿더미	조갯살	찻집	쳇바퀴	킷값
핏대	햇볕	혓바늘		

   (2) 뒷말의 첫소리 ‘ㄴ, ㅁ’ 앞에서 ‘ㄴ’ 소리가 덧나는 것

멧나물	아랫니	텃마당	아랫마을	뒷머리
잇몸	깻묵	냇물	빗물	

   (3) 뒷말의 첫소리 모음 앞에서 ‘ㄴㄴ’ 소리가 덧나는 것

도리깻열	뒷윷	두렛일	뒷일	뒷입맛
베갯잇	욧잇	깻잎	나뭇잎	댓잎

2. 순우리말과 한자어로 된 합성어로서 앞말이 모음으로 끝난 경우
   (1) 뒷말의 첫소리가 된소리로 나는 것

귓병	머릿방	뱃병	봇둑	사잣밥
샛강	아랫방	자릿세	전셋집	찻잔
찻종	촛국	콧병	탯줄	텃세
핏기	햇수	횟가루	횟배	

   (2) 뒷말의 첫소리 ‘ㄴ, ㅁ’ 앞에서 ‘ㄴ’ 소리가 덧나는 것

곗날	제삿날	훗날	툇마루	양칫물

   (3) 뒷말의 첫소리 모음 앞에서 ‘ㄴㄴ’ 소리가 덧나는 것

가욋일	사삿일	예삿일	훗일

3. 두 음절로 된 다음 한자어

곳간(庫間)	셋방(貰房)	숫자(數字)
찻간(車間)	툇간(退間)	횟수(回數)

제30항은 합성어 및 접두사가 붙는 말에 대한 조항인 제27항부터 제31항 중 가장 중요한 조항이라고 볼 수 있는데, 사이시옷 표기에 대한 내용을 담고 있기 때문이다. 제30항에서는 사이시옷 'ㅅ'을 받쳐 적는 조건을 다음과 같이 규정하고 있다.

(1) 순우리말로 된 합성어로서 앞말이 모음으로 끝난 경우

사이시옷은 합성어에서만 나타나며, 단일어나 파생어에서는 사이시옷을 적지 않는다. 예를 들어 '해님'과 '햇빛'을 비교하면, '해님'은 명사 '해'에 접미사 '-님'이 결합한 파생어이므로 사이시옷을 적지 않아 '*햇님'이 아닌 '해님'이 되어야 한다. 반면 '햇빛'은 '해+빛' 조합의 합성어이므로 사이시옷을 적어 '햇빛'이 된다.

(2) 순우리말과 한자어로 된 합성어로서 앞말이 모음으로 끝난 경우

합성어라는 조건과 더불어, 뒷말의 첫소리가 된소리로 나거나 뒷말 첫소리 'ㄴ, ㅁ' 앞에서 'ㄴ' 소리가 덧나는 경우, 혹은 뒷말 첫소리 모음 앞에서 'ㄴㄴ' 소리가 덧나는 경우여야 한다. 예를 들어, '그네+줄'인 '그넷줄'은 [그네쭐]과 같이 뒷말의 첫소리가 된소리로 나게 된다. '위+물'인 '윗물'은 [윈물]과 같이 뒷말 첫소리 'ㅁ' 앞에서 'ㄴ' 소리가 덧난다. '예사+일'인 '예삿일'은 [예산닐]과 같이 뒷말 첫소리 모음 앞에서 'ㄴㄴ' 소리가 덧난다.

(3) 두 음절로 된 일부 한자어

앞에서 말한 두 가지 조건과 더불어 합성어 구성 요소 중 하나 이상은 고유어여야 하며, 구성 요소에 외래어는 없어야 한다. 다만 한자어에는 규정에서 제시한 두 음절 단어 6개[**곳간(庫間), 셋방(貰房), 숫자(數字), 찻간(車間), 툇간(退間), 횟수(回數)**]에만 사이시옷이 들어가며, 그 외의 한자어에는 사이시옷이 들어가지 않는다.

따라서 다음과 같은 경우는 혼동하기 쉬우므로, 반드시 구분하여야 한다.

(가) 곳간(庫間), 셋방(貰房), 숫자(數字), 찻간(車間), 툇간(退間), 횟수(回數)
(나) *갯수, *전셋방, *기찻간, *댓가, *촛점
(다) *뒷풀이, *아랫층

(가)는 규정에서 제시한 사이시옷이 들어가는 한자어 6개이며, (나)는 일상에서 사이시옷을 넣어 잘못 표기하기 쉬운 예이다. 한자어로만 구성된 합성어에서는 (가)에 제시된 6개 이외에는 사이시옷이 표기되지 않는다.

(다)는 순우리말이 포함되어 있으나, 앞서 언급한 조건 중 된소리로 바뀌는 현상이나 'ㄴ' 또는 'ㄴㄴ' 소리가 덧나는 일도 없기 때문에 사이시옷을 표기하지 않아야 한다.

> (라) 절댓값, 죗값, 등굣길, 맥줏집, 노랫말, 만둣국, 북엇국, 고깃국, 소나뭇과(科)

(라)의 예들은 앞서 살핀 조건들에 따라 사이시옷이 들어가는 예이다. 이처럼 앞서 살핀 조건에 합당한 것은 모두 사이시옷을 적어야 한다.

5 한글 맞춤법 제31항

제31항 두 말이 어울릴 적에 'ㅂ' 소리나 'ㅎ' 소리가 덧나는 것은 소리대로 적는다.

1. 'ㅂ' 소리가 덧나는 것

댑싸리(대ㅂ싸리)	멥쌀(메ㅂ쌀)	볍씨(벼ㅂ씨)
입때(이ㅂ때)	입쌀(이ㅂ쌀)	접때(저ㅂ때)
좁쌀(조ㅂ쌀)	햅쌀(해ㅂ쌀)	

2. 'ㅎ' 소리가 덧나는 것

머리카락(머리ㅎ가락)	살코기(살ㅎ고기)	수캐(수ㅎ개)
수컷(수ㅎ것)	수탉(수ㅎ닭)	안팎(안ㅎ밖)
암캐(암ㅎ개)	암컷(암ㅎ것)	암탉(암ㅎ닭)

제31항은 두 말이 어울려 한 단어가 만들어질 때 'ㅂ, ㅎ' 소리가 덧나는 것은 소리가 나는 대로 적는다는 내용을 담고 있다. 이는 크게 'ㅂ' 소리가 덧나는 것과 'ㅎ' 소리가 덧나는 것으로 나누어 살필 수 있고, 전자는 '볍씨', 후자는 '수탉'이 그 예시에 해당한다. 'ㅎ' 소리가 덧나는 예시 중 '살코기, 수캐'가 있는데, 이들은 표면적으로는 'ㅋ'으로 보이나 '살코기(살ㅎ+고기), 수캐(수ㅎ+개)'이므로 'ㅎ' 소리가 덧나는 것으로 보는 것이 맞다.

이처럼 'ㅂ'이나 'ㅎ' 소리가 덧나는 것은 역사적 이유 때문이다. 앞말에 'ㅂ' 소리가 덧나게 하는 '싸리, 쌀, 씨, 때' 등은 예전에는 'ᄡᆞ리, ᄡᆞᆯ, ᄢᅵ, ᄣᅢ'와 같이 단어 첫머리에 'ㅂ'을 가지고 있었다. 이후 단일어에서는 단어 첫머리에서 'ㅂ'이 탈락되었으나, 합성어에서는 'ㅂ'이 탈락되지 않고 남았기에 단어 첫머리의 'ㅂ'의 흔적이 남아있는 것이다. 'ㅎ' 또한 '살ㅎ, 수ㅎ'와 같이 'ㅎ' 종성을 가진 체언이었으나, 단일어에서는 'ㅎ'이 탈락하고 합성어에서는 'ㅎ'이 남은 것이다. '암-'이 붙은 말도 '암캉아지, 암컷' 등과 같이 쓰이나, '암고양이'는 '*암코양이'로 적지 않는다. (제3편 '표준어 규정'의 제7항 참고)

더 알아두기

어두자음군

현대 한국어에는 초성에 둘 이상의 자음이 올 수 없으나, 예전에는 초성에 둘 이상의 자음이 올 수 있었다. 이를 '어두자음군(語頭子音群)'이라 한다. 어두자음군의 표기 양상을 살피면 크게 'ㅅ' 계열, 'ㅂ' 계열, 'ㅄ' 계열의 세 가지로 나눌 수 있다. 다만 이러한 표기가 그대로 발음되었는가, 혹은 세 계열의 표기가 어떤 발음을 반영하였는가에 대해서는 학자들마다 견해가 다르다.

제5절 준말

준말 표기와 관련된 내용은 제32항부터 제40항에 제시되어 있다. 준말이란 본말이 일정하게 줄어 본말보다 음절 수가 줄어드는 간단한 형태를 띠는 말을 의미한다. 일상에서는 본말을 줄여 준말을 쓰는 경우가 많다. 따라서 이에 대한 표기 기준을 마련하기 위한 내용이라고 볼 수 있다.

1 한글 맞춤법 제32항

제32항 단어의 끝모음이 줄어지고 자음만 남은 것은 그 앞의 음절에 받침으로 적는다.

본말	준말
기러기야	기럭아
어제그저께	엊그저께
어제저녁	엊저녁
가지고, 가지지	갖고, 갖지
디디고, 디디지	딛고, 딛지

제32항은 단어의 끝 모음이 탈락하여 자음만 남아 있을 때, 그 자음을 처리하는 내용을 담고 있다. 예를 들어 '어제저녁'의 '어제'의 끝 모음인 'ㅔ'가 줄어 '어ㅈ'이 되고, 남은 'ㅈ'을 첫째 음절의 받침으로 적어 '엊저녁[언쩌녁]'과 같이 적는다는 것이다. 이는 '디디고 - 딛고[딛꼬]'에도 해당한다. 남은 자음을 받침으로 적음으로써 본래의 의미를 보다 쉽게 파악할 수 있다.

다만 이러한 줄임 현상은 모든 어미 앞에서 가능한 것이 아닌, 자음으로 시작하는 어미 앞에서만 가능함을 주의해야 한다. 예를 들어 '디디다'에 '-어서'가 결합한 경우, 제32항의 내용을 적용하면 어간 '디디-'가 '디ㄷ-'로 줄었으므로 '*딛어서'로 적는 것이 맞겠으나, 이런 형태의 준말은 인정하지 않으므로 '디뎌서'가 옳은 표기가 된다.

2 한글 맞춤법 제33항

제33항 체언과 조사가 어울려 줄어지는 경우에는 준 대로 적는다.

본말	준말
그것은	그건
그것이	그게
그것으로	그걸로
나는	난
나를	날
너는	넌
너를	널
무엇을	뭣을/무얼/뭘
무엇이	뭣이/무에

제33항은 음운 탈락이나 음절 줄이기 등의 방법으로 인해 형성된 체언과 조사의 축약형의 형태를 준 대로 적는 내용을 담고 있다. 예를 들어 '그것은'은 '그것'과 '은'의 조합인데, 이것이 줄어 '그건'과 같은 준말이 되면 준 대로 적는다는 것이다. 체언과 조사의 축약형은 다음과 같이 크게 두 가지 양상으로 나타난다.

체언은 줄지 않고 조사만 줄어드는 경우	'나는 → 난', '나를 → 날', '너를 → 널' 등
체언의 일부와 조사가 줄어드는 경우	'그것이 → 그게', '이것으로 → 이걸로', '무엇을 → 뭘' 등

3 한글 맞춤법 제34항

제34항 모음 'ㅏ, ㅓ'로 끝난 어간에 '-아/-어, -았-/-었-'이 어울릴 적에는 준 대로 적는다.

본말	준말	본말	준말
가아	가	가았다	갔다
나아	나	나았다	났다
타아	타	타았다	탔다
서어	서	서었다	섰다
켜어	켜	켜었다	켰다
펴어	펴	펴었다	폈다

[붙임 1] 'ㅐ, ㅔ' 뒤에 '-어, -었-'이 어울려 줄 적에는 준 대로 적는다.

본말	준말	본말	준말
개어	개	개었다	갰다
내어	내	내었다	냈다
베어	베	베었다	벴다
세어	세	세었다	셌다

[붙임 2] '하여'가 한 음절로 줄어서 '해'로 될 적에는 준 대로 적는다.

본말	준말	본말	준말
하여	해	하였다	했다
더하여	더해	더하였다	더했다
흔하여	흔해	흔하였다	흔했다

제34항은 용언 어간과 어미의 모음이 동일 모음으로 연결되는 것을 기피하여 탈락하는 현상을 표기에 반영한 내용을 담고 있다. 한국어에서는 동일한 모음이 연속될 때 한 모음으로 줄어드는 일이 있는데, 이는 필수적이기도 하고 수의적이기도 하다.

우선, 모음 'ㅏ, ㅓ'로 끝나는 어간에 'ㅏ, ㅓ'로 시작하는 어미 '-아/-어', '-았-/-었-'이 결합할 때는 'ㅏ, ㅓ'가 연속되어 중복되므로 하나로 줄어든다. '가- + -아'가 '가', '서- + -었- + -다'가 '섰다'로 줄어드는 것 등을 예시로 들 수 있다. 이런 경우에는 필수적으로 줄어드는 경우에 해당하므로 반드시 준 대로 적으며, '*가아, *서었다'는 인정되지 않는다.

그러나 'ㅅ' 불규칙 용언의 어간에서 'ㅅ'이 탈락하는 경우는 표면적으로는 모음 'ㅏ, ㅓ'가 연속하는 것으로 보이나, 원래 그 사이에는 자음 'ㅅ'이 있었으므로 'ㅏ, ㅓ'가 줄어들지 않는다. '낫- + -아'가 '나아', '젓- + -어'가 '저어'로 표기되는 것이 이에 해당한다.

[붙임 1]은 '어울려 줄 적에는~'이라는 말을 통해, 수의적인 규칙임을 알 수 있다. 어간이 모음 'ㅐ, ㅔ'로 끝나는 경우, 뒤에 '-어, -었-'이 결합하여 모음이 줄어들 때 준 대로 적는다는 내용을 담고 있다. '떼- + -어'의 조합이 줄어든 '떼', '떼- + -었- + -다'의 조합이 줄어든 '뗐다'로 적는다는 것이다. 다만 앞서 언급한 '*가아, *서었다'와 달리, '떼어/떼, 떼었다/뗐다'는 모두 쓸 수 있다는 차이점이 있다.

[붙임 2]는 '하다'의 활용형 '하여'가 '해'로 줄어들 경우에 대한 내용이며, 이는 준 대로 적는다. 이때도 '하여'와 '해' 모두 쓸 수 있다는 점을 주의해야 한다.

4 한글 맞춤법 제35항

제35항 모음 'ㅗ, ㅜ'로 끝난 어간에 '-아/-어, -았-/-었-'이 어울려 'ㅘ/ㅝ, ㅘㅆ/ㅝㅆ'으로 될 적에는 준 대로 적는다.

본말	준말	본말	준말
꼬아	꽈	꼬았다	꽜다
보아	봐	보았다	봤다
쏘아	쏴	쏘았다	쐈다
두어	둬	두었다	뒀다
쑤어	쒀	쑤었다	쒔다
주어	줘	주었다	줬다

[붙임 1] '놓아'가 '놔'로 줄 적에는 준 대로 적는다.

[붙임 2] 'ㅚ' 뒤에 '-어, -었-'이 어울려 'ㅙ, ㅙㅆ'으로 될 적에도 준 대로 적는다.

본말	준말	본말	준말
괴어	괘	괴었다	괬다
되어	돼	되었다	됐다
뵈어	봬	뵈었다	뵀다
쇠어	쇄	쇠었다	쇘다
쐬어	쐐	쐬었다	쐤다

제35항은 반모음화에 대한 내용을 담고 있다. 국어의 모음 'ㅣ, ㅗ, ㅜ' 뒤에 'ㅏ, ㅓ'가 연결되면, 모음 'ㅣ'는 반모음 'ㅣ[j]', 모음 'ㅗ, ㅜ'는 반모음 'ㅜ[w]'로 각각 변화하는 반모음화의 영향으로 이어지는 모음 'ㅏ, ㅓ'와 결합하여 'ㅑ, ㅕ, ㅘ, ㅝ'가 된다. 이는 수의적인 현상이므로 반모음화가 되기 전의 형태는 본말, 반모음화 이후의 형태는 준말이 된다. 이때에도 줄어든 형태와 줄어들지 않은 형태를 모두 쓸 수 있다. 예를 들어 '보아라/봐라'가 모두 쓰일 수 있는 것과 같다. 다만, '오다'는 '-아' 계열 어미가 결합한 형태를 '*오아, *오아라, *오았다' 등과 같이 줄어들지 않은 형태로 쓰는 것은 인정하지 않고, '와, 와라, 왔다'처럼 줄어든 형태만 인정한다.

[붙임 1]은 '놓다'에 '-아'가 결합한 형태에 대한 내용이며, '놓- + -아'는 '놓아/놔', '놓- + -아라'는 '놓아라/놔라' 등과 같이 적는다는 의미이다. 이는 다소 일반적이지 않은 현상인데, '좋다'에 '-아'가 결합한 '좋- + -아'는 '*좌'로 적히지 않기 때문이다.

[붙임 2]는 어간 끝 모음 'ㅚ' 뒤에 '-어'가 결합하여 'ㅙ'로 줄어드는 경우에는, 준 대로 'ㅙ'로 적는다는 내용이다. 예를 들어 '되다, 뵈다'는 '되- + -어'가 '돼', '뵈- + -어'가 '봬'로 줄어든다. 이 또한 줄어든 형태와 줄어들지 않은 형태 모두를 쓸 수 있다.

5 한글 맞춤법 제36항

제36항 'ㅣ' 뒤에 '-어'가 와서 'ㅕ'로 줄 적에는 준 대로 적는다.

본말	준말	본말	준말
가지어	가져	가지었다	가졌다
견디어	견뎌	견디었다	견뎠다
다니어	다녀	다니었다	다녔다
막히어	막혀	막히었다	막혔다
버티어	버텨	버티었다	버텼다
치이어	치여	치이었다	치였다

제36항은 모음 'ㅣ'로 끝나는 어간 뒤에 '-어'가 붙어 'ㅕ'로 줄어드는 경우에 대한 내용을 담고 있다. 이 때에는 준 대로 적으며, '다니다'가 '-어'와 결합한 '다니- + -어'를 '다녀'로 적는 예시가 이에 해당한다. '가지다, 다치다' 등에 '-어'가 결합한 경우, 발음은 [가저], [다처]가 되지만 결합 과정에서의 문법적 연관성이 드러나도록 '가져, 다쳐'로 적는다.

6 한글 맞춤법 제37항

제37항 'ㅏ, ㅕ, ㅗ, ㅜ, ㅡ'로 끝난 어간에 '-이-'가 와서 각각 'ㅐ, ㅖ, ㅚ, ㅟ, ㅢ'로 줄 적에는 준 대로 적는다.

본말	준말	본말	준말
싸이다	쌔다	누이다	뉘다
펴이다	폐다	뜨이다	띄다
보이다	뵈다	쓰이다	씌다

제37항은 앞서 언급한 준말 표기와 달리, 모음 축약에 의해 형성된 준말 표기에 대한 내용을 담고 있다. 어간이 모음 'ㅏ, ㅕ, ㅗ, ㅜ, ㅡ'로 끝나고 뒤에 '-이-'가 결합할 때 'ㅐ, ㅖ, ㅚ, ㅟ, ㅢ'로 줄어드는 경우에는 'ㅐ, ㅖ, ㅚ, ㅟ, ㅢ'로 적는다는 것이다. 이때 줄어든 형태와 줄어들지 않은 형태는 모두 옳은 표기로 인정된다.

더 알아두기

음운 축약

두 음운이 합쳐져서 하나의 음운으로 줄어 소리가 나는 현상을 음운 축약이라고 한다. 음운의 축약이 모음에서 일어나는 경우에는 모음 축약이라고 하는데, 모음끼리의 충돌을 피하고자 발생하는 현상이므로 모음 충돌 회피라고도 한다. 모음 사이에 자음을 넣는 방법도 모음 충돌 회피의 일종으로 볼 수 있다.

7 한글 맞춤법 제38항

제38항 'ㅏ, ㅗ, ㅜ, ㅡ' 뒤에 '-이어'가 어울려 줄어질 적에는 준 대로 적는다.

본말	준말	본말	준말
싸이어	쌔어, 싸여	뜨이어	띄어
보이어	뵈어, 보여	쓰이어	씌어, 쓰여
쏘이어	쐬어, 쏘여	트이어	틔어, 트여
누이어	뉘어, 누여		

제38항도 제37항과 마찬가지로 모음 축약에 의해 형성된 준말 표기에 대한 내용을 담고 있다. 어간이 모음 'ㅏ, ㅗ, ㅜ, ㅡ'로 끝나고 뒤에 '-이어'가 결합하여 모음이 줄어들 때는 준 대로 적는다. 줄어드는 경우는 크게 두 가지가 있는데, 첫째로 'ㅏ, ㅗ, ㅜ, ㅡ'와 '-이어'의 '이'가 하나의 음절로 줄어 'ㅐ, ㅚ, ㅟ, ㅢ'가 되기도 하며, 둘째로 '-이어'가 '-여'로 줄어들 수도 있다. 예를 들어 '쓰다'의 경우, '-이어'가 결합하는 '쓰- + -이어'가 줄어 '씌어' 혹은 '쓰여'가 될 수 있다. 이때에는 본래 결합형인 '*쓰이어'가 아닌 줄어든 두 가지 경우 '씌어, 쓰여'로만 적어야 한다. 윤동주 시인의 유명한 작품인 「쉽게 씌어진 시」의 '씌어진' 또한 '쓰다' 어근 '쓰-'에 피동 접미사 '-어진'이 결합한 형태이므로, '씌어진' 혹은 '쓰여진'으로 적는 것이 맞다. 간혹 '*씌여진'으로 적는 경우가 있는데, 이는 피동 접미사의 이중 표기로, 잘못된 표기에 해당하기 때문에 주의해야 한다.

8 한글 맞춤법 제39항

제39항 어미 '-지' 뒤에 '않-'이 어울려 '-잖-'이 될 적과 '-하지' 뒤에 '않-'이 어울려 '-찮-'이 될 적에는 준 대로 적는다.

본말	준말	본말	준말
그렇지 않은	그렇잖은	만만하지 않다	만만찮다
적지 않은	적잖은	변변하지 않다	변변찮다

제39항은 '-지 않-', '-치 않-'이 한 음절로 줄어드는 경우, 이를 각각 '-잖-, -찮-'으로 적도록 하는 내용을 담고 있다. 앞서 살펴본 제36항의 내용을 따르면, '-지 않-'과 '-치 않-'이 줄어들 때는 '쟎'과 '챦'으로 적어야 한다. 그러나 제39항의 예는 준말 형태가 한 단어로 굳어져 쓰이고 있으므로 원형을 밝혀야 할 필요가 없다. 따라서 소리 나는 대로 '잖', '찮'으로 적는 것이다. '달갑잖다, 마뜩잖다, 당찮다, 편찮다' 등이 이에 해당한다.

9 한글 맞춤법 제40항

제40항 어간의 끝음절 '하'의 'ㅏ'가 줄고 'ㅎ'이 다음 음절의 첫소리와 어울려 거센소리로 될 적에는 거센소리로 적는다.

본말	준말	본말	준말
간편하게	간편케	다정하다	다정타
연구하도록	연구토록	정결하다	정결타
가하다	가타	흔하다	흔타

[붙임 1] 'ㅎ'이 어간의 끝소리로 굳어진 것은 받침으로 적는다.

않다	않고	않지	않든지
그렇다	그렇고	그렇지	그렇든지
아무렇다	아무렇고	아무렇지	아무렇든지
어떻다	어떻고	어떻지	어떻든지
이렇다	이렇고	이렇지	이렇든지
저렇다	저렇고	저렇지	저렇든지

[붙임 2] 어간의 끝음절 '하'가 아주 줄 적에는 준 대로 적는다.

본말	준말	본말	준말
거북하지	거북지	넉넉하지 않다	넉넉지 않다
생각하건대	생각건대	못하지 않다	못지않다
생각하다 못해	생각다 못해	섭섭하지 않다	섭섭지 않다
깨끗하지 않다	깨끗지 않다	익숙하지 않다	익숙지 않다

[붙임 3] 다음과 같은 부사는 소리대로 적는다.

결단코	결코	기필코	무심코
아무튼	요컨대	정녕코	필연코
하마터면	하여튼	한사코	

제40항은 어간의 끝음절에 위치하는 '-하-'의 모음 'ㅏ' 또는 음절 '하' 전체를 줄이는 경우의 표기에 대한 내용을 담고 있다. 즉, 어간의 끝음절 '하'가 줄어들면 줄어드는 대로 적는다는 의미이며 '간편하게'가 [간편케]로 줄면 '간편케'로 적는 것 등이 이에 해당된다.

어간의 끝음절 '하'가 줄어드는 방식은 크게 두 가지로 나눌 수 있다. 첫째는 '하' 전체가 줄지 않고 모음 'ㅏ'만 줄어 'ㅎ'이 뒤에 오는 말의 첫소리와 어울려 거센소리되기(격음화)가 적용되는 경우이다. '무능하다, 간편하다, 당하지, 무심하지' 등을 '무능타, 간편타, 당치, 무심치'로 적는 경우가 이에 해당하며 줄어서 소리 나는 대로 적는다. 이는 다음에 나오는 [붙임 2]와도 연관된다.

둘째는 음절 '하'가 통째로 줄어드는 경우이다. '생각하다 못해, 생각하건대, 익숙하지 않다' 등이 '생각다 못해, 생각건대, 익숙지 않다'로 적는 경우가 이에 해당하며, 이때도 줄어서 소리 나는 대로 적는다. '하'가 줄어드는 기준은 '하' 앞에 오는 받침의 소리이다. '하' 앞의 받침의 소리가 [ㄱ, ㄷ, ㅂ]이면 '하'가 통째로 줄어들게 되고, 그 외의 경우에는 'ㅎ'이 남는다. '깨끗'은 [깨끋], '섭섭'은 [섭썹]이므로 '하' 앞의 받침 소리가 각각 [ㄷ], [ㅂ]에 해당하여 '하'가 줄어드는 것이다.

여기서 주의할 점은 '깨끗하지 않다, 섭섭하지 않다' 등과 같은 경우, '하'가 줄어드는 기준을 적용하지 않고 앞서 언급한 제39항의 내용을 잘못 적용하여 '*깨끗찮다, *섭섭찮다'로 적으면 안 되고, '깨끗잖다, 섭섭잖다'로 적어야 한다는 점이다. 이는 매우 혼동하기 쉬운 부분이므로 주의해야 한다.

[붙임 1]은 준말에서 'ㅎ'이 어간의 끝소리로 굳어져 있는 것은 전통에 따라 받침으로 적는다는 내용을 담고 있다. 이에 따라 '아니하다, 그러하다, 어떠하다' 등은 '않다, 그렇다, 어떻다'와 같이 준 대로 적는다. 이는 준말이 활용하는 경우에도 '그렇다, 그렇고, 그렇지'와 같이 'ㅎ'을 받침으로 적는다.

[붙임 2]는 앞서 언급한 어간 끝음절 '하'가 줄어드는 경우를 참고하면 된다.

[붙임 3]에 제시된 부사들은 그 어원이 용언 활용형이라 할지라도, 소리대로 적는다는 내용을 담고 있다. '기필코'의 경우, '기필하다'의 활용형으로 추론할 수 있으나 '기필하-'의 원형을 살려 적지 않고 '기필코'와 같이 적는다는 의미이다. '아무튼'의 경우에도 '아무하다'의 활용형으로 추론할 수 있으나, '아무하-'의 원형을 살려 '*아뭏든'과 같지 적지 않는다는 것이다.

다만 '이렇든, 저렇든'과 같은 경우는 용언의 활용형으로 쓰임이 명백하므로 '*이러튼, *저러튼'으로 적지 않는 점을 주의해야 한다.

제 5 장 띄어쓰기

제1절 조사

제41항 조사는 그 앞말에 붙여 쓴다.

꽃이	꽃마저	꽃밖에	꽃에서부터	꽃으로만
꽃이나마	꽃이다	꽃입니다	꽃처럼	어디까지나
거기도	멀리는	웃고만		

제41항은 조사의 띄어쓰기에 대한 내용인데, 이는 앞서 살핀 제2항 '문장의 각 단어는 띄어 씀을 원칙으로 한다.'의 예외 규정이다.

조사는 일반적으로 단어의 범주에 포함되지만, 자립성이 없어 다른 말에 의존해야 하기 때문에 앞말에 붙여 쓴다. '앞말에 붙여 쓴다'는 말은 조사가 자립성을 가진 말 뒤, 혹은 조사가 둘 이상 연속되는 경우, 어미 뒤에 위치하는 경우 등에도 앞말에 붙여 쓰는 것을 의미한다.

다음 예시 (가)는 조사가 둘 이상 연속되는 경우에 해당한다. '집에서처럼'은 자립성을 가진 명사 '학교'에 조사 '에서'와 '처럼'이 연속되는 경우이며, 이를 모두 붙여서 써야 한다. '남편까지도' 또한 명사 '남편'에 조사 '까지'와 '도'가 연속되는 경우이며, 이를 모두 붙여서 써야 한다.

예시 (나)는 어미 뒤에 조사가 위치하는 경우에 해당한다. '말하면서까지도'는 동사 '말하다'의 어간 '말하–' 뒤에 어미 '–면서'가 위치하고, 그 뒤에 조사 '까지'와 '도'가 순서대로 붙은 경우이다. '놀라기보다는'은 동사 '놀라다'의 어간 '놀라–' 뒤에 어미 '–기'가 위치하고, 그 뒤에 조사 '보다'와 '는'이 순서대로 붙은 경우이다. 이 경우들 또한 모두 붙여서 써야 한다.

(가) 집에서처럼, 남편까지도
(나) 말하면서까지도, 놀라기보다는

제2절 의존 명사, 단위를 나타내는 명사 및 열거하는 말 등 중요

의존 명사, 단위를 나타내는 명사 및 열거하는 말과 관련된 내용은 제42항부터 제46항에 걸쳐 제시되어 있다.

1 한글 맞춤법 제42항

제42항 의존 명사는 띄어 쓴다.

아는 **것**이 힘이다.	나도 할 **수** 있다.
먹을 **만큼** 먹어라.	아는 **이**를 만났다.
네가 뜻한 **바**를 알겠다.	그가 떠난 **지**가 오래다.

제42항은 의존 명사의 띄어쓰기에 대한 내용을 담고 있다. **의존 명사**는 단독으로 쓰이지 못하고 앞에서 꾸며 주는 말이 함께 나와야 쓸 수 있는 의존성을 가진 말이다. 그러나 의존 명사 또한 명사의 기능을 하므로, 단어의 범주에 포함되며 띄어서 써야 한다. 다만 다음 표와 같은 예시는 혼동의 여지가 있으므로 주의해야 하는데, 다음 표에서 조사 또는 어미, 접미사로 쓰인 경우는 붙여 쓰고, 의존 명사로 쓰인 경우에는 띄어 써야 한다.

종류	구분	예시
뿐	조사	이것뿐이다
	의존 명사	웃을 뿐이다
대로	조사	법대로
	의존 명사	말하는 대로
만큼	조사	나만큼 크다
	의존 명사	주는 만큼
만	조사	하나만 안다
	의존 명사	두 번 만에 합격했다
-듯	어미	돈을 물 쓰듯
	의존 명사	잠을 잔 듯 만 듯
-차	접미사	사업차 방문했다
	의존 명사	가려던 차에

2 한글 맞춤법 제43항

제43항 단위를 나타내는 명사는 띄어 쓴다.

한 **개**	차 한 **대**	금 서 **돈**	소 한 **마리**
옷 한 **벌**	열 **살**	조기 한 **손**	연필 한 **자루**
버선 한 **죽**	집 한 **채**	신 두 **켤레**	북어 한 **쾌**

다만, 순서를 나타내는 경우나 숫자와 어울리어 쓰이는 경우에는 붙여 쓸 수 있다.

두시 삼십분 오초	제일과	삼학년
육층	1446년 10월 9일	2대대
16동 502호	제1실습실	80원
10개	7미터	

제43항은 단위를 나타내는 명사의 띄어쓰기에 대한 내용을 담고 있다. 단위를 나타내는 말은 모두 단어로 인정되는 명사이므로 앞말과 띄어 써야 한다. 의존 명사에는 '그루, 근, 대, 돈, 마리, 마지기' 등이 있고, 자립 명사에는 '그릇, 병, 사람, 송이, 줌, 포기' 등이 있다.
다만 수 관형사 뒤에 단위 명사가 결합하여 그 차례를 나타내는 경우에는 앞말과 붙여 쓸 수 있도록 허용하였다. 다시 말하면, 띄어 쓰는 것이 원칙이나 붙여 쓴 것까지 모두 표기 가능한 형태라는 것이다. 이는 '제삼 편/제삼편, 제1 조/제1조, 이십삼 번/이십삼번, 사 층/사층, 11 번지/11번지' 등이 모두 가능하다는 것이다. 또 연월일 표현이나 시각 등도 붙여 쓸 수 있는데, 이들은 '제-'가 붙지는 않으나 차례 및 순서 개념을 나타내는 것이기 때문이다. '열한시 이십팔 분/열한시 이십팔분' 등이 이 예에 해당된다.

3 한글 맞춤법 제44항

제44항 수를 적을 적에는 '만(萬)' 단위로 띄어 쓴다.

십이억 삼천사백오십육만 칠천팔백구십팔
12억 3456만 7898

제44항은 수를 적을 때 '만' 단위로 띄어서 적어야 하는 내용을 담고 있다. 당초 1933년의 「한글 맞춤법 통일안」에서는 수를 한글로 적을 때 십 단위로 띄어 적도록 하였으나, 이는 의미 파악이 쉽지 않고 지나치게 많은 띄어쓰기가 적용되어야 하는 한계가 있었다. 이에 만 단위로 띄어 쓰게 규정함으로써 일상에서 사용하는 수 인식 단위와도 일치

하게 하였고, 숫자 단위를 더욱 자연스럽고 효과적으로 인식할 수 있게 되었다. 이는 아라비아 숫자와 함께 적을 때에도 적용된다.

다음 예시 (가)는 수를 한글로 적은 것이고, (나)는 아라비아 숫자를 혼용한 예이다. (다)는 은행 등에서 금액을 적는 경우의 예시인데, 금액은 돈과 관련된 문제가 발생할 수 있으므로 변조나 오인 등의 사고를 방지하고자 붙여 쓰는 것이 관례가 되었다.

(가) 오경 사천육백오십사조 이천육백오십칠억 팔천팔백사십오만 오천육백사십일
(나) 5경 4654조 2657억 8845만 5641
(다) 오십삼만육천육백원정

4 한글 맞춤법 제45항

제45항 두 말을 이어 주거나 열거할 적에 쓰이는 다음의 말들은 띄어 쓴다.

국장 **겸** 과장	열 **내지** 스물	청군 **대** 백군
책상, 걸상 **등**이 있다	이사장 **및** 이사들	사과, 배, 귤 **등등**
사과, 배 **등속**	부산, 광주 **등지**	

제45항은 두 말을 잇거나 열거할 때 쓰는 말은 띄어 쓴다는 내용을 담고 있다. '겸, 내지, 대, 등, 및, 등등, 등속, 등지' 등을 예시로 들고 있으며, 여기에는 '따위'도 포함된다.

5 한글 맞춤법 제46항

제46항 단음절로 된 단어가 연이어 나타날 적에는 붙여 쓸 수 있다.

좀더 큰것	이말 저말	한잎 두잎

제46항은 단음절로 된 단어가 연속될 때 붙여 쓸 수 있다는 내용을 담고 있다. 띄어쓰기는 기본적으로 의미 파악의 용이성을 더하기 위한 것이다. 그러나 단음절 단어가 연속하는 경우에 모두 띄어 쓰면 이러한 의도를 살리기 어렵

다. 이에 제46항과 같이 규정함으로써 의미 파악의 용이성을 더하고자 한 것이다. '좀 더 큰 것'을 '좀더 큰것'으로 붙여 쓰는 것이 이에 해당한다. 다만 세 개 이상의 음절을 붙이는 것은 허용되지 않는데, '좀 더 큰 그 새 집'을 '*좀더 큰 그새집'과 같이 표기할 수 없다는 것이다.
또한 단음절을 붙이는 것도 모든 경우의 수가 가능한 것은 아니다. 즉, 단음절 간의 의미를 고려하여 붙일 수 있는데, '집 한 채'를 '집 한채'로 붙일 수는 있으나 '*집한 채'는 불가능하다. '한'은 '채'와 의미적으로 연결되기 때문이다. 그리고, '물 한 병'을 '물 한병'이라고는 쓸 수 있어도 '*물한 병'이라고 쓸 수는 없다. 이 또한 '물'과 '한'이 의미적으로 자연스럽게 연결되지 않기 때문이다.

제3절 보조 용언 (중요)

제47항 보조 용언은 띄어 씀을 원칙으로 하되, 경우에 따라 붙여 씀도 허용한다. (ㄱ을 원칙으로 하고, ㄴ을 허용함)

ㄱ	ㄴ
불이 꺼져 **간다.**	불이 꺼져**간다.**
내 힘으로 막아 **낸다.**	내 힘으로 막아**낸다.**
어머니를 도와 **드린다.**	어머니를 도와**드린다.**
그릇을 깨뜨려 **버렸다.**	그릇을 깨뜨려**버렸다.**
비가 올 **듯하다.**	비가 올**듯하다.**
그 일은 할 **만하다.**	그 일은 할**만하다.**
일이 될 **법하다.**	일이 될**법하다.**
비가 올 **성싶다.**	비가 올**성싶다.**
잘 아는 **척한다.**	잘 아는**척한다.**

다만, 앞말에 조사가 붙거나 앞말이 합성 용언인 경우, 그리고 중간에 조사가 들어갈 적에는 그 뒤에 오는 보조 용언은 띄어 쓴다.

잘도 놀아만 **나는구나!**	책을 읽어도 **보고**…….
네가 덤벼들어 **보아라.**	이런 기회는 다시없을 **듯하다.**
그가 올 듯도 **하다.**	잘난 체를 **한다.**

보조 용언과 관련된 내용은 제47항에 제시되어 있는데, 이는 보조 용언의 띄어쓰기 적용 원칙을 담고 있다. 보조 용언은 하나의 단어이므로 원칙적으로 띄어 써야 하지만, 붙여 쓰는 것도 경우에 따라 허용한다. 또는 어떠한 경우에는 띄어서 쓰는 것만이 원칙인 경우도 있다. 다만 제시된 예시 중, '도와드리다'는 표준국어대사전에서는 붙여서 쓰는 것을 원칙으로 제시하고 있어 차이점을 보이는데, 이는 '도와주다'를 한 단어로 처리한 것에 맞춘 것이다. 따라서 '도와드리다'는 제시된 내용과 관계없이 항상 붙여서 쓰면 된다.

보조 용언을 붙여서 쓰는 것이 허용되는 경우는 크게 두 가지가 있다. 첫째는 본용언에 연결 어미 '-아/어'가 결합하고, 그 뒤에 보조 용언이 이어지는 구성이다. 이는 '쥐를 잡아 버렸다/쥐를 잡아버렸다', '해가 솟아 있다/해가 솟아 있다' 등과 같은 예시를 들 수 있다. 둘째는 용언 어간에 관형사형 어미가 결합한 형태에 보조 용언이 연결된 구성이다. 이는 '먹는 척하다/먹는척하다', '올 듯하다/올듯하다' 등과 같은 예시를 들 수 있다.
보조 용언 앞에 '-(으)ㄴ가, -나, -는가, -(으)ㄹ까, -지' 등의 종결 어미가 있는 경우에는 '작은가 싶다, 먹나 보다, 갈까 보다'와 같이 보조 용언을 그 앞말에 붙여 쓸 수 없으며, 반대로 '-아/어 지다'와 '-아/어 하다'가 이어지는 경우에는 '지운다/지워진다', '예쁘다/예뻐한다'와 같이 보조 용언을 띄어 쓰지 않고 앞말에 붙여 쓴다. 다만 '-아/-어 하다'가 구(句)에 결합하는 경우에는 '자고 싶어 하다'와 같이 붙이지 않고 띄어 쓴다. '읽어 볼 만하다'와 같이 보조 용언이 거듭 나타나는 경우에는 앞의 보조 용언만을 붙여 '읽어볼 만하다'와 같이 쓸 수 있다.

제4절 고유 명사 및 전문 용어

고유 명사 및 전문 용어와 관련된 내용은 제48항부터 제50항에 제시되어 있다.

1 한글 맞춤법 제48항

제48항 성과 이름, 성과 호 등은 붙여 쓰고, 이에 덧붙는 호칭어, 관직명 등은 띄어 쓴다.

김양수(金良洙)	서화담(徐花潭)	채영신 씨
최치원 선생	박동식 박사	충무공 이순신 장군

다만, 성과 이름, 성과 호를 분명히 구분할 필요가 있을 경우에는 띄어 쓸 수 있다.

남궁억/남궁 억	독고준/독고 준
황보지봉(皇甫芝峰)/황보 지봉	

제48항은 성과 이름, 호, 호칭어, 관직명 등의 띄어쓰기에 대한 내용을 담고 있다. 한국어의 성과 이름은 자립적으로 쓰이는 경우가 많고 고유 의미를 지닌다는 점 때문에 독립적 단어로 취급된다. 하지만 이들의 결합인 이름은 고유 명사이므로 성과 이름을 붙여 쓰도록 하였다. 호(號)나 자(字)가 성에 붙는 이유도 이름이 가지는 특성과 같다고 볼 수 있다. 다만 성과 이름의 경계가 모호하여 혼동될 여지가 있는 경우에는 띄어 쓸 수 있는데, 가령 '남 궁수/남궁수', '선 우진/선우 진'과 같은 경우가 이에 해당한다.
이름 외의 호칭어, 관직명 등은 별개의 단위인 고유 명사이므로 띄어 쓰도록 하였다. '김철수 교수, 백범 김구, 황희 정승' 등이 이에 해당한다.

2 한글 맞춤법 제49항

제49항 성명 이외의 고유 명사는 단어별로 띄어 씀을 원칙으로 하되, 단위별로 띄어 쓸 수 있다. (ㄱ을 원칙으로 하고, ㄴ을 허용함)

ㄱ	ㄴ
대한 중학교 한국 대학교 사범 대학	대한중학교 한국대학교 사범대학

제49항은 성명 외의 고유 명사의 띄어쓰기에 대한 내용을 담고 있다. 고유 명사는 단어별로 띄어 씀을 원칙으로 하는데, 예를 들어 띄어쓰기의 원칙을 따라 '국립 중앙 박물관'을 단어별로 띄어 쓰면 '국립', '중앙', '박물관'의 세 단어가 각각 지니고 있는 뜻은 분명히 드러나지만 이것이 하나의 대상을 가리키고 있다는 점은 분명하지 않다. 그렇기 때문에 고유 명사는 단어별로 띄어 쓰는 것을 원칙으로 하나, 붙여서 쓰는 것 또한 허용한 것이다. 단어별로 띄어 쓴 '한국 대학교 사범 대학 부속 고등 학교'보다는 '한국대학교, 사범대학, 부속고등학교'를 각각의 단위로 파악하여 '한국대학교 사범대학 부속고등학교'로 띄어 쓴 것이 이에 해당한다.

다만 산 이름, 강 이름 등 굳어진 지명은 둘 이상의 단어로 이루어졌다고 할지라도 띄어서 쓸 수 없다. '북한산, 알프스산맥, 나주평야, 티베트고원' 등이 이에 해당한다.

3 한글 맞춤법 제50항

제50항 전문 용어는 단어별로 띄어 씀을 원칙으로 하되, 붙여 쓸 수 있다. (ㄱ을 원칙으로 하고, ㄴ을 허용함)

ㄱ	ㄴ
만성 골수성 백혈병 중거리 탄도 유도탄	만성골수성백혈병 중거리탄도유도탄

제50항은 전문 용어의 띄어쓰기에 대한 내용을 담고 있다. 전문 용어란 학술 용어, 기술 용어 등 특정 전문 영역에서 쓰이는 용어를 일컫는다. 이러한 전문 용어는 의미 파악이 쉽도록 띄어 쓰는 것을 원칙으로 하되, 사용의 편의상 붙여 쓸 수 있도록 한 것이다. '상대성 이론/상대성이론', '음운 변화/음운변화', '후천 면역 결핍증/후천면역결핍증' 등이 이에 해당한다.

전문 용어 중에는 둘 이상의 단어로 구성된 경우에도 고전 및 책 이름 등은 띄어 쓸 수 없는데, 이들은 하나의 단어로 굳어진 것이기 때문이다. '훈민정음언해, 동국신속삼강행실도, 번역소학' 등이 이에 해당한다. 다만, 서양의 고전 또는 현대 책명이나 작품명은 구와 문장 형식인 경우 단어별로 띄어 쓴다. '베니스의 상인', '바람과 함께 사라지다' 등이 이에 해당한다.

제 6 장 그 밖의 것

그 밖의 것과 관련된 내용은 제51항부터 제57항에 제시되어 있다.

1 한글 맞춤법 제51항 중요

제51항 부사의 끝음절이 분명히 '이'로만 나는 것은 '-이'로 적고, '히'로만 나거나 '이'나 '히'로 나는 것은 '-히'로 적는다.

1. '이'로만 나는 것

가붓이	깨끗이	나붓이	느긋이	둥긋이
따뜻이	반듯이	버젓이	산뜻이	의젓이
가까이	고이	날카로이	대수로이	번거로이
많이	적이	헛되이	겹겹이	번번이
일일이	집집이	틈틈이		

2. '히'로만 나는 것

극히	급히	딱히	속히	작히
족히	특히	엄격히	정확히	

3. '이, 히'로 나는 것

솔직히	가만히	간편히	나른히	무단히
각별히	소홀히	쓸쓸히	정결히	과감히
꼼꼼히	심히	열심히	급급히	답답히
섭섭히	공평히	능히	당당히	분명히
상당히	조용히	간소히	고요히	도저히

제51항은 부사의 끝음절 발음에 대한 내용을 담고 있다. 부사의 끝음절이 분명히 [이]로만 소리 나는 것은 '-이'로 적되, [히]로만 나거나 [이]나 [히]로 나는 것은 '-히'로 적는다고 규정하고 있다. 요약하자면 [이]로만 나면 '-이'로, 그 외에는 '-히'로 적는다고 볼 수 있다.
일반적으로 부사 끝음절의 소리가 [이]로 나는지, [히]로 나는지에 대한 직관적 파악은 어려울 수 있다. 다만 일반적인 부사의 경향성이나 국어사전의 발음 등을 참고한다면 이를 구분하는 데에 도움이 될 것이다.

(1) 부사 끝음절을 '이'로 적는 경우

겹쳐 쓰인 명사 뒤	곳곳이, 나날이, 낱낱이, 샅샅이, 줄줄이 등
'ㅅ' 받침 뒤	나긋나긋이, 뜨뜻이, 번듯이, 빠듯이, 지긋이 등
'ㅂ' 불규칙 용언의 어간 뒤	가벼이, 너그러이, 기꺼이, 쉬이, 외로이 등
'-하다'가 붙지 않는 용언 어간 뒤	굳이, 높이, 많이, 헛되이, 실없이 등
부사 뒤 (한글 맞춤법 제25항 참고)	더욱이, 오뚝이, 히죽이 등

(2) 부사 끝음절을 '히'로 적는 경우

'-하다'가 붙는 어근 뒤 (단, 'ㅅ' 받침은 제외)	간편히, 과감히, 급히, 꼼꼼히, 고요히 등
'-하다'가 붙는 어근에 '-히'가 결합하여 된 부사에서 온 말	익히(익숙히), 특히(특별히) 등
어원적으로는 '-하다'가 붙지 않는 어근에 부사화 접미사가 결합한 형태로 분석되나, 그 어근 형태소의 본뜻이 유지되지 않는 단어 → 익어진 발음 형태대로 '히'로 적음	작히

2 한글 맞춤법 제52항

제52항 한자어에서 본음으로도 나고 속음으로도 나는 것은 각각 그 소리에 따라 적는다.

본음으로 나는 것	속음으로 나는 것
승낙(承諾)	수락(受諾), 쾌락(快諾), 허락(許諾)
만난(萬難)	곤란(困難), 논란(論難)
안녕(安寧)	의령(宜寧), 회령(會寧)
분노(忿怒)	대로(大怒), 희로애락(喜怒哀樂)
토론(討論)	의논(議論)
오륙십(五六十)	오뉴월, 유월(六月)
목재(木材)	모과(木瓜)
십일(十日)	시방정토(十方淨土), 시왕(十王), 시월(十月)
팔일(八日)	초파일(初八日)

제52항은 한자어의 발음에 대한 내용이다. 한자의 속음이란 본음이 변하여 널리 퍼진 음을 일컫는다. 이러한 소리가 현실적으로 많이 쓰이는 경우에는 소리 나는 대로 적는다. 한자의 본음과 속음에 대한 개념은 예시를 통해 이해하는 것이 좋다. 항목에 제시된 예시 이외에도 다음과 같은 예를 추가로 들 수 있다.

본음	제공(提供)	공포(公布)	자택(自宅)	단풍(丹楓)	혈당(血糖)
속음	보리수(菩提樹)	보시(布施)	시댁(媤宅)	모란(牡丹)	탕수육(糖水肉)

3 한글 맞춤법 제53항 중요

제53항 다음과 같은 어미는 예사소리로 적는다. (ㄱ을 취하고, ㄴ을 버림)

ㄱ	ㄴ
-(으)ㄹ거나	-(으)ㄹ꺼나
-(으)ㄹ걸	-(으)ㄹ껄
-(으)ㄹ게	-(으)ㄹ께
-(으)ㄹ세	-(으)ㄹ쎄
-(으)ㄹ세라	-(으)ㄹ쎄라
-(으)ㄹ수록	-(으)ㄹ쑤록
-(으)ㄹ시	-(으)ㄹ씨
-(으)ㄹ지	-(으)ㄹ찌
-(으)ㄹ지니라	-(으)ㄹ찌니라
-(으)ㄹ지라도	-(으)ㄹ찌라도
-(으)ㄹ지어다	-(으)ㄹ찌어다
-(으)ㄹ지언정	-(으)ㄹ찌언정
-(으)ㄹ진대	-(으)ㄹ찐대
-(으)ㄹ진저	-(으)ㄹ찐저
-올시다	-올씨다

다만, 의문을 나타내는 다음 어미들은 된소리로 적는다.

-(으)ㄹ까?	-(으)ㄹ꼬?	-(스)ㅂ니까?
-(으)리까?	-(으)ㄹ쏘냐?	

제53항은 어미의 소리에 대한 내용을 담고 있다. 제시된 어미들을 예사소리로 적는다는 규정인데, 'ㄹ'로 시작하는 어미는 된소리로 소리가 나더라도 소리 나는 대로 적지 않는다는 내용이라고 볼 수 있다.
다만 다음 예시와 같이 'ㄹ'로 시작하는 어미들 중 의문을 나타내는 어미들은 된소리로 적어야 한다는 점을 유의해야 한다.

-ㄹ까, -ㄹ깝쇼, -ㄹ꼬, -ㄹ쏘냐, -ㄹ쏜가

4 한글 맞춤법 제54항

제54항 다음과 같은 접미사는 된소리로 적는다. (ㄱ을 취하고, ㄴ을 버림)

ㄱ	ㄴ	ㄱ	ㄴ
심부름꾼	심부름군	귀때기	귓대기
익살꾼	익살군	볼때기	볼대기
일꾼	일군	판자때기	판잣대기
장꾼	장군	뒤꿈치	뒷굼치
장난꾼	장난군	팔꿈치	팔굼치
지게꾼	지겟군	이마빼기	이맛배기
때깔	땟갈	코빼기	콧배기
빛깔	빛갈	객쩍다	객적다
성깔	성갈	겸연쩍다	겸연적다

제54항은 접미사의 소리에 대한 내용을 담고 있다. 제시된 접미사는 된소리로 적는다는 규정인데, 그 내용 중 혼동할 만한 내용을 정리하면 다음과 같다.

(1) '-꾼/-군'은 '꾼'으로 적는다. '구경꾼, 술꾼, 짐꾼' 등이 해당된다.
(2) '-때기/-대기'는 '때기'로 적는다. '거적때기, 나무때기, 판때기' 등이 해당된다.
(3) 다른 형태소 뒤에서 [빼기]로 소리 나는 것은 '빼기'로 적는다. '곱빼기, 그루빼기, 고들빼기' 등이 해당된다.

5 한글 맞춤법 제55항

제55항 두 가지로 구별하여 적던 다음 말들은 한 가지로 적는다. (ㄱ을 취하고, ㄴ을 버림)

ㄱ	ㄴ
맞추다(입을 맞춘다/양복을 맞춘다)	마추다
뻗치다(다리를 뻗친다/멀리 뻗친다)	뻐치다

제55항은 구별하여 적던 말의 표기를 통일하는 내용을 담고 있는데, 이는 '맞추다, 뻗치다' 두 단어에 해당된다. 이전에는 '제자리에 맞게 붙이다, 주문하다, 똑바르게 하다, 비교하다' 등의 뜻을 가진 말을 '마추다'로 적었으나, 이제는 '맞추다'로 적는다는 규정을 담고 있다. 이에 '옷을 맞추다, 기분을 맞추다, 답을 맞추다' 등과 같이 사용한다는 것이다.

그리고 '어떤 방향으로 길게 이어져 가다, 어떤 것에 미치게 길게 내밀다' 등의 뜻을 가진 말을 '뻐치다'로 적었으나, 이제는 '뻗치다'로 적는다는 규정도 담고 있다. 이에 '길게 뻗치다, 팔을 뻗치다' 등과 같이 사용한다는 것이다.

6 한글 맞춤법 제56항 중요

제56항 '-더라, -던'과 '-든지'는 다음과 같이 적는다.

1. 지난 일을 나타내는 어미는 '-더라, -던'으로 적는다. (ㄱ을 취하고, ㄴ을 버림)

ㄱ	ㄴ
지난겨울은 몹시 춥더라. 깊던 물이 얕아졌다. 그렇게 좋던가? 그 사람 말 잘하던데! 얼마나 놀랐던지 몰라.	지난겨울은 몹시 춥드라. 깊든 물이 얕아졌다. 그렇게 좋든가? 그 사람 말 잘하든데! 얼마나 놀랐든지 몰라.

2. 물건이나 일의 내용을 가리지 아니하는 뜻을 나타내는 조사와 어미는 '-든지'로 적는다. (ㄱ을 취하고, ㄴ을 버림)

ㄱ	ㄴ
배든지 사과든지 마음대로 먹어라. 가든지 오든지 마음대로 해라.	배던지 사과던지 마음대로 먹어라. 가던지 오던지 마음대로 해라.

제56항은 '-더라, -던'과 '-든지'의 표기에 대한 내용이다. 해당 내용은 일상에서도 빈번하게 잘못 쓰이는 경우가 매우 많을 뿐만 아니라, 다양한 매체 및 미디어에서도 오기하는 경우가 많아 주의할 필요가 있다.

과거의 경험을 전달하는 경우	'-더, -던'	예 어제 먹던 사과, 잘 그렸더라, 집이 덥더라 등
선택의 의미를 지니는 경우	'-든, -든지'	예 밥을 먹든지 과자를 먹든지, 가든 말든 등 → 특히 해당 의미를 '*집에 가던지 말던지'와 같이 '-던'으로 잘못 표기하는 경우가 많아, 이를 주의해야 한다.

7 한글 맞춤법 제57항 중요

제57항 다음 말들은 각각 구별하여 적는다.

가름	둘로 가름
갈음	새 책상으로 갈음하였다.
거름	풀을 썩힌 거름
걸음	빠른 걸음
거치다	영월을 거쳐 왔다.
걷히다	외상값이 잘 걷힌다.
걷잡다	걷잡을 수 없는 상태
겉잡다	겉잡아서 이틀 걸릴 일
그러므로(그러니까)	그는 부지런하다. 그러므로 잘 산다.
그럼으로(써)(그렇게 하는 것으로)	그는 열심히 공부한다. 그럼으로(써) 은혜에 보답한다.
노름	노름판이 벌어졌다.
놀음(놀이)	즐거운 놀음
느리다	진도가 너무 느리다.
늘이다	고무줄을 늘인다.
늘리다	수출량을 더 늘린다.
다리다	옷을 다린다.
달이다	약을 달인다.
다치다	부주의로 손을 다쳤다.
닫히다	문이 저절로 닫혔다.
닫치다	문을 힘껏 닫쳤다.
마치다	벌써 일을 마쳤다.
맞히다	여러 문제를 더 맞혔다.
목거리	목거리가 덧났다.
목걸이	금목걸이, 은목걸이
바치다	나라를 위해 목숨을 바쳤다.
받치다	우산을 받치고 간다.
	책받침을 받친다.
받히다	쇠뿔에 받혔다.
밭치다	술을 체에 밭친다.

반드시	약속은 반드시 지켜라.
반듯이	고개를 반듯이 들어라.
부딪치다	차와 차가 마주 부딪쳤다.
부딪히다	마차가 화물차에 부딪혔다.
부치다	힘이 부치는 일이다.
	편지를 부친다.
	논밭을 부친다.
	빈대떡을 부친다.
	식목일에 부치는 글
	회의에 부치는 안건
	인쇄에 부치는 원고
	삼촌 집에 숙식을 부친다.
붙이다	우표를 붙인다.
	책상을 벽에 붙였다.
	흥정을 붙인다.
	불을 붙인다.
	감시원을 붙인다.
	조건을 붙인다.
	취미를 붙인다.
	별명을 붙인다.
시키다	일을 시킨다.
식히다	끓인 물을 식힌다.
아름	세 아름 되는 둘레
알음	전부터 알음이 있는 사이
앎	앎이 힘이다.
안치다	밥을 안친다.
앉히다	윗자리에 앉힌다.
어름	두 물건의 어름에서 일어난 현상
얼음	얼음이 얼었다.
이따가	이따가 오너라.
있다가	돈은 있다가도 없다.
저리다	다친 다리가 저린다.
절이다	김장 배추를 절인다.
조리다	생선을 조린다. 통조림, 병조림
졸이다	마음을 졸인다.

주리다	여러 날을 주렸다.
줄이다	비용을 줄인다.
하노라고	하노라고 한 것이 이 모양이다.
하느라고	공부하느라고 밤을 새웠다.
-느니보다(어미)	나를 찾아오느니보다 집에 있거라.
-는 이보다(의존 명사)	오는 이가 가는 이보다 많다.
-(으)리만큼(어미)	나를 미워하리만큼 그에게 잘못한 일이 없다.
-(으)ㄹ 이만큼(의존 명사)	찬성할 이도 반대할 이만큼이나 많을 것이다.
-(으)러(목적)	공부하러 간다.
-(으)려(의도)	서울 가려 한다.
(으)로서(자격)	사람으로서 그럴 수는 없다.
(으)로써(수단)	닭으로써 꿩을 대신했다.
-(으)므로(어미)	그가 나를 믿으므로 나도 그를 믿는다.
(-ㅁ, -음)으로(써)(조사)	그는 믿음으로(써) 산 보람을 느꼈다.

제57항은 일상에서 자주 쓰이며 혼동되기 쉬운 말을 제시한 내용이다. 실제 생활에서 잘못 쓰이는 경우가 많은 단어들이므로, 실제로 사용되는 예시를 중심으로 학습하여 내용을 잘 숙지해야 할 것이다.

제 7 장 | 문장 부호

문장 부호와 관련된 내용은 한글 맞춤법의 부록으로 제시되어 있다. 이 규정은 일상에서 쓰이는 문장 부호의 정의와 범위를 명확히 전달하기 위해 새롭게 추가된 내용이다. 이전에는 전문 분야의 부호까지도 다루었으나, 이제는 주로 일상에서 사용되는 부호들 중 문장 구조를 드러내거나 글쓴이의 의도 전달에 사용되는 부호들로 범위가 한정되었다. 개정된 문장 부호 규정은 세로쓰기에서 가로쓰기로 바뀐 현실 경향을 반영하여, 세로쓰기 부호인 '고리점(。)'과 '모점(、)'을 제외하였다. 또한 이전 규정에서 세로쓰기 부호로 제시되었던 '홑낫표(「 」)'와 '겹낫표(『 』)'는 가로쓰기에서 사용할 수 있는 것으로 용법을 수정하여 새 규정에 포함한 차이점이 있다.

문장 부호

문장 부호는 글에서 문장의 구조를 드러내거나 글쓴이의 의도를 전달하기 위하여 사용하는 부호이다. 문장 부호의 이름과 사용법은 다음과 같이 정한다.

1. 마침표(.)

(1) 서술, 명령, 청유 등을 나타내는 문장의 끝에 쓴다.

예 젊은이는 나라의 기둥입니다. 예 제 손을 꼭 잡으세요.
예 집으로 돌아갑시다. 예 가는 말이 고와야 오는 말이 곱다.

[붙임 1] 직접 인용한 문장의 끝에는 쓰는 것을 원칙으로 하되, 쓰지 않는 것을 허용한다. (ㄱ을 원칙으로 하고, ㄴ을 허용함)

예
ㄱ. 그는 "지금 바로 떠나자."라고 말하며 서둘러 짐을 챙겼다.
ㄴ. 그는 "지금 바로 떠나자"라고 말하며 서둘러 짐을 챙겼다.

[붙임 2] 용언의 명사형이나 명사로 끝나는 문장에는 쓰는 것을 원칙으로 하되, 쓰지 않는 것을 허용한다. (ㄱ을 원칙으로 하고, ㄴ을 허용함)

예
ㄱ. 목적을 이루기 위하여 몸과 마음을 다하여 애를 씀.
ㄴ. 목적을 이루기 위하여 몸과 마음을 다하여 애를 씀
예
ㄱ. 결과에 연연하지 않고 끝까지 최선을 다하기.
ㄴ. 결과에 연연하지 않고 끝까지 최선을 다하기

예
ㄱ. 신입 사원 모집을 위한 기업 설명회 개최.
ㄴ. 신입 사원 모집을 위한 기업 설명회 개최
예
ㄱ. 내일 오전까지 보고서를 제출할 것.
ㄴ. 내일 오전까지 보고서를 제출할 것

다만, 제목이나 표어에는 쓰지 않음을 원칙으로 한다.

예 압록강은 흐른다 예 꺼진 불도 다시 보자
예 건강한 몸 만들기

(2) 아라비아 숫자만으로 연월일을 표시할 때 쓴다.

예 1919. 3. 1. 예 10. 1.~10. 12.

(3) 특정한 의미가 있는 날을 표시할 때 월과 일을 나타내는 아라비아 숫자 사이에 쓴다.

예 3.1 운동 예 8.15 광복

[붙임] 이때는 마침표 대신 가운뎃점을 쓸 수 있다.

예 3·1 운동 예 8·15 광복

(4) 장, 절, 항 등을 표시하는 문자나 숫자 다음에 쓴다.

예 가. 인명 예 ㄱ. 머리말
예 Ⅰ. 서론 예 1. 연구 목적

[붙임] '마침표' 대신 '온점'이라는 용어를 쓸 수 있다.

2. **물음표(?)**

(1) 의문문이나 의문을 나타내는 어구의 끝에 쓴다.

예 점심 먹었어?
예 이번에 가시면 언제 돌아오세요?
예 제가 부모님 말씀을 따르지 않을 리가 있겠습니까?

예 남북이 통일되면 얼마나 좋을까?
예 다섯 살짜리 꼬마가 이 멀고 험한 곳까지 혼자 왔다?
예 지금?
예 뭐라고?
예 네?

[붙임 1] 한 문장 안에 몇 개의 선택적인 물음이 이어질 때는 맨 끝의 물음에만 쓰고, 각 물음이 독립적일 때는 각 물음의 뒤에 쓴다.

예 너는 중학생이냐, 고등학생이냐?
예 너는 여기에 언제 왔니? 어디서 왔니? 무엇하러 왔니?

[붙임 2] 의문의 정도가 약할 때는 물음표 대신 마침표를 쓸 수 있다.

예 도대체 이 일을 어쩐단 말이냐.
예 이것이 과연 내가 찾던 행복일까.

다만, 제목이나 표어에는 쓰지 않음을 원칙으로 한다.

예 역사란 무엇인가
예 아직도 담배를 피우십니까

(2) 특정한 어구의 내용에 대하여 의심, 빈정거림 등을 표시할 때, 또는 적절한 말을 쓰기 어려울 때 소괄호 안에 쓴다.

예 우리와 의견을 같이할 사람은 최 선생(?) 정도인 것 같다.
예 30점이라, 거참 훌륭한(?) 성적이군.
예 우리 집 강아지가 가출(?)을 했어요.

(3) 모르거나 불확실한 내용임을 나타낼 때 쓴다.

예 최치원(857~?)은 통일 신라 말기에 이름을 떨쳤던 학자이자 문장가이다.
예 조선 시대의 시인 강백(1690?~1777?)의 자는 자청이고, 호는 우곡이다.

3. 느낌표(!)

(1) 감탄문이나 감탄사의 끝에 쓴다.

> 예 이거 정말 큰일이 났구나!
> 예 어머!

[붙임] 감탄의 정도가 약할 때는 느낌표 대신 쉼표나 마침표를 쓸 수 있다.

> 예 어, 벌써 끝났네.
> 예 날씨가 참 좋군.

(2) 특별히 강한 느낌을 나타내는 어구, 평서문, 명령문, 청유문에 쓴다.

> 예 청춘! 이는 듣기만 하여도 가슴이 설레는 말이다.
> 예 이야, 정말 재밌다!
> 예 지금 즉시 대답해!
> 예 앞만 보고 달리자!

(3) 물음의 말로 놀람이나 항의의 뜻을 나타내는 경우에 쓴다.

> 예 이게 누구야!
> 예 내가 왜 나빠!

(4) 감정을 넣어 대답하거나 다른 사람을 부를 때 쓴다.

> 예 네!
> 예 네, 선생님!
> 예 흥부야!
> 예 언니!

4. 쉼표(,)

(1) 같은 자격의 어구를 열거할 때 그 사이에 쓴다.

> 예 근면, 검소, 협동은 우리 겨레의 미덕이다.
> 예 충청도의 계룡산, 전라도의 내장산, 강원도의 설악산은 모두 국립 공원이다.
> 예 집을 보러 가면 그 집이 내가 원하는 조건에 맞는지, 살기에 편한지, 망가진 곳은 없는지 확인해야 한다.
> 예 5보다 작은 자연수는 1, 2, 3, 4이다.

다만,

(가) 쉼표 없이도 열거되는 사항임이 쉽게 드러날 때는 쓰지 않을 수 있다.

> 예 아버지 어머니께서 함께 오셨어요.
> 예 네 돈 내 돈 다 합쳐 보아야 만 원도 안 되겠다.

(나) 열거할 어구들을 생략할 때 사용하는 줄임표 앞에는 쉼표를 쓰지 않는다.

> 예 광역시: 광주, 대구, 대전……

(2) 짝을 지어 구별할 때 쓴다.

> 예 닭과 지네, 개와 고양이는 상극이다.

(3) 이웃하는 수를 개략적으로 나타낼 때 쓴다.

> 예 5, 6세기　　예 6, 7, 8개

(4) 열거의 순서를 나타내는 어구 다음에 쓴다.

> 예 첫째, 몸이 튼튼해야 한다.
> 예 마지막으로, 무엇보다 마음이 편해야 한다.

(5) 문장의 연결 관계를 분명히 하고자 할 때 절과 절 사이에 쓴다.

> 예 콩 심은 데 콩 나고, 팥 심은 데 팥 난다.
> 예 저는 신뢰와 정직을 생명과 같이 여기고 살아온바, 이번 비리 사건과는 무관하다는 점을 분명히 밝힙니다.
> 예 떡국은 설날의 대표적인 음식인데, 이걸 먹어야 비로소 나이도 한 살 더 먹는다고 한다.

(6) 같은 말이 되풀이되는 것을 피하기 위하여 일정한 부분을 줄여서 열거할 때 쓴다.

> 예 여름에는 바다에서, 겨울에는 산에서 휴가를 즐겼다.

(7) 부르거나 대답하는 말 뒤에 쓴다.

> 예 지은아, 이리 좀 와 봐.　　예 네, 지금 가겠습니다.

(8) 한 문장 안에서 앞말을 '곧', '다시 말해' 등과 같은 어구로 다시 설명할 때 앞말 다음에 쓴다.

> 예 책의 서문, 곧 머리말에는 책을 지은 목적이 드러나 있다.
> 예 원만한 인간관계는 말과 관련한 예의, 즉 언어 예절을 갖추는 것에서 시작된다.
> 예 호준이 어머니, 다시 말해 나의 누님은 올해로 결혼한 지 20년이 된다.
> 예 나에게도 작은 소망, 이를테면 나만의 정원을 가졌으면 하는 소망이 있어.

(9) 문장 앞부분에서 조사 없이 쓰인 제시어나 주제어의 뒤에 쓴다.

> 예 돈, 돈이 인생의 전부이더냐?
> 예 열정, 이것이야말로 젊은이의 가장 소중한 자산이다.
> 예 지금 네가 여기 있다는 것, 그것만으로도 나는 충분히 행복해.
> 예 저 친구, 저러다가 큰일 한번 내겠어.
> 예 그 사실, 넌 알고 있었지?

(10) 한 문장에 같은 의미의 어구가 반복될 때 앞에 오는 어구 다음에 쓴다.

> 예 그의 애국심, 몸을 사리지 않고 국가를 위해 헌신한 정신을 우리는 본받아야 한다.

(11) 도치문에서 도치된 어구들 사이에 쓴다.

> 예 이리 오세요, 어머님.　　예 다시 보자, 한강수야.

(12) 바로 다음 말과 직접적인 관계에 있지 않음을 나타낼 때 쓴다.

> 예 갑돌이는, 울면서 떠나는 갑순이를 배웅했다.
> 예 철원과, 대관령을 중심으로 한 강원도 산간 지대에 예년보다 일찍 첫눈이 내렸습니다.

(13) 문장 중간에 끼어든 어구의 앞뒤에 쓴다.

> 예 나는, 솔직히 말하면, 그 말이 별로 탐탁지 않아.
> 예 영호는 미소를 띠고, 속으로는 화가 치밀어 올라 잠시라도 견딜 수 없을 만큼 괴로웠지만, 그들을 맞았다.

[붙임 1] 이때는 쉼표 대신 줄표를 쓸 수 있다.

> 예 나는 — 솔직히 말하면 — 그 말이 별로 탐탁지 않아.
> 예 영호는 미소를 띠고 — 속으로는 화가 치밀어 올라 잠시라도 견딜 수 없을 만큼 괴로웠지만 — 그들을 맞았다.

[붙임 2] 끼어든 어구 안에 다른 쉼표가 들어 있을 때는 쉼표 대신 줄표를 쓴다.

> 예 이건 내 것이니까 — 아니, 내가 처음 발견한 것이니까 — 절대로 양보할 수 없다.

(14) 특별한 효과를 위해 끊어 읽는 곳을 나타낼 때 쓴다.

> 예 내가, 정말 그 일을 오늘 안에 해낼 수 있을까?
> 예 이 전투는 바로 우리가, 우리만이, 승리로 이끌 수 있다.

(15) 짧게 더듬는 말을 표시할 때 쓴다.

> 예 선생님, 부, 부정행위라니요? 그런 건 새, 생각조차 하지 않았습니다.

[붙임] '쉼표' 대신 '반점'이라는 용어를 쓸 수 있다.

5. 가운뎃점(·)

(1) 열거할 어구들을 일정한 기준으로 묶어서 나타낼 때 쓴다.

> 예 민수 · 영희, 선미 · 준호가 서로 짝이 되어 윷놀이를 하였다.
> 예 지금의 경상남도 · 경상북도, 전라남도 · 전라북도, 충청남도 · 충청북도 지역을 예부터 삼남이라 일러 왔다.

(2) 짝을 이루는 어구들 사이에 쓴다.

> 예 한(韓) · 이(伊) 양국 간의 무역량이 늘고 있다.
> 예 우리는 그 일의 참 · 거짓을 따질 겨를도 없었다.
> 예 하천 수질의 조사 · 분석
> 예 빨강 · 초록 · 파랑이 빛의 삼원색이다.

다만, 이때는 가운뎃점을 쓰지 않거나 쉼표를 쓸 수도 있다.

> 예 한(韓) 이(伊) 양국 간의 무역량이 늘고 있다.
> 예 우리는 그 일의 참 거짓을 따질 겨를도 없었다.
> 예 하천 수질의 조사, 분석
> 예 빨강, 초록, 파랑이 빛의 삼원색이다.

(3) 공통 성분을 줄여서 하나의 어구로 묶을 때 쓴다.

> 예 상 · 중 · 하위권　　예 금 · 은 · 동메달
> 예 통권 제54 · 55 · 56호

[붙임] 이때는 가운뎃점 대신 쉼표를 쓸 수 있다.

> 예 상, 중, 하위권　　예 금, 은, 동메달
> 예 통권 제54, 55, 56호

6. 쌍점(:)

(1) 표제 다음에 해당 항목을 들거나 설명을 붙일 때 쓴다.

> 예 문방사우: 종이, 붓, 먹, 벼루
> 예 일시: 2014년 10월 9일 10시
> 예 흔하진 않지만 두 자로 된 성씨도 있다.(예: 남궁, 선우, 황보)
> 예 올림표(#): 음의 높이를 반음 올릴 것을 지시한다.

(2) 희곡 등에서 대화 내용을 제시할 때 말하는 이와 말한 내용 사이에 쓴다.

> 예 김 과장: 난 못 참겠다.
> 예 아들: 아버지, 제발 제 말씀 좀 들어 보세요.

(3) 시와 분, 장과 절 등을 구별할 때 쓴다.

> 예 오전 10:20(오전 10시 20분)
> 예 두시언해 6:15(두시언해 제6권 제15장)

(4) 의존 명사 '대'가 쓰일 자리에 쓴다.

> 예 65:60(65 대 60)
> 예 청군:백군(청군 대 백군)

[붙임] 쌍점의 앞은 붙여 쓰고 뒤는 띄어 쓴다. 다만, (3)과 (4)에서는 쌍점의 앞뒤를 붙여 쓴다.

7. 빗금(/)

(1) 대비되는 두 개 이상의 어구를 묶어 나타낼 때 그 사이에 쓴다.

> 예 먹이다/먹히다
> 예 남반구/북반구
> 예 금메달/은메달/동메달
> 예 (　)이/가 우리나라의 보물 제1호이다.

(2) 기준 단위당 수량을 표시할 때 해당 수량과 기준 단위 사이에 쓴다.

> 예 100미터/초
> 예 1,000원/개

(3) 시의 행이 바뀌는 부분임을 나타낼 때 쓴다.

> 예 산에 / 산에 / 피는 꽃은 / 저만치 혼자서 피어 있네

다만, 연이 바뀜을 나타낼 때는 두 번 겹쳐 쓴다.

> 예 산에는 꽃 피네 / 꽃이 피네 / 갈 봄 여름 없이 / 꽃이 피네 // 산에 / 산에 / 피는 꽃은 / 저만치 혼자서 피어 있네

[붙임] 빗금의 앞뒤는 (1)과 (2)에서는 붙여 쓰며, (3)에서는 띄어 쓰는 것을 원칙으로 하되 붙여 쓰는 것을 허용한다. 단, (1)에서 대비되는 어구가 두 어절 이상인 경우에는 빗금의 앞뒤를 띄어 쓸 수 있다.

8. 큰따옴표(" ")

(1) 글 가운데에서 직접 대화를 표시할 때 쓴다.

> 예 "어머니, 제가 가겠어요."
> "아니다. 내가 다녀오마."

(2) 말이나 글을 직접 인용할 때 쓴다.

> 예 나는 "어, 광훈이 아니냐?" 하는 소리에 깜짝 놀랐다.
> 예 밤하늘에 반짝이는 별들을 보면서 "나는 아무 걱정도 없이 가을 속의 별들을 다 헬 듯합니다."라는 시구를 떠올렸다.
> 예 편지의 끝머리에는 이렇게 적혀 있었다.
> "할머니, 편지에 사진을 동봉했다고 하셨지만 봉투 안에는 아무것도 없었어요."

9. 작은따옴표(' ')

(1) 인용한 말 안에 있는 인용한 말을 나타낼 때 쓴다.

> 예 그는 "여러분! '시작이 반이다.'라는 말 들어 보셨죠?"라고 말하며 강연을 시작했다.

(2) 마음속으로 한 말을 적을 때 쓴다.

> 예 나는 '일이 다 틀렸나 보군.' 하고 생각하였다.
> 예 '이번에는 꼭 이기고야 말겠어.' 호연이는 마음속으로 몇 번이나 그렇게 다짐하며 주먹을 불끈 쥐었다.

10. 소괄호(( ))

(1) 주석이나 보충적인 내용을 덧붙일 때 쓴다.

> 예 니체(독일의 철학자)의 말을 빌리면 다음과 같다.
> 예 2014. 12. 19.(금)
> 예 문인화의 대표적인 소재인 사군자(매화, 난초, 국화, 대나무)는 고결한 선비 정신을 상징한다.

(2) 우리말 표기와 원어 표기를 아울러 보일 때 쓴다.

> 예 기호(嗜好), 자세(姿勢)　　　　예 커피(coffee), 에티켓(étiquette)

(3) 생략할 수 있는 요소임을 나타낼 때 쓴다.

> 예 학교에서 동료 교사를 부를 때는 이름 뒤에 '선생(님)'이라는 말을 덧붙인다.
> 예 광개토(대)왕은 고구려의 전성기를 이끌었던 임금이다.

(4) 희곡 등 대화를 적은 글에서 동작이나 분위기, 상태를 드러낼 때 쓴다.

> 예 현우: (가쁜 숨을 내쉬며) 왜 이렇게 빨리 뛰어?
> 예 "관찰한 것을 쓰는 것이 습관이 되었죠. 그러다 보니, 상상력이 생겼나 봐요." (웃음)

(5) 내용이 들어갈 자리임을 나타낼 때 쓴다.

> 예 우리나라의 수도는 (　　)이다.
> 예 다음 빈칸에 알맞은 조사를 쓰시오.
> 　민수가 할아버지(　　) 꽃을 드렸다.

(6) 항목의 순서나 종류를 나타내는 숫자나 문자 등에 쓴다.

> 예 사람의 인격은 (1) 용모, (2) 언어, (3) 행동, (4) 덕성 등으로 표현된다.
> 예 (가) 동해, (나) 서해, (다) 남해

11. 중괄호({ })

(1) 같은 범주에 속하는 여러 요소를 세로로 묶어서 보일 때 쓴다.

> 예 주격 조사 {이 / 가}
>
> 예 국가의 성립 요소 {영토 / 국민 / 주권}

(2) 열거된 항목 중 어느 하나가 자유롭게 선택될 수 있음을 보일 때 쓴다.

> ㉡아이들이 모두 학교{에, 로, 까지} 갔어요.

12. 대괄호([ ])

(1) 괄호 안에 또 괄호를 쓸 필요가 있을 때 바깥쪽의 괄호로 쓴다.

> 예 어린이날이 새로 제정되었을 당시에는 어린이들에게 경어를 쓰라고 하였다. [윤석중 전집(1988), 70쪽 참조]
> 예 이번 회의에는 두 명[이혜정(실장), 박철용(과장)]만 빼고 모두 참석했습니다.

(2) 고유어에 대응하는 한자어를 함께 보일 때 쓴다.

> 예 나이[年歲]
> 예 낱말[單語]
> 예 손발[手足]

(3) 원문에 대한 이해를 돕기 위해 설명이나 논평 등을 덧붙일 때 쓴다.

> 예 그것[한글]은 이처럼 정보화 시대에 알맞은 과학적인 문자이다.
> 예 신경준의 ≪여암전서≫에 "삼각산은 산이 모두 돌 봉우리인데, 그 으뜸 봉우리를 구름 위에 솟아 있다고 백운(白雲)이라 하며 [이하 생략]"
> 예 그런 일은 결코 있을 수 없다. [원문에는 '업다'임.]

13. 겹낫표(『 』)와 겹화살괄호(≪ ≫)

책의 제목이나 신문 이름 등을 나타낼 때 쓴다.

> 예 우리나라 최초의 민간 신문은 1896년에 창간된 『독립신문』이다.
> 예 『훈민정음』은 1997년에 유네스코 세계 기록 유산으로 지정되었다.
> 예 ≪한성순보≫는 우리나라 최초의 근대 신문이다.
> 예 윤동주의 유고 시집인 ≪하늘과 바람과 별과 시≫에는 31편의 시가 실려 있다.

[붙임] 겹낫표나 겹화살괄호 대신 큰따옴표를 쓸 수 있다.

> 예 우리나라 최초의 민간 신문은 1896년에 창간된 "독립신문"이다.
> 예 윤동주의 유고 시집인 "하늘과 바람과 별과 시"에는 31편의 시가 실려 있다.

14. 홑낫표(「 」)와 홑화살괄호(〈 〉)

소제목, 그림이나 노래와 같은 예술 작품의 제목, 상호, 법률, 규정 등을 나타낼 때 쓴다.

> ㉦ 「국어 기본법 시행령」은 「국어 기본법」에서 위임된 사항과 그 시행에 필요한 사항을 규정함을 목적으로 한다.
> ㉦ 이 곡은 베르디가 작곡한 「축배의 노래」이다.
> ㉦ 사무실 밖에 「해와 달」이라고 쓴 간판을 달았다.
> ㉦ 〈한강〉은 사진집 ≪아름다운 땅≫에 실린 작품이다.
> ㉦ 백남준은 2005년에 〈엄마〉라는 작품을 선보였다.

[붙임] 홑낫표나 홑화살괄호 대신 작은따옴표를 쓸 수 있다.

> ㉦ 사무실 밖에 '해와 달'이라고 쓴 간판을 달았다.
> ㉦ '한강'은 사진집 "아름다운 땅"에 실린 작품이다.

15. 줄표(—)

제목 다음에 표시하는 부제의 앞뒤에 쓴다.

> ㉦ 이번 토론회의 제목은 '역사 바로잡기 — 근대의 설정 —'이다.
> ㉦ '환경 보호 — 숲 가꾸기 —'라는 제목으로 글짓기를 했다.

다만, 뒤에 오는 줄표는 생략할 수 있다.

> ㉦ 이번 토론회의 제목은 '역사 바로잡기 — 근대의 설정'이다.
> ㉦ '환경 보호 — 숲 가꾸기'라는 제목으로 글짓기를 했다.

[붙임] 줄표의 앞뒤는 띄어 쓰는 것을 원칙으로 하되, 붙여 쓰는 것을 허용한다.

16. 붙임표(-)

(1) 차례대로 이어지는 내용을 하나로 묶어 열거할 때 각 어구 사이에 쓴다.

> ㉦ 멀리뛰기는 도움닫기-도약-공중 자세-착지의 순서로 이루어진다.
> ㉦ 김 과장은 기획-실무-홍보까지 직접 발로 뛰었다.

(2) 두 개 이상의 어구가 밀접한 관련이 있음을 나타내고자 할 때 쓴다.

> ㉦ 드디어 서울-북경의 항로가 열렸다.
> ㉦ 원-달러 환율
> ㉦ 남한-북한-일본 삼자 관계

17. 물결표(~)

기간이나 거리 또는 범위를 나타낼 때 쓴다.

> 예 9월 15일~9월 25일
> 예 김정희(1786~1856)
> 예 서울~천안 정도는 출퇴근이 가능하다.
> 예 이번 시험의 범위는 3~78쪽입니다.

[붙임] 물결표 대신 붙임표를 쓸 수 있다.

> 예 9월 15일–9월 25일
> 예 김정희(1786–1856)
> 예 서울–천안 정도는 출퇴근이 가능하다.
> 예 이번 시험의 범위는 3–78쪽입니다.

18. 드러냄표(˙)와 밑줄(_)

문장 내용 중에서 주의가 미쳐야 할 곳이나 중요한 부분을 특별히 드러내 보일 때 쓴다.

> 예 한글의 본디 이름은 훈민정음이다.
> 예 중요한 것은 왜 사느냐가 아니라 어떻게 사느냐이다.
> 예 지금 필요한 것은 지식이 아니라 실천입니다.
> 예 다음 보기에서 명사가 아닌 것은?

[붙임] 드러냄표나 밑줄 대신 작은따옴표를 쓸 수 있다.

> 예 한글의 본디 이름은 '훈민정음'이다.
> 예 중요한 것은 '왜 사느냐'가 아니라 '어떻게 사느냐'이다.
> 예 지금 필요한 것은 '지식'이 아니라 '실천'입니다.
> 예 다음 보기에서 명사가 '아닌' 것은?

19. 숨김표(○, ×)

(1) 금기어나 공공연히 쓰기 어려운 비속어임을 나타낼 때, 그 글자의 수효만큼 쓴다.

> 예 배운 사람 입에서 어찌 ○○○란 말이 나올 수 있느냐?
> 예 그 말을 듣는 순간 ×××란 말이 목구멍까지 치밀었다.

(2) 비밀을 유지해야 하거나 밝힐 수 없는 사항임을 나타낼 때 쓴다.

> 예 1차 시험 합격자는 김○영, 이○준, 박○순 등 모두 3명이다.
> 예 육군 ○○ 부대 ○○○ 명이 작전에 참가하였다.
> 예 그 모임의 참석자는 김×× 씨, 정×× 씨 등 5명이었다.

20. 빠짐표(□)

(1) 옛 비문이나 문헌 등에서 글자가 분명하지 않을 때 그 글자의 수효만큼 쓴다.

> 예 大師爲法主□□賴之大□薦

(2) 글자가 들어가야 할 자리를 나타낼 때 쓴다.

> 예 훈민정음의 초성 중에서 아음(牙音)은 □□□의 석 자다.

21. 줄임표(……)

(1) 할 말을 줄였을 때 쓴다.

> 예 "어디 나하고 한번……." 하고 민수가 나섰다.

(2) 말이 없음을 나타낼 때 쓴다.

> 예 "빨리 말해!"
> "……."

(3) 문장이나 글의 일부를 생략할 때 쓴다.

> 예 '고유'라는 말은 문자 그대로 본디부터 있었다는 뜻은 아닙니다. …… 같은 역사적 환경에서 공동의 집단생활을 영위해 오는 동안 공동으로 발견된, 사물에 대한 공동의 사고방식을 우리는 한국의 고유 사상이라 부를 수 있다는 것입니다.

(4) 머뭇거림을 보일 때 쓴다.

> 예 "우리는 모두…… 그러니까…… 예외 없이 눈물만…… 흘렸다."

[붙임 1] 점은 가운데에 찍는 대신 아래쪽에 찍을 수도 있다.

> 예 "어디 나하고 한번......" 하고 민수가 나섰다.
> 예 "실은...... 저 사람...... 우리 아저씨일지 몰라."

[붙임 2] 점은 여섯 점을 찍는 대신 세 점을 찍을 수도 있다.

> 예 "어디 나하고 한번⋯." 하고 민수가 나섰다.
> 예 "실은... 저 사람... 우리 아저씨일지 몰라."

[붙임 3] 줄임표는 앞말에 붙여 쓴다. 다만, (3)에서는 줄임표의 앞뒤를 띄어 쓴다.

문장 부호에 대한 내용은 사용하는 방법 및 그 실례가 정확하게 제시되어 있다. 따라서 부록의 내용을 꼼꼼하게 읽어 보는 것이 가장 중요하다. 부록의 내용이 방대하기 때문에, 일상에서 자주 쓰이는 것들 중에서 중요하거나 혼동할 만한 내용을 다음과 같이 선별하고 내용을 덧붙여 제시하고자 한다.

제1절 마침표(.)

아라비아 숫자만으로 연월일을 표시할 때는 '*1919. 3. 1'과 같이 '일(日)'을 나타내는 마침표를 생략하지 말아야 한다.

> 예 12. 1.~12. 31.
> 예 6월 26일~30일 → 6. 26.~30.

제2절 물음표(?)

제목이나 표어에는 '*역사란 무엇인가?'와 같이 물음표를 쓰지 않음을 원칙으로 한다.

> 예 아직도 금연하지 않으십니까

제3절 쉼표(,)

한 문장 안에서 앞말을 '곧, 다시 말해' 등과 같은 어구로 설명할 때 앞말 다음에 쓴다. '곧, 다시 말해' 다음에 쉼표를 쓰지 않도록 주의해야 한다.

> 예 책의 서문, 곧 머리말에는 책을 지은 목적이 드러나 있다.

제4절 쌍점(:)

쌍점의 앞은 붙여 쓰고 뒤는 띄어 쓴다. 다만, 시와 분, 장과 절을 분리하는 경우나 의존 명사 '대'가 쓰일 자리에서는 쌍점의 앞뒤를 붙여 쓴다.

> 예 문장 부호: 마침표, 물음표, 느낌표, 쉼표 등
> 예 오후 2:09 (오후 2시 9분)
> 예 2:2 (2 대 2)

제5절 빗금(/)

시의 행이 바뀌는 부분임을 나타낼 때 쓴다. 다만, 연이 바뀜을 나타낼 때는 두 번 겹쳐 쓴다.

> 예 산에는 꽃 피네 / 꽃이 피네 / 갈 봄 여름 없이 / 꽃이 피네 // 산에 / 산에 / 피는 꽃은 / 저만치 혼자서 피어 있네

제6절 큰따옴표(“ ”)

말이나 글을 직접 인용할 때 쓴다. 인용한 말이 혼잣말인 경우나 문장 형식이 아닌 경우에도 큰따옴표를 쓴다.

> 예 동생은 “오늘 안에 기어코 퍼즐을 다 맞추고야 말겠어.”라고 중얼거리면서 널브러진 퍼즐 조각들을 색깔별로 나누었다.
> 예 푯말에는 “출입 금지 구역”이라고 쓰여 있었다.

제7절 작은따옴표(‘ ’)

인용한 말 안에 있는 인용한 말을 나타낼 때 쓴다.

> 예 그는 “여러분! ‘시작이 반이다.’라는 말 들어 보셨죠?”라고 말하며 강연을 시작했다.

제8절 대괄호([ ])

(1) 괄호 안에 또 괄호를 쓸 필요가 있을 때 바깥쪽의 괄호로 쓴다. 소괄호 안에 다시 소괄호를 써야 하는 경우에도 바깥쪽의 괄호를 대괄호로 쓴다.

> 예 이번 시험 기간[5. 13.(화)~5. 16.(금)]에는 도서관을 24시간 개방할 예정입니다.

(2) 고유어에 대응하는 한자어를 함께 보일 때 쓴다. 한자어를 표기하는 소괄호와 혼동하지 않아야 한다.

> 예 나이[年歲], 낱말[單語], 손발[手足]

제9절 겹낫표(『 』)와 겹화살괄호(《 》)

책의 제목이나 신문 이름 등을 나타낼 때 쓰며, 큰따옴표(“ ”)로 대신할 수 있다.

> 예 ≪한성순보≫는 우리나라 최초의 근대 신문이다.
> 예 『훈민정음』은 1997년에 유네스코 세계 기록 유산으로 지정되었다.
> 예 윤동주의 유고 시집인 “하늘과 바람과 별과 시”에는 31편의 시가 실려 있다.

제10절 홑낫표(「 」)와 홑화살괄호(〈 〉)

소제목, 그림이나 노래와 같은 예술 작품의 제목, 상호, 법률, 규정 등을 나타낼 때 쓰며, 작은따옴표(‘ ’)로 대신할 수 있다.

> 예 이 곡은 베르디가 작곡한 「축배의 노래」이다.
> 예 〈한강〉은 사진집 ≪아름다운 땅≫에 실린 작품이다.
> 예 ‘한강’은 사진집 “아름다운 땅”에 실린 작품이다.

제11절 빠짐표(□)

옛 비문이나 문헌 등에서 글자가 분명하지 않을 때 그 글자의 수효만큼 쓴다.

> 예 大師爲法主□□賴之大□薦

제12절 줄임표(……)

(1) 할 말을 줄였음을 나타낼 때는 줄임표를 사용한다. 이 경우는 줄임표로써 문장이 끝나는 것이므로 줄임표 뒤에는 마침표나 물음표, 혹은 느낌표를 쓰는 것이 원칙이다.

> 예 그는 최선을 다했다. 그러나 성공할지는…….

(2) 다만 문장이나 글의 일부를 생략할 때에는 줄임표의 앞뒤에 쉼표나 마침표 따위를 사용하지 않는다.

> 예 육십갑자: 갑자, 을축, 병인, 정묘, 무진, 기사, 경오, 신미 …… 신유, 임술, 계해

(3) 점은 가운데에 찍는 대신 아래쪽에 찍을 수도 있으며, 점은 여섯 점을 찍는 대신 세 점을 찍을 수도 있다. 세 점을 찍는 경우에도 가운데 혹은 아래쪽 모두 가능하다.

> 예 저기...... 있잖아...... 나...... 너한테 할 말이 있어.

(4) 줄임표는 앞말에 붙여 쓴다. 다만, 문장이나 글의 일부를 생략할 때는 줄임표의 앞뒤를 띄어 쓴다.

제 2 편 실전예상문제

제1장 총칙

01 다음 중 글자를 소리 나는 대로 적는 원리를 의미하는 용어는?

① 표음주의
② 표의주의
③ 표현주의
④ 표준주의

01 글자를 소리 나는 대로 적는다는 것은 음소 차원에서 발음 그대로 표기하는 것을 의미하는데, 이를 표음주의 혹은 음소주의라고 표현하기도 한다.

02 다음 중 형태소의 원형을 밝혀 적은 것으로 옳은 것은?

① 무덤
② 먹이
③ 주검
④ 사람

02 '무덤', '주검', '사람'은 각각 중심 의미로 '묻-', '죽-', '살-'이 존재함을 유추할 수는 있으나, 표기에 이러한 의미의 원형이 드러나지는 않는다. '먹이'의 경우에는 '먹-'이라는 중심 의미가 원형 그대로 표기된다.

03 다음 중 띄어쓰기 원칙이 적용되는 양상이 다른 것은?

① 명사
② 수사
③ 대명사
④ 조사

03 조사는 품사 분류 체계상 단어로 인정되지만 독립성이 없다고 볼 수 있다. 따라서 조사는 단어임에도 앞말에 붙여 쓴다. 띄어쓰기는 단어 단위로 이루어지나, 조사는 해당 원칙에서 예외로 처리된다. 나머지는 모두 한 단어로 인정되므로 각각 띄어 쓴다.

정답 01 ① 02 ② 03 ④

04 다음 중 한글 맞춤법 제1항의 '표준어'에 대한 설명으로 옳은 것은?

① 교양 있는 사람들이 사용하는 말이다.
② 사람들이 두루 쓰는 말이다.
③ 현대에 사용하는 말이다.
④ 수도권에서 사용하는 말이다.

04 한국어 어문 규범 내에서 '표준어는 교양 있는 사람들이 두루 쓰는 현대 서울말로 정함을 원칙으로 한다.'라고 규정하고 있다. 따라서 '수도권에서 사용하는 말'이 아닌, '서울에서 사용하는 말'이 적절하다.

주관식 문제

01 한글 맞춤법 제1항의 내용인 '한글 맞춤법은 표준어를 소리대로 적되, 어법에 맞도록 함을 원칙으로 한다.'에 반영된 두 가지 원칙을 각각 서술하시오.

01 **정답**
한글 맞춤법 제1항의 내용에 반영된 두 가지 중요한 원칙은 다음과 같다. 첫째는 '표준어를 소리대로 적되'에서 한글 맞춤법의 대상이 '표준어'임을 확인할 수 있으며, 둘째는 '소리대로 적되', '어법에 맞도록 함'에서 한글 맞춤법 상의 표기 원리인 표음주의와 표의주의 원칙을 확인할 수 있다.

02 한글 맞춤법 제2항의 내용인 '문장의 각 단어는 띄어 씀을 원칙으로 한다.'에 조사가 해당되지 않는 이유를 서술하시오.

02 **정답**
조사는 결합한 체언과 분리해도 그 체언이 자립성을 유지하기 때문에 한국어 품사 분류 체계에서 단어로 인정된다. 하지만 다른 단어와 달리 단독으로 쓰이지 못할 뿐만 아니라 체언 뒤에 결합하여 실현되기 때문에 독립성이 없다고 볼 수 있는데, 이것이 일반적인 단어와의 차이점이다. 따라서 조사는 단어임에도 앞말에 붙여 쓰는 것이다. 결국 띄어쓰기는 단어 단위이나, 조사는 해당 원칙에서 예외로 처리됨을 확인할 수 있다.

정답 04 ④

제2장 자모

01 다음 중 현대 한국어 자모에 해당하지 않는 것은?

① ㄱ
② ㅁ
③ ㅅ
④ ㆆ

01 현대 한국어 자모는 총 24자로, 그 중 자음 14자에 모음 10자로 구성되어 있다.
④ 'ㆆ(여린 히읗)'은 중세 한국어 자모에 해당하며, 현대에는 소실되었으므로 적절하지 않다.

02 다음 중 글자 결합의 원리가 다른 하나는?

① ㅖ
② ㅘ
③ ㅞ
④ ㅟ

02 'ㅖ'는 'ㅕ+ㅣ', 'ㅘ'는 'ㅗ+ㅏ', 'ㅟ'는 'ㅜ+ㅣ'로 각각 구성된다. 그러나 'ㅞ'는 'ㅜ+ㅓ+ㅣ'로 구성되므로 다른 모음들과 글자 결합 수가 다르다는 점을 알 수 있다.

03 다음 중 한글 자모에 대한 설명으로 옳은 것은?

① 한글 자모는 총 24로 규정되어 있으며, 자음은 14자, 모음은 10자이다.
② 훈민정음이 처음 창제될 때의 28자와 비교하여, 현대에는 'ㆍ(아래아), ㅿ(반치음), ㅸ(순경음 비읍)'이 소실되었다.
③ 'ㄱ, ㄴ, ㄷ, ㄹ'은 각각 '기억, 니은, 디은, 리을'로 발음된다.
④ 동일한 자음이 결합한 새로운 자음들은 『훈민정음』의 합용병서의 원리가 반영된 것이다.

03 현대에 소실된 자음은 'ㆍ(아래아), ㅿ(반치음), ㆁ(옛이응), ㆆ(여린 히읗)'이다. 'ㅸ(순경음 비읍)'은 28자에 포함되지 않는다. 'ㄱ, ㄴ, ㄷ, ㄹ'은 '기역, 니은, 디귿, 리을'이며, 동일한 자음이 결합한 새로운 자음들은 『훈민정음』의 각자병서의 원리가 반영된 것이다.

정답 01 ④ 02 ③ 03 ①

04 다음 중 사전에 올릴 때의 모음 순서 중 가장 마지막에 오는 것은?

① ㅒ

② ㅖ

③ ㅞ

④ ㅠ

주관식 문제

01 다음은 한글 맞춤법 제4항 [붙임 1]의 내용 일부이다. 다음의 [붙임 1]이 설정된 이유와 해당 자음들이 '쌍–'으로 이름 지어진 이유를 각각 서술하시오.

> [붙임 1] 위의 자모로써 적을 수 없는 소리는 두 개 이상의 자모를 어울러서 적되, 그 순서와 이름은 다음과 같이 정한다.
> 〈자음〉
>
> ㄲ(쌍기역), ㄸ(쌍디귿), ㅃ(쌍비읍), ㅆ(쌍시옷), ㅉ(쌍지읒)

04 사전에 올릴 적의 모음 순서는 'ㅏ, ㅐ, ㅑ, ㅒ, ㅓ, ㅔ, ㅕ, ㅖ, ㅗ, ㅘ, ㅙ, ㅚ, ㅛ, ㅜ, ㅝ, ㅞ, ㅟ, ㅠ, ㅡ, ㅢ, ㅣ' 순이다.

01 **정답**

[붙임 1]은 한글 맞춤법 제4항에서 규정한 기본자 24자 중 자음 14자로 적을 수 없는 자음을 적기 위해 설정되었다. 동일한 자음이 결합하여 새로운 자음을 만들었다는 것을 강조하기 위해 '쌍'이라는 표현을 사용하여 '쌍기역, 쌍디귿, 쌍비읍, 쌍시옷, 쌍지읒'이라고 각각 정하였다.

정답 04 ④

02 'ㅙ'와 'ㅞ'의 모음 결합에 대해 서술하시오.

02 정답
'ㅙ'는 'ㅘ'에 'ㅣ'가 결합한 것이다. 'ㅘ'는 다시 'ㅗ'와 'ㅏ'가 결합한 것으로 보기 때문에, 'ㅙ'는 세 글자의 결합에 해당한다. 'ㅞ'는 'ㅝ'에 'ㅣ'가 결합한 것이다. 'ㅝ'는 다시 'ㅜ'와 'ㅓ'가 결합한 것으로 보기 때문에, 'ㅞ'도 세 글자의 결합에 해당한다. 이는 각각 'ㅘ'에 'ㅣ'가 결합한 것, 'ㅝ'에 'ㅣ'가 결합한 것으로도 분석할 수 있다.

제3장 소리에 관한 것

01 다음 중 된소리로 적는 경우에 해당하지 않는 것은?

① 두 모음 사이에서 뚜렷한 까닭 없이 나는 된소리
② 'ㄴ, ㄹ' 받침 뒤에서 뚜렷한 까닭 없이 나는 된소리
③ 'ㅁ, ㅇ' 받침 뒤에서 뚜렷한 까닭 없이 나는 된소리
④ 'ㄱ, ㅂ' 받침 뒤에서 같거나 유사한 음절이 겹치지 않은 채로 나는 된소리

01 한글 맞춤법 제5항에서는 'ㄱ, ㅂ' 받침 뒤에서 나는 된소리는, 같은 음절이나 비슷한 음절이 겹쳐 나는 경우가 아니면 된소리로 적지 아니한다고 규정하고 있다.

02 다음 밑줄 친 단어 중 표기가 옳은 것은?

① 구지 그렇게까지 해야 해?
② 숲 속을 샅샅이 뒤져라.
③ 구름이 거치고 해가 드러났다.
④ 내가 집안의 마지니까 책임감이 커.

02 한글 맞춤법 제6항에서는 'ㄷ, ㅌ' 받침 뒤에 종속적 관계를 가진 '-이(-)'나 '-히-'가 올 적에는 그 'ㄷ, ㅌ'이 'ㅈ, ㅊ'으로 소리 나더라도 'ㄷ, ㅌ'으로 적는다고 규정하고 있다.
① '굳이'가 올바른 표기이다.
③ '걷히고'가 올바른 표기이다.
④ '맏이'가 올바른 표기이다.

03 다음 단어 중 표기가 옳지 않은 것은?

① 하니바람
② 늴리리
③ 닁큼
④ 무늬

03 한글 맞춤법 제9항에서는 '의'나, 자음을 첫소리로 가지고 있는 음절의 'ㅢ'는 'ㅣ'로 소리 나는 경우가 있더라도 'ㅢ'로 적는다고 규정하고 있다. 따라서 '하늬바람'이 올바른 표기법이다.

정답 01 ④ 02 ② 03 ①

04 다음 밑줄 친 단어 중 표기가 옳지 않은 것은?

① 올해 연세가 어떻게 되시나요?
② 전부 더하면 석 냥이오.
③ 남존여비 사상을 버려야 합니다.
④ 공념불에 불과한 선거 공약입니다.

04 한글 맞춤법 제10항에서는 접두사처럼 쓰이는 한자가 붙어서 된 말이나 합성어에서, 뒷말의 첫소리가 'ㄴ' 소리로 나더라도 두음 법칙에 따라 적는다고 규정하고 있다. 따라서 '공염불'이 올바른 표기이다.
②의 '냥'은 단어 첫머리의 '냐, 녀' 음을 인정하여 소리 나는 대로 적는 예외적인 경우이다. '냥쭝, 년(年)(몇 년)' 등의 예시가 이에 포함된다.

05 다음 밑줄 친 단어 중 두음 법칙이 반영된 표기로 옳은 것은?

① 이 연못에는 구렁이 부부가 쌍용(雙龍)이 되어 하늘로 올라 갔다는 전설이 전한다.
② 이 분은 작년까지 전경련(전국 경제인 연합회)에서 활동하셨습니다.
③ 저번에 받은 성적은 전국 석차 백분률(百分率)이 어떻게 되니?
④ 력사(歷史)의 산증인이 되었습니다.

05 한글 맞춤법 제11항에서는 준말에서 본음으로 소리 나는 것은 본음대로 적는다고 규정하고 있다. '전경련'은 '전국 경제인 연합회'의 준말이며, 본음으로 소리가 나므로 본음대로 '전경련'으로 적는 것이 올바른 표기이다.
① '쌍룡'이 옳은 표기이다.
③ '백분율'이 옳은 표기이다.
④ '역사'가 옳은 표기이다.

06 다음 중 겹쳐 나는 소리에 대한 규정이 반영된 표기로 옳지 않은 것은?

① 똑닥똑닥
② 연연불망(戀戀不忘)
③ 누누이(屢屢-)
④ 꼿꼿하다

06 한글 맞춤법 제13항에서는 한 단어 안에서 같은 음절이나 비슷한 음절이 겹쳐 나는 부분은 같은 글자로 적는다고 규정하고 있다. 따라서 '똑딱똑딱'이 올바른 표기이다.

정답 04 ④ 05 ② 06 ①

주관식 문제

01 한글 맞춤법 제6항에서는 'ㄷ, ㅌ' 받침 뒤에 종속적 관계를 가진 '-이(-)'나 '-히-'가 올 적에는 그 'ㄷ, ㅌ'이 'ㅈ, ㅊ'으로 소리 나더라도 'ㄷ, ㅌ'으로 적는다고 규정하고 있다. 해당 조항에서 '종속적 관계'의 의미를 설명하고, 이러한 조건이 붙은 이유를 예시를 들어 서술하시오.

01 정답
'종속적 관계'라는 것은 실질적 의미를 더해주는 것이 아닌, 문법적 기능만을 더해주는 경우를 의미한다. 이러한 조건이 붙은 이유는 구개음화가 문법 형태소와의 결합에서만 나타나기 때문이다. 실질 형태소 간의 결합인 합성어에서는 구개음화가 아닌 'ㄴ'첨가가 일어나는데, 예컨대 '밭이랑'은 실질 형태소 '밭'과 '이랑'의 결합이므로 구개음화가 적용된 발음인 '바치랑'이 아닌 '반니랑'이 되는 것이 이에 해당한다.

02 '율(率)'의 본음은 [률]이다. '*인상율', '*합격율'은 올바르지 않은 표기이지만, '회수율', '생산율'은 올바른 표기이다. 이러한 차이가 나타나는 이유에 대해 서술하시오.

02 정답
단어의 첫머리가 아닌 경우에는 두음 법칙이 적용되지 않는 것이 원칙이다. 다만, 모음이나 'ㄴ' 받침 뒤에 결합되는 '률(率)'은 '율'로 적는다. '*인상율'과 '*합격율'은 각각 받침 'ㅇ'과 'ㄱ' 뒤에 이어지기 때문에 '률'로 적어야 하지만, '회수율'은 모음 뒤에 결합하고, '생산율'은 'ㄴ' 받침 뒤에 결합하므로 올바른 표기가 된다.

제4장 형태에 관한 것

01 다음 밑줄 친 단어 중 어간 및 어미 표기가 옳은 것은?

① 이제야 모든 진실이 <u>들어났다</u>.
② 이것은 <u>책이요</u>.
③ 저것은 <u>산이요</u>, 이것은 물이다.
④ 천천히 <u>되지퍼가야</u> 한다.

01 한글 맞춤법 제15항에 따르면 용언의 어간과 어미는 구별하여 적어야 하지만, [붙임 1]에 따르면 앞말이 본뜻에서 멀어진 경우에는 본모양대로 적지 않는다. 또한, 연결형에서 사용되는 '이요'는 '이요'로 적는다.
① '드러났다'가 올바른 표기이다.
② '책이오'가 올바른 표기이다.
④ '되짚어가야'가 올바른 표기이다.

02 용언을 표기할 때, 어미가 바뀔 경우 그 어간이나 어미가 원칙에 벗어나면 벗어나는 대로 적는 경우에 대한 설명이 옳지 <u>않은</u> 것은?

① '갈다'가 '가니, 간'과 같이 어간의 끝 'ㄹ'이 줄어들 때
② '긋다'가 '그어, 그으니'와 같이 어간의 끝 'ㅅ'이 줄어들 때
③ '푸다'가 '퍼, 펐다'와 같이 어간의 끝 'ㅜ, ㅡ'가 줄어들 때
④ '돕다'가 '도와, 도와서'와 같이 단음절 어간에 어미 '-와'가 결합할 때

02 '돕다'는 '돕-, 곱-'과 같은 단음절 어간에 어미 '-아'가 결합되어 '와'로 소리 나는 것은 '-와'로 적는다는 내용에 해당된다.

03 접미사가 붙어서 된 말 중 어간의 원형을 밝혀 적는 경우에 해당되지 <u>않는</u> 것은?

① 어간에 '-이'가 붙어서 명사로 된 것
② 어간에 '-이'나 '-히'가 붙어서 부사로 된 것
③ 어간에 '-이'나 '-음' 이외의 모음으로 시작된 접미사가 붙어서 다른 품사로 바뀐 것
④ 어간에 '-음/-ㅁ'이 붙어서 명사로 된 것

03 한글 맞춤법 제19항의 [붙임]에서는 어간에 '-이'나 '-음' 이외의 모음으로 시작된 접미사가 붙어서 다른 품사로 바뀐 것은 그 어간의 원형을 밝히어 적지 아니한다고 규정하고 있다.

정답 01 ③ 02 ④ 03 ③

04 다음 중 끝소리가 'ㄹ'인 말에 대한 표기로 옳지 않은 것은?

① 반짓고리(바느질~)
② 숟가락(술~)
③ 바느질(바늘-질)
④ 우짖다(울-짖다)

04 한글 맞춤법 제28항과 제29항에 따르면, 끝소리가 'ㄹ'인 말과 다른 말이 어울릴 적에 'ㄹ' 소리가 나지 아니하는 것은 아니 나는 대로 적고, 끝소리가 'ㄹ'인 말과 딴 말이 어울릴 적에 'ㄹ' 소리가 'ㄷ' 소리로 나는 것은 'ㄷ'으로 적어야 한다. 따라서 '반짇고리'가 올바른 표기이다.

05 다음 단어 중 사이시옷 표기가 옳은 것은?

① 촛점
② 아랫층
③ 횟수
④ 전셋방

05 한자어에는 두 음절 단어 6개[곳간(庫間), 셋방(貰房), 숫자(數字), 찻간(車間), 툇간(退間), 횟수(回數)]에만 사이시옷이 들어가며, 그 외의 한자어에는 사이시옷이 들어가지 않는다.
①·④ 한자어는 '곳간(庫間), 셋방(貰房), 숫자(數字), 찻간(車間), 툇간(退間), 횟수(回數)'의 여섯 단어만 사이시옷을 넣으므로 '초점', '전세방'으로 적어야 한다.
② '아래층'은 [아래층]과 같이 발음에 변화가 없으므로 사이시옷을 붙이지 않고 '아래층'으로 적어야 한다.

06 다음 중 본말과 준말이 잘못 연결된 것은?

① 펴이다 – 폐다
② 그렇지 않은 – 그렇잖은
③ 깨끗하지 않다 – 깨끗찮다
④ 연구하도록 – 연구토록

06 '깨끗하지 않다'는 어간의 끝음절 '하'가 아주 줄 적에는 준 대로 적는다는 규정을 적용해야 한다. 따라서 '깨끗하지 않다 → 깨끗지 않다 → 깨끗잖다'가 되어 '깨끗잖다'로 표기해야 한다.

정답 04 ① 05 ③ 06 ③

주관식 문제

01 체언과 조사를 구별하여 적는 이유를 서술하시오.

01 정답
체언과 조사를 구별한다는 것은 둘의 경계를 명확하게 설정하겠다는 것이며, 이는 형태음소적 표기 및 분철과 관련이 있다. 즉, 체언의 원래 형태를 분명하게 밝힘으로써 체언이 가지는 의미를 명확하게 드러나도록 하기 위하는 것이다.

02 도박의 의미를 지닌 '노름'과 놀이의 의미를 지닌 '놀음'은 모두 '놀다'에서 기원한 단어이지만, 표기 방법이 다르다. 이러한 차이가 발생하는 이유를 어간의 본뜻과 관련지어 서술하시오.

02 정답
접미사 '-음/-ㅁ'이 어간에 결합하는 경우, 어간 형태소의 원형을 밝혀 적는다. 그러나 어간이 가지는 본뜻에서 멀어지는 경우에는 원형을 밝혀 적지 않는다. '노름'은 '놀다'의 의미가 유지되고 있지 않아 원형을 밝혀 적지 않지만, '놀음'은 '놀다'의 의미가 유지되고 있으므로 원형을 밝혀 적어야 한다.

03 한글 맞춤법 제20항의 [붙임]에서는 '-이' 이외의 모음으로 시작된 접미사가 붙어서 된 말은 그 명사의 원형을 밝히어 적지 아니한다고 규정하고 있다. 그러나 '값어치'는 명사 '값'에 접미사 '-어치'가 결합한 말임에도 명사의 원형을 밝혀 적는다. 그 이유를 서술하시오.

03 정답
제20항과 [붙임]의 규정에 따르면 '*갑서치'로 적는 것이 옳다. 그러나 표기는 '값어치'로 적는데, 그 이유는 선행하는 명사 '값'이 독립적으로 쓰이는 명사이며 접미사 '-어치'도 '십 원어치', '만 원어치' 등으로 널리 쓰인다는 점에서 원형을 밝혀 '값어치'로 적는다. 이와 유사한 예로는 '벼슬아치, 반빗아치(반찬 만드는 일을 하는 여자 하인)' 등이 있다.

04 **일상에서는 흔히 '몇'과 '일(日)'을 조합한 단어를 '며칠'이 아닌 '*몇일'로 잘못 사용하기도 한다. 맞춤법에서 '며칠'만 인정되는 이유를 서술하시오.**

04 정답

'몇 월'은 [며둴]로 발음하는 데에 비해, '*몇일'은 [며칠]로 발음한다. [며칠]로 발음되기 위해서는 '*몇일'의 종성 'ㅊ'이 연음되어야 하는데, 같은 음운 조건을 가진 '몇 월'을 통해 종성 'ㅊ'이 연음되지 않는다는 사실을 확인할 수 있다. 따라서 [며칠]이라는 소리가 가능한 표기를 위해 소리 나는 대로 '며칠'로 적는 것이다.

05 **사이시옷 표기에서 '*뒷풀이'는 틀린 표기지만 '북엇국'은 옳은 표기인 이유를 서술하시오.**

05 정답

'*뒷풀이'는 순우리말로 된 합성어이다. 하지만 뒷말의 첫소리가 된소리로 나지도 않고, 뒷말의 첫소리 'ㄴ, ㅁ'앞에서 'ㄴ' 소리가 덧나거나 뒷말의 첫소리 모음 앞에서 'ㄴㄴ' 소리가 덧나지도 않기 때문에 사이시옷을 받치어 적지 않고 '뒤풀이'로 적어야 한다. '북엇국'은 순우리말과 한자어로 된 합성어로 [부거꾹/부걷꾹]으로 발음된다. 뒷말의 첫소리가 된소리로 나기 때문에 사이시옷을 받치어 '북엇국'으로 적는다.

제5장 띄어쓰기

01 다음 중 조사의 띄어쓰기가 옳은 것은?

① 집에서 처럼
② 남편 까지도
③ 놀라기보다는
④ 말하면서 까지도

01 ①・② 조사가 둘 이상 연속되는 경우에 해당하며, 이는 모두 붙여서 써야 한다.
③・④ 어미 뒤에 조사가 위치하는 경우에 해당하며, 이 또한 모두 붙여서 써야 한다.

02 다음 중 반드시 띄어 쓰는 경우에 해당하지 않는 것은?

① 의존 명사
② 순서를 나타내는 단위 명사
③ 아라비아 숫자를 혼용하여 수를 적을 때의 '만(萬)' 단위
④ 두 말을 열거할 때 쓰이는 말

02 단위 명사가 순서를 나타내거나 숫자와 어울리어 쓰이는 경우에는 붙여 쓸 수 있다. 따라서 반드시 띄어 쓰는 경우에 해당한다고 볼 수 없다.

03 다음 중 보조 용언의 띄어쓰기 표기가 옳지 않은 것은?

① 불이 꺼져간다
② 비가 올듯하다
③ 비가 올성싶다
④ 읽어 볼만하다

03 보조 용언은 띄어 씀을 원칙으로 하되, 경우에 따라 붙여 씀도 허용한다. 다만, 보조 용언이 거듭 나타나는 경우에는 앞의 보조 용언만을 붙여 써야 한다. 따라서 '읽어볼 만하다'로 띄어 써야 한다.

04 고유 명사 및 전문 용어의 띄어쓰기가 옳지 않은 것은?

① 김철수씨
② 한국 대학교 사범 대학
③ 대한 중학교
④ 중거리탄도유도탄

04 성과 이름, 성과 호 등은 붙여 쓰고, 이에 덧붙는 호칭어, 관직명 등은 띄어 쓴다.
① '김철수 씨'로 띄어 써야 한다.

정답 01 ③ 02 ② 03 ④ 04 ①

주관식 문제

01 '뿐'은 '이것뿐이다'와 '웃을 뿐이다'의 띄어쓰기 적용 양상이 각각 다르다. 이러한 차이가 발생하는 이유를 각각의 품사를 기반으로 서술하시오.

01 정답
'이것뿐이다'의 '뿐'은 조사이며, 조사는 앞말에 붙여 쓰므로 띄어쓰기가 적용되지 않는다. '웃을 뿐이다'의 '뿐'은 의존 명사이며, 의존 명사는 띄어 쓴다고 규정하고 있으므로 띄어쓰기가 적용된다.

02 숫자 '54,534,562'를 한글로 적으면 '오천사백오십삼만 사천오백육십이'로 적는다. 이를 바탕으로 숫자를 한글로 적을 때의 띄어쓰기에 대해 서술하시오.

02 정답
한글 맞춤법에서는 수를 적을 때 '만' 단위로 띄어서 적어야 한다고 규정하고 있다. 이는 일상에서 사용하는 수 인식의 단위와 일치시키기 위함이며, 아라비아 숫자와 함께 적을 때에도 마찬가지로 적용된다.

03 '나주평야'를 '*나주 평야'로 띄어 쓸 수 없는 이유를 서술하시오.

03 정답
고유 명사 가운데 산 이름, 강 이름, 산맥 이름, 평야 이름, 고원 이름 등은 굳어진 지명이므로 띄어 쓰지 않는다. 이들은 하나의 단어로 굳어진 것이기 때문이다. 따라서 '나주평야'는 하나의 단어로 굳어진 것이므로 띄어쓰기를 적용할 수 없는 것이다.

제6장 그 밖의 것

01 다음 중 부사의 표기가 옳지 않은 것은?

① 깨끗이
② 따뜻히
③ 번거로이
④ 족히

01 부사의 끝음절이 분명히 '이'로만 나는 것은 '-이'로 적고, '히'로만 나거나 '이'나 '히'로 나는 것은 '-히'로 적는다.
② '따뜻히'는 [이]로만 소리가 나므로 '따뜻이'로 적어야 한다.

02 다음 중 한자어의 본음과 속음의 연결이 옳지 않은 것은?

① 만난(萬難) – 곤란(困難), 논란(論難)
② 안녕(安寧) – 강령(康寧)
③ 분노(忿怒) – 대로(大怒), 희로애락(喜怒哀樂)
④ 십일(十日) – 시방정토(十方淨土), 시왕(十王), 시월(十月)

02 한자어에서 본음으로도 나고 속음으로도 나는 것은 각각 그 소리에 따라 적는다.
② '녕(寧)'의 본음이 [녕]이며 속음을 [령]으로 보는 것인데, 제시된 '康寧'은 '강녕(康寧)'으로 적어야 한다.

03 다음 중 밑줄 친 단어의 표기가 옳지 않은 것은?

① 자네가 <u>심부름꾼</u> 역할을 하는군.
② 잘 먹더니 <u>때깔</u>이 아주 좋네.
③ <u>판잣대기</u>로 대충 지은 집이 아닌가?
④ 그 사람은 어제부터 <u>코빼기</u>도 안 보여.

03 '판잣대기'는 '판자때기'로 적어야 한다. '심부름꾼, 때깔, 코빼기'는 모두 올바른 표기이다.

04 다음 중 밑줄 친 단어의 쓰임이 옳은 것은?

① 새로운 가구로 <u>갈음</u>하였다.
② <u>걷잡아서</u> 한 달은 걸릴 것 같다.
③ 나라를 위해 목숨을 <u>받쳤다</u>.
④ 약속은 <u>반듯이</u> 지켜라.

04 '가름'은 쪼개거나 나누어 따로따로 되게 하는 일을 뜻하고, '갈음'은 다른 것으로 바꾸어 대신함을 뜻한다.
② '겉잡아서'가 올바른 표기이다.
③ '바쳤다'가 올바른 표기이다.
④ '반드시'가 올바른 표기이다.

정답 01 ② 02 ② 03 ③ 04 ①

05 다음 중 밑줄 친 단어의 쓰임이 옳은 것은?

① 내일 우체국에 가서 편지를 붙여라.
② 주방에 가서 냄비에 밥을 앉혔다.
③ 지금은 바쁘니 있다가 오너라.
④ 쌀이 없어 여러 날을 주렸다.

05 '주리다'는 제대로 먹지 못하여 배를 곯는 것을 뜻하고, '줄이다'는 물체의 길이나 넓이, 부피 따위를 본디보다 작게 한다는 의미이며 '줄다'의 사동사이다.
① '부쳐라'가 올바른 표기이다.
② '안쳤다'가 올바른 표기이다.
③ '이따가'가 올바른 표기이다.

주관식 문제

01 '집에 가던지 말던지'의 표기가 틀린 이유와 해당 문장의 옳은 표기를 서술하시오.

01 정답
'-던'은 과거의 경험을 전달하는 경우에 사용하는 어미이고, '-든'은 나열된 동작이나 상태, 대상들 중에서 어느 것이든 선택될 수 있음을 나타내는 연결 어미 '-든지'의 준말이다. 따라서 '집에 가던지 말던지'는 어느 것이든 선택될 수 있음을 나타내는 것이므로 '-든'이 사용되어야 하며, '집에 가든지 말든지'로 수정되어야 한다.

02 '(으)로서'와 '(으)로써'가 사용된 예를 각각 쓰고, 차이점을 서술하시오.

02 정답
'(으)로서'가 사용된 예는 '학생으로서 할 수 없는 일이다.'를 들 수 있다. '(으)로써'가 사용된 예는 '도구를 사용함으로써 문제를 해결했다.'를 들 수 있다. '(으)로서'는 '자격'의 의미를 나타내는 조사이고, '(으)로써'는 수단의 의미를 나타내는 조사라는 차이점이 있다.

정답 05 ④

제7장 문장 부호

01 다음 중 문장 부호의 사용이 옳은 것은?

① 1919. 3. 1 (1919년 3월 1일)
② 광역시: 광주, 대전, 대구, …….
③ 호준이 어머니 다시 말해, 나의 누님
④ 오전 10:20 (오전 10시 20분)

01 ① '1919. 3. 1.'로 표기해야 한다.
② '광주, 대전, 대구……'로 표기해야 한다.
③ '호준이 어머니, 다시 말해 나의 누님'으로 표기해야 한다.

02 다음 중 쌍점(:)의 쓰임이 옳지 않은 것은?

① 문방사우: 종이, 붓, 먹, 벼루
② 두시언해 6:15(두시언해 제6권 제15장)
③ 65:60(65 대 60)
④ 아들 : 아버지, 제발 제 말씀 좀 들어 보세요.

02 쌍점의 앞은 붙여 쓰고 뒤는 띄어 쓴다. 다만, 시와 분, 장과 절 등을 구별할 때나 의존 명사 '대'가 쓰일 자리에 쓰이는 경우에는 쌍점의 앞뒤를 붙여 쓴다.
④ '아들: 아버지, 제발 제 말씀 좀 들어 보세요.'로 표기해야 한다.

03 다음 중 따옴표의 쓰임이 옳지 않은 것은?

① 나는 "어, 광훈이 아니냐?" 하는 소리에 깜짝 놀랐다.
② 그는 "여러분! "시작이 반이다."라는 말 들어 보셨죠?"라고 말하며 강연을 시작했다.
③ 나는 '일이 다 틀렸나 보군.' 하고 생각하였다.
④ 밤하늘에 반짝이는 별들을 보면서 "나는 아무 걱정도 없이 가을 속의 별들을 다 헬 듯합니다."라는 시구를 떠올렸다.

03 작은따옴표(' ')는 인용한 말 안에 있는 인용한 말을 나타낼 때 쓴다.
② '그는 "여러분! '시작이 반이다.' 라는 말 들어 보셨죠?"라고 말하며 강연을 시작했다.'로 적어야 한다.

정답 01 ④ 02 ④ 03 ②

04 다음 중 괄호의 쓰임이 옳지 않은 것은?

① 고저(高低)
② 우리나라의 수도는 (   )이다.
③ 손발(手足)
④ 이번 회의에는 두 명[이혜정(실장), 박철용(과장)]만 빼고 모두 참석했습니다.

04 고유어에 대응하는 한자어를 함께 보일 때 쓴다.
③ 고유어 '손발'에 대응하는 한자어 '수족(手足)'을 적은 것이므로 '손발[手足]'과 같이 적어야 한다.

주관식 문제

01 문장 부호 규정의 개정 과정에서 세로쓰기 부호인 '고리점(｡)'과 '모점(､)'을 제외한 이유를 서술하시오.

01 정답
개정된 문장 부호 규정에서는 세로쓰기 부호인 '고리점(｡)'과 '모점(､)'을 제외하였다. 이는 이전에 세로쓰기를 주로 사용했던 경향성이 변화하여, 이제는 거의 모든 쓰기 관습이 가로쓰기로 바뀌었기 때문이다. 따라서 이러한 현실 경향을 반영하여 거의 쓰이지 않는 '고리점(｡)'과 '모점(､)'을 제외하며 내용을 개정한 것이다.

02 문장 '학교에서 동료 교사를 부를 때는 이름 뒤에 '선생(님)'이라는 말을 덧붙인다.'에 쓰인 소괄호의 역할을 서술하시오.

02 정답
소괄호는 생략이 가능한 요소임을 나타낼 때 사용한다. 따라서 '선생(님)'이라는 말을 덧붙인다는 것은 '선생' 혹은 '선생님'이 모두 가능하다는 의미를 전달하고자 하는 것이다. 따라서 이를 나타내기 위해 소괄호를 활용하여 '선생(님)'으로 표현한 것이다.

정답 04 ③

SD에듀와 함께, 합격을 향해 떠나는 여행

제 3 편

표준어 규정

| 단원 개요 |

제1장에서는 표준어 규정의 총칙의 내용을 통해 표준어 규정의 대원칙을 이해한다. 제2장에서는 발음 변화에 따른 표준어 규정을 자음과 모음, 준말, 단수 표준어와 복수 표준어를 바탕으로 그 특징을 이해한다. 제3장에서는 어휘 선택의 변화에 따른 표준어 규정을 고어, 한자어, 방언, 단수 표준어 및 복수 표준어를 바탕으로 그 특징을 이해한다. 제4장에서는 표준 발음법의 총칙 및 자음과 모음, 소리의 길이, 받침의 발음, 소리의 동화, 된소리되기, 소리의 첨가 등을 바탕으로 그 특징을 이해한다.

| 출제 경향 및 수험 대책 |

- 표준어 규정의 총칙 내용을 숙지한다.
- 자음 및 모음과 관련된 표준어 규정을 이해하고 숙지한다.
- 준말과 관련된 표준어 규정을 이해하고 숙지한다.
- 단수 표준어의 원리를 이해하고 그 예를 숙지한다.
- 복수 표준어의 원리를 이해하고 그 예를 숙지한다.
- 어휘 선택의 변화에 따른 표준어 규정을 이해하고 그 예를 숙지한다.
- 방언과 관련된 표준어 규정을 이해하고 숙지한다.
- 표준 발음법의 총칙 내용을 이해한다.
- 자음 및 모음과 관련된 표준 발음법을 이해하고 숙지한다.
- 소리의 길이와 관련된 표준 발음법을 이해하고 숙지한다.
- 받침의 발음과 관련된 표준 발음법을 이해하고 숙지한다.
- 소리의 동화와 관련된 표준 발음법을 이해하고 숙지한다.
- 된소리되기와 관련된 표준 발음법을 이해하고 숙지한다.
- 소리의 첨가와 관련된 표준 발음법을 이해하고 숙지한다.

제 1 장 총칙

표준어란 방언의 차이에서 오는 의사소통의 불편함을 최소화하기 위해 한 국가 안에서 전 국민이 공통으로 쓰도록 정해 놓은 말이라고 할 수 있다. 현행 표준어 규정은 이와 같은 표준어를 규정하기 위한 내용이다.
표준어 규정은 크게 두 부분으로 나눌 수 있는데, 첫째는 '제1부 표준어 사정 원칙', 둘째는 '제2부 표준 발음법'이다. 제1부는 총칙 및 발음 변화에 따른 표준어 규정, 어휘 선택의 변화에 따른 표준어 규정으로 나뉜다. 제2부는 총칙 및 자음과 모음, 음의 길이, 받침의 발음, 음의 동화, 경음화, 음의 첨가로 나뉜다. 특히 제2부의 표준 발음법은 종래에는 없던 규정을 새로이 마련한 것이다. 이는 현실 국어 사용 양상에 있어 많은 혼동을 보이는 국어의 발음 생활에 대한 새로운 규범을 제시하기 위함이다.
표준어 규정은 제1부와 제2부의 조항이 따로 구성되어 있다. 이와 달리, 국어정서법 과목의 영역 구분은 표준어 규정의 내용을 한 편에 담고 있다. 따라서 본편에서는 과목의 영역 구분을 따르되, 학습의 용이성을 위해 제1부와 제2부의 항목 번호를 구분하여 설명하고자 한다.

제1절 표준어 규정의 원칙

1 표준어 규정 제1부 제1항

제1항 표준어는 교양 있는 사람들이 두루 쓰는 현대 서울말로 정함을 원칙으로 한다.

제1항의 내용은 '**표준어**'의 **조건**에 대해 다루고 있다. 여기서는 표준어를 정하는 원칙을 '교양 있는 사람들', '현대', '서울말'로 제시하고 있는데, 이를 각각 사회적, 시대적, 지역적 기준으로 분류하여 살피면 다음과 같다.
첫째로 사회적 기준 측면에서, 표준어는 교양 있는 사람들이 쓰는 말이어야 한다. 교양이란 사전적 의미로 '학문, 지식, 사회생활을 바탕으로 이루어지는 품위. 또는 문화에 대한 폭넓은 지식'을 뜻하는데, 이를 감안하면 결국 '교양 있는 사람'이라는 것은 '품위 및 지식을 갖춘 사람'을 뜻한다고 볼 수 있다. 간혹 이러한 사람들도 비어나 속어 등을 사용하는 경우가 있으므로, 이러한 단어들이 표준어의 범주에 포함되기도 한다.
둘째로 시대적 기준 측면에서, 표준어는 현대에 사용되는 말이어야 한다. '현대'는 단순히 시간을 의미하는 현재라는 뜻만 가지는 것이 아니다. 애초에 '현재'라는 말만 가지게 된다면, 매 순간이 지날 때마다 표준어의 시대적 기준이 달라졌을 것이다. 언어적 측면에서 '현대'를 구분하는 객관적 기준은 없으나, 대략 현재 사용되는 언어 양상과 크게 다르지 않은 때를 같은 범주로 한다고 볼 수 있다. 결국 '현대'라는 개념은 언어 사용자들의 직관에 의존한다고 볼 수 있다.

셋째로 지역적 기준 측면에서, 표준어는 서울말을 기준으로 삼는다. 이러한 기준을 삼은 이유는, 출신이 다양한 사람들의 의사소통이 원활하게 이루어질 수 있도록 하기 위함이다. 다만 '서울말'이라 하더라도, 반드시 모든 말이 표준어인 것은 아니다. 흔히 '서울 방언'이라고 일컫는 말들 중에는 '나두 먹을래.', '집안 좀 치워 주구.'와 같은 경우들이 있다. 이는 서울에서 사용되는 말이기는 하지만, 표준어로 인정되지는 못한다. 교양 있는 사람들의 관습적 쓰임의 영향으로 '나두'는 '나도'로, '주구'는 '주고'와 같이 쓰는 것이 옳다고 판단되기 때문이다. 따라서 '서울말'이라는 것은 서울에서 쓰이는 말을 기반으로 하되, 교양 의식을 반영한 것이라고 볼 수 있다.

2 표준어 규정 제1부 제2항

> 제2항 외래어는 따로 사정한다.

세계 각국과의 오랜 교류는 우리의 언어 생활에도 꾸준한 변화를 가져왔다. 우리말에 없는 개념이 도입되거나 새로운 문물에 대한 용어 등이 새롭게 정의되는 등 지금까지 많은 변화가 있었고 앞으로도 꾸준히 변화할 것이다. 따라서 이러한 외국의 말들을 국어의 일부로 수용해야 하는가에 대한 판단과 결정을 내려야 하는데, 이를 위해 제2항에서는 외국에서 온 말이 국어의 일부인 외래어로 인정될 수 있는지를 결정하는 사정 작업을 표준어 규정과는 별도로 한다는 사실을 밝힌다. 이는 표준어를 사정하는 기준과 외래어를 사정하는 기준을 동일하게 적용하는 것은 어려우므로, 조항을 따로 설정하여 외래어 표기법(문체부 고시 제2017-14호)을 기준으로 별도로 사정한다고 밝힌 것이다.

하지만 '외래어'의 범주에는 차이점이 있다. 외래어 표기법의 '외래어'가 우리말에 동화되지 않은 모든 외국어까지 포함하는 반면, 제2항의 '외래어'는 외국어 중 우리말에 편입된 말들을 이르는 개념이므로 전자에 비해 다소 좁은 범주에 해당한다. 따라서 두 '외래어'가 같은 개념이 아님을 명확하게 인지하여야 한다.

제 2 장 발음 변화에 따른 표준어 규정

시간의 흐름에 따라 어휘의 발음은 변화를 겪는다. 표준어와 관련된 규범을 어휘의 변화에 따라 자주 바꾸는 것은 바람직하지는 않지만, 변화가 심해지거나 발음의 변화가 고착화되는 경우에는 표준어를 새롭게 정하기도 한다. 발음의 변화에 따라 새롭게 표준어를 정하는 방법으로는 크게 두 가지를 들 수 있다. 첫째는 발음이 바뀐 후의 말만 인정하는 방법으로, 이는 '단수(單數) 표준어'가 된다. 둘째는 발음이 바뀌기 전의 말과 바뀐 뒤의 말을 모두 인정하는 방법으로, 이는 '복수(複數) 표준어'가 된다. 복수 표준어는 사회의 언어 변화 과정의 과도기적 형태를 인정하는 것으로, 사고의 유연화에 맞추어 복수 표준어가 점차 확대되고 있다. 국립국어원에서는 2011년부터 표준어 추가 목록을 발표하고 있고, 『표준국어대사전』을 수정하고 보완하면서 표준어의 목록을 갱신하고 있다.

제1절 자음

1 표준어 규정 제1부 제3항

제3항 다음 단어들은 거센소리를 가진 형태를 표준어로 삼는다. (ㄱ을 표준어로 삼고, ㄴ을 버림)

ㄱ	ㄴ	비고
끄나풀	끄나불	
나팔-꽃	나발-꽃	
녘	녁	동~, 들~, 새벽~, 동틀~
부엌	부억	
살-쾡이	삵-괭이	
칸	간	1. ~막이, 빈~, 방 한 ~ 2. '초가삼간, 윗간'의 경우에는 '간'임
털어-먹다	떨어-먹다	재물을 다 없애다.

제3항은 예사소리나 된소리가 거센소리로 변한 경우에 대한 내용을 담고 있다. '나팔꽃'이나 '끄나풀' 등은 표준어 규정 이전부터 일반화되었으나, 이러한 예시들이 제시된 것은 기존에 이미 사용되는 형태들을 인정하고자 하는 것이라고 볼 수 있다.

'나팔꽃'과 '나발꽃'은 '나팔'과 '나발'의 구분이라고 볼 수 있다. 일반적인 의미의 '나팔'과 전통 관악기 '나발'도 모두 표준어로 인정되며, '나팔바지, 나팔관' 등과 '개나발, 병나발' 등도 구분되어 쓰이기 때문이다. 또한 '삵'과 '고양이'의 준말인 '괭이'가 결합한 형태는 '*삵괭이'이며, 발음은 [삭꽹이]가 되어야 한다. 그러나 실제 사용되는 발음은 [살쾡이]이므로 '살쾡이'를 표준어로 삼은 것이다.

2 표준어 규정 제1부 제4항

제4항 다음 단어들은 거센소리로 나지 않는 형태를 표준어로 삼는다. (ㄱ을 표준어로 삼고, ㄴ을 버림)

ㄱ	ㄴ	비고
가을-갈이	가을-카리	
거시기	거시키	
분침	푼침	

제4항은 제3항과 유사한 의도를 가졌다고 볼 수 있으나, 거센소리가 예사소리로 변화한 말을 대상으로 한다는 차이점이 있다.

'거시기'는 이름이 바로 생각나지 않거나 말하기 곤란한 대상을 가리키는 대명사로, '거시기'가 '거시키'보다 널리 쓰였음을 확인한 것이다. '분침'은 현대 국어의 '할, 푼, 리'나 '땡전 한 푼' 등에 '푼'이 남아 있으나, 이를 한자어로 읽을 때에는 '분'으로 발음하므로 '푼침'으로 쓰지 않고 '분침'으로 쓴다.

3 표준어 규정 제1부 제5항

제5항 어원에서 멀어진 형태로 굳어져서 널리 쓰이는 것은, 그것을 표준어로 삼는다. (ㄱ을 표준어로 삼고, ㄴ을 버림)

ㄱ	ㄴ	비고
강낭-콩	강남-콩	
고삿	고샅	겉~, 속~
사글-세	삭월-세	'월세'는 표준어임
울력-성당	위력-성당	떼를 지어서 으르고 협박하는 일

다만, 어원적으로 원형에 더 가까운 형태가 아직 쓰이고 있는 경우에는, 그것을 표준어로 삼는다. (ㄱ을 표준어로 삼고, ㄴ을 버림)

ㄱ	ㄴ	비고
갈비	가리	~구이, ~찜, 갈빗-대
갓모	갈모	1. 사기 만드는 물레 밑 고리 2. '갈모'는 갓 위에 쓰는, 유지로 만든 우비
굴-젓	구-젓	
말-곁	말-겻	
물-수란	물-수랄	
밀-뜨리다	미-뜨리다	
적-이	저으기	적이-나, 적이나-하면
휴지	수지	

제5항은 어원이 어떤 것인지 밝혀진 경우라도 어원으로부터 멀어진 다른 형태가 더욱 널리 쓰이면 그 말을 표준어로 삼으며, 어원적으로 원형에 더 가까운 형태가 아직 쓰인다면 그것을 표준어로 삼는다는 내용을 담고 있다.
'강낭콩'은 중국의 '강남(江南)' 지방에서 들여온 콩이라는 의미를 가진 단어이다. 이후 '강남'의 형태가 변화하면서 '강낭'이 되었고, 이러한 형태가 널리 쓰이게 되어 비록 '강남'을 어원으로 삼고 있음에도 '강낭콩'이 표준어로 인정되었다.
'월세(月貰)'를 뜻하는 '사글세' 또한 예전에는 '삭월세'와 '사글세'가 모두 쓰였다. 그러나 '사글세'를 '삭월세(朔月貰)'로 보는 것은 '사글세'의 음을 단순히 한자로 흉내 낸 것으로 보았고, 이로 인해 '사글세'만을 표준어로 삼고 '삭월세'는 비표준어로 남게 되었다.

4 표준어 규정 제1부 제6항 중요

제6항 다음 단어들은 의미를 구별함이 없이, 한 가지 형태만을 표준어로 삼는다. (ㄱ을 표준어로 삼고, ㄴ을 버림)

ㄱ	ㄴ	비고
돌	돐	생일, 주기
둘-째	두-째	'제2, 두 개째'의 뜻
셋-째	세-째	'제3, 세 개째'의 뜻
넷-째	네-째	'제4, 네 개째'의 뜻
빌리다	빌다	1. 빌려주다, 빌려 오다. 2. '용서를 빌다'는 '빌다'임

다만, '둘째'는 십 단위 이상의 서수사에 쓰일 때에 '두째'로 한다.

ㄱ	ㄴ	비고
열두-째		열두 개째의 뜻은 '열둘째'로
스물두-째		스물두 개째의 뜻은 '스물둘째'로

제6항에서는 단어의 의미를 구별하지 않고 한 가지 형태만을 표준어로 삼는 단어에 대한 내용을 담고 있다. 비록 현재에는 그 구별의 의의가 거의 사라진 항목들이지만, 그럼에도 아직까지도 잘못 쓰이는 경우가 많은 단어가 포함되어 있어 주의를 요한다.
과거에는 '돌'은 생일 개념으로, '돐'은 '광복 100돐'처럼 '주년'의 의미로 각각 쓰였다. 그러나 이러한 구별은 불필요할 뿐만 아니라, '돐이, 돐을'의 발음인 [돌씨], [돌쓸]은 현실 발음과는 괴리가 있으므로 '돌'로 통합한 것이다. 그러나 아직까지도 '돐'로 표기하는 경우를 종종 찾아볼 수 있어 주의를 요한다.

'빌다'는 원래 물건 등을 구걸한다는 뜻과 신이나 사람 따위에 간청한다는 뜻, 그리고 나중에 갚기로 하고 남의 물건이나 돈을 쓴다는 뜻을 지녔었다. 이 중 두 번째 의미는 '빌리다'로 그 형태가 변화하였고, 이로 인해 '나중에 갚기로 하고 남의 물건이나 돈을 쓴다'는 의미는 '빌리다'가 표준어가 되었다. 이 변화를 겪기 전에 자주 쓰이던 표현이 '이 자리를 빌어~'와 같은 말인데, 이는 '빌리다'가 표준어로 정해진 점을 고려하면 '이 자리를 빌려~'로 수정되어야 함을 유의해야 한다.

5 표준어 규정 제1부 제7항 중요

제7항 수컷을 이르는 접두사는 '수-'로 통일한다. (ㄱ을 표준어로 삼고, ㄴ을 버림)

ㄱ	ㄴ	비고
수-꿩	수-퀑/숫-꿩	'장끼'도 표준어임
수-나사	숫-나사	
수-놈	숫-놈	
수-사돈	숫-사돈	
수-소	숫-소	'황소'도 표준어임
수-은행나무	숫-은행나무	

다만 1. 다음 단어에서는 접두사 다음에서 나는 거센소리를 인정한다. 접두사 '암-'이 결합되는 경우에도 이에 준한다. (ㄱ을 표준어로 삼고, ㄴ을 버림)

ㄱ	ㄴ	비고
수-캉아지	숫-강아지	
수-캐	숫-개	
수-컷	숫-것	
수-키와	숫-기와	
수-탉	숫-닭	
수-탕나귀	숫-당나귀	
수-톨쩌귀	숫-돌쩌귀	
수-퇘지	숫-돼지	
수-평아리	숫-병아리	

다만 2. 다음 단어의 접두사는 '숫-'으로 한다. (ㄱ을 표준어로 삼고, ㄴ을 버림)

ㄱ	ㄴ	비고
숫-양	수-양	
숫-염소	수-염소	
숫-쥐	수-쥐	

제7항에서는 암컷과 수컷을 의미하는 접두사의 기본적 표준어는 '암-'과 '수-'임을 분명히 밝히는 내용을 담고 있다. '암'과 '수'는 역사적으로 '암ㅎ, 수ㅎ'과 같이 'ㅎ'을 맨 마지막 음으로 가지고 있는 ㅎ 종성 체언이었으나, 현대에 와서는 ㅎ 종성 체언의 'ㅎ'이 모두 탈락하였으므로 이러한 형태를 기본적인 표준어로 규정한 것이다.

ㅎ 종성 체언의 흔적인 'ㅎ'은 현대의 단어들에도 많이 남아 있다. 과거 ㅎ 종성 체언이었던 말의 뒤에 예사소리가 결합하면 거센소리로 축약되는 형태로 'ㅎ'의 발음 흔적을 찾아볼 수 있게 되어, 이를 제7항에서 부가적으로 규정한 것이다. 이에 따라 접두사 '암-, 수-'에 '개'가 결합하면 '암캐, 수캐'가 되는 것이다. 다만 이러한 축약은 '다만 1' 규정에서 언급한 예들에만 해당되기 때문에, '암-'과 '수-'에 '고양이'가 결합하더라도 '암고양이, 수고양이'가 표준어가 되고, 발음도 [암코양이], [수코양이]가 아닌 [암고양이], [수고양이]가 각각 표준 발음이다. '암컷, 수컷' 또한 접두사 '암-, 수-'에 '사물, 일, 현상 따위를 추상적으로 이르는 말'의 의미를 지니는 의존 명사 '것'이 결합한 형태이다.

제2절 모음

1 표준어 규정 제1부 제8항 중요

제8항 양성 모음이 음성 모음으로 바뀌어 굳어진 다음 단어는 음성 모음 형태를 표준어로 삼는다. (ㄱ을 표준어로 삼고, ㄴ을 버림)

ㄱ	ㄴ	비고
깡충-깡충	깡총-깡총	큰말은 '껑충껑충'임
-둥이	-동이	← 童-이[1]. 귀-, 막-, 선-, 쌍-, 검-, 바람-, 흰-
발가-숭이	발가-송이	센말은 '빨가숭이', 큰말은 '벌거숭이, 뻘거숭이'임
보퉁이	보통이	
봉죽	봉족	← 奉足. ~꾼, ~들다
뻗정-다리	뻗장-다리	
아서, 아서라	앗아, 앗아라	하지 말라고 금지하는 말
오뚝-이	오똑-이	부사도 '오뚝-이'임
주추	주초	← 柱礎. 주춧-돌

1) '←' : 해당 표현이 '잘못된 표현'이며, 'ㄱ'에 해당하는 것이 표준어임을 의미함. 이하 동일

다만, 어원 의식이 강하게 작용하는 다음 단어에서는 양성 모음 형태를 그대로 표준어로 삼는다. (ㄱ을 표준어로 삼고, ㄴ을 버림)

ㄱ	ㄴ	비고
부조(扶助)	부주	~금, 부좃-술
사돈(査頓)	사둔	밭~, 안~
삼촌(三寸)	삼춘	시~, 외~, 처~

제8항은 한국어의 **모음 조화(母音調和) 현상**에 대한 내용을 담고 있다. 중세 국어에서는 양성 모음과 음성 모음의 음운 개수가 동일하여 큰 세력의 차이가 나타나지는 않았으나, 모음 'ㆍ'의 소실 등으로 인해 근대 국어를 거치며 음성 모음의 세력이 급격하게 커지는 결과를 낳게 되었다. 이로 인해 어미 활용이나 어미 단어 내부에서의 모음 조화 양상이 바뀌게 되었고, 제8항에서는 이러한 현상들을 명시적으로 규정하고 설명한 것이라고 볼 수 있다.

예를 들어, 표준어로 삼는 '깡충깡충'은 모음 조화가 지켜진 형태라면 양성 모음 'ㅏ'와 'ㅗ'를 활용한 '깡총깡총'으로 표기되어야 할 것이다. 그러나 모음 조화의 양상이 바뀌게 되어 '깡충깡충'으로 굳어져 쓰이게 되었고, 표준어 규정에서는 이를 반영하여 '깡충깡충'을 표준어로 삼고 '깡총깡총'을 버리게 된 것이다. 다만 '껑충하다'와 짝을 이루는 말은 '깡총하다'로, '깡충하다'가 오히려 비표준어라는 사실을 유의해야 한다.

'-동이'도 음성 모음화를 반영해 '-둥이'를 표준어로 삼았다. '-둥이'는 아이 '동(童)'자를 쓴 '동이(童-)'에서 기원하였으나, 현실 발음은 '-둥이'로 굳어진 것으로 본 것이다. 이를 반영하여 '막둥이, 바람둥이, 쌍둥이' 등은 모두 '-둥이'를 쓴다.

다만, '부주, 사둔, 삼춘'은 일상에서 널리 발음되는 모습이 반영된 형태이나, 이들은 한자어 어원이 명확하므로 음성 모음화를 반영하지 않고 '부조(扶助), 사돈(査頓), 삼촌(三寸)'과 같은 한자어 발음 그대로 표준어로 삼은 것이다.

2 표준어 규정 제1부 제9항 중요

제9항 'ㅣ' 역행 동화 현상에 의한 발음은 원칙적으로 표준 발음으로 인정하지 아니하되, 다만 다음 단어들은 그러한 동화가 적용된 형태를 표준어로 삼는다. (ㄱ을 표준어로 삼고, ㄴ을 버림)

ㄱ	ㄴ	비고
-내기	-나기	서울-, 시골-, 신출-, 풋-
냄비	남비	
동댕이-치다	동당이-치다	

[붙임 1] 다음 단어는 'ㅣ' 역행 동화가 일어나지 아니한 형태를 표준어로 삼는다. (ㄱ을 표준어로 삼고, ㄴ을 버림)

ㄱ	ㄴ	비고
아지랑이	아지랭이	

[붙임 2] 기술자에게는 '-장이', 그 외에는 '-쟁이'가 붙는 형태를 표준어로 삼는다. (ㄱ을 표준어로 삼고, ㄴ을 버림)

ㄱ	ㄴ	비고
미장이	미쟁이	
유기장이	유기쟁이	
멋쟁이	멋장이	
소금쟁이	소금장이	
담쟁이-덩굴	담장이-덩굴	
골목쟁이	골목장이	
발목쟁이	발목장이	

제9항은 'ㅣ' **모음 역행 동화**와 관련된 발음에 대한 내용을 담고 있다. 일반적으로 'ㅣ' 모음 역행 동화로 인해 생긴 형태는 표준어로 인정받지 못한다. 다만 제9항에서는 '-내기', '냄비', '동댕이치다'의 경우에는 'ㅣ' 모음 역행 동화 현상이 반영되었음에도 표준어로 삼고 있다. 제9항에서 밝히지는 않았으나, '꼬챙이, 내기, 새끼, 달팽이, 제비' 등도 'ㅣ' 모음 역행 동화 현상이 반영된 표준어이다.

[붙임 1]의 '아지랑이'는 과거에 '아지랭이'가 표준어로 쓰인 적이 있었으나, 언중의 언어 사용 직관이 변화하여 '아지랑이'를 표준어로 인식함으로써 표준어 형태가 변화한 경우에 해당한다고 볼 수 있다.

[붙임 2]의 '-장이'는 기술자에 붙는 접미사이고 '-쟁이'는 '그것이 나타내는 속성을 많이 가진 사람', 혹은 '그것과 관련된 일을 직업으로 하는 사람'을 낮잡아 이르는 때에 쓰이는 접미사이다. 이처럼 의미에 따라 '-장이'와 '-쟁이'를 구별하여 사용하므로 갓을 만드는 기술자는 '갓장이', 갓을 쓴 사람을 낮잡아 이르는 표현은 '갓쟁이'가 된 것이다.

더 알아두기

'ㅣ' 모음 역행 동화

'ㅣ' 모음 역행 동화란 모음 'ㅏ, ㅓ, ㅗ, ㅜ, ㅡ' 등이 뒤에 오는 'ㅣ' 모음 혹은 반모음 'ㅣ[j]'에 동화되어 각각 'ㅐ, ㅔ, ㅚ, ㅟ, ㅣ'로 바뀌는 현상을 말한다. 예를 들어, '아기, 고기, 죽이다, 끓이다, 창피하다, 막히다'가 'ㅣ' 모음 역행 동화의 영향을 받으면 각각 '애기, 괴기, 쥑이다, 낌이다, 챙피하다, 맥히다'가 된다. 'ㅣ' 모음 역행 동화로 인해 생긴 형태는 원칙적으로 표준어로 인정하지 않는다.

3 표준어 규정 제1부 제10항

제10항 다음 단어는 모음이 단순화한 형태를 표준어로 삼는다. (ㄱ을 표준어로 삼고, ㄴ을 버림)

ㄱ	ㄴ	비고
괴팍-하다	괴퍅-하다/괴팩-하다	
-구먼	-구면	
미루-나무	미류-나무	← 美柳~
미륵	미력	← 彌勒. ~보살, ~불, 돌~
여느	여늬	
온-달	왼-달	만 한 달
으레	으례	
케케-묵다	켸켸-묵다	
허우대	허위대	
허우적-허우적	허위적-허위적	허우적-거리다

제10항은 모음이 단순화된 형태에 대한 내용을 담고 있다. '괴팍하다'의 경우, 한자로 '괴팍'은 '乖愎'이므로 사실 '괴퍅하다'로 표기하는 것이 옳다. 그러나 언중들이 '괴팍하다'를 표준어로 인식하고 사용함으로써 그 형태가 고착되었기에 '괴팍하다'가 표준어가 된 것이다. 그러나 비교적 언중들의 사용 빈도가 낮은 '강퍅하다, 오퍅하다, 퍅하다, 퍅성' 등에서는 '퍅'의 형태 그대로 표준어로 삼는다. 마찬가지로 '미류나무'는 버드나무의 한 종류이므로 어원을 '미류(美柳)'로 추정할 수 있으나, 언중들이 '미류'로 발음하는 경우가 드문 경우에 해당되므로 '미루나무'를 표준어로 삼은 것이다.

4 표준어 규정 제1부 제11항 중요

제11항 다음 단어에서는 모음의 발음 변화를 인정하여, 발음이 바뀌어 굳어진 형태를 표준어로 삼는다. (ㄱ을 표준어로 삼고, ㄴ을 버림)

ㄱ	ㄴ	비고
-구려	-구료	
깍쟁이	깍정이	1. 서울~, 알~, 찰~ 2. 도토리, 상수리 등의 받침은 '깍정이'임
나무라다	나무래다	
미수	미시	미숫-가루
바라다	바래다	'바램[所望]'은 비표준어임
상추	상치	~쌈
시러베-아들	실업의-아들	
주책	주착	← 主着. ~망나니, ~없다.
지루-하다	지리-하다	← 支離
튀기	트기	
허드레	허드래	허드렛-물, 허드렛-일
호루라기	호루루기	

제11항은 제8항에서 제10항까지의 내용에서 제시했던 모음 변화에 속하지 않는 예들에 대한 조항으로 볼 수 있다. 앞서 살핀 바와 마찬가지로, 변화된 발음이 굳어진 경우에는 그것을 표준어로 삼는다.

'깍쟁이'는 원래 '깍정이'였다. '깍정이'는 'ㅣ' 모음 역행 동화의 영향을 받아, '깍젱이'로 변하는 것이 정상인데, 언중들의 사용 측면에서 '쟁'과 '젱'은 구분이 어렵다. 따라서 표기에서는 '쟁'이 선호되어 살아남았고, 이후 제11항의 내용을 통해 '깍쟁이'가 표준어가 되었다. 이로 인해 '깍쟁이'는 'ㅣ' 모음 역행 동화와도 직접적 관련이 있는 단어로 보기 어려워졌으므로 제9항에서 다루지 않게 되었다.

'바라다'의 명사형 '바람'은 많은 사람들이 '*바램'으로 잘못 사용하는 경우가 많다. 이러한 잘못된 사용은 그 어원이 되는 동사의 원형조차 '*바래다'로 오해하게 만들어 '빨리 만나길 *바래.'와 같이 잘못 쓰이는 경우를 초래하기도 한다. 제11항에서는 이러한 언중의 오사용을 예방하기 위해 '바라다'를 표준어로 규정하고, '*바램'이 비표준어임을 명시한 것이다. 따라서 앞에 언급된 예문도 '빨리 만나길 바라.'와 같이 표기해야 한다.

5 표준어 규정 제1부 제12항 중요

제12항 '웃-' 및 '윗-'은 명사 '위'에 맞추어 '윗-'으로 통일한다. (ㄱ을 표준어로 삼고, ㄴ을 버림)

ㄱ	ㄴ	비고
윗-넓이	웃-넓이	
윗-눈썹	웃-눈썹	
윗-니	웃-니	
윗-당줄	웃-당줄	
윗-덧줄	웃-덧줄	
윗-도리	웃-도리	
윗-동아리	웃-동아리	준말은 '윗동'임
윗-막이	웃-막이	
윗-머리	웃-머리	
윗-목	웃-목	
윗-몸	웃-몸	~ 운동
윗-바람	웃-바람	
윗-배	웃-배	
윗-벌	웃-벌	
윗-변	웃-변	수학 용어
윗-사랑	웃-사랑	
윗-세장	웃-세장	
윗-수염	웃-수염	
윗-입술	웃-입술	
윗-잇몸	웃-잇몸	
윗-자리	웃-자리	
윗-중방	웃-중방	

다만 1. 된소리나 거센소리 앞에서는 '위-'로 한다. (ㄱ을 표준어로 삼고, ㄴ을 버림)

ㄱ	ㄴ	비고
위-짝	웃-짝	
위-쪽	웃-쪽	
위-채	웃-채	
위-층	웃-층	
위-치마	웃-치마	
위-턱	웃-턱	~구름[上層雲]
위-팔	웃-팔	

다만 2. '아래, 위'의 대립이 없는 단어는 '웃-'으로 발음되는 형태를 표준어로 삼는다. (ㄱ을 표준어로 삼고, ㄴ을 버림)

ㄱ	ㄴ	비고
웃-국	윗-국	
웃-기	윗-기	
웃-돈	윗-돈	
웃-비	윗-비	~걷다.
웃-어른	윗-어른	
웃-옷	윗-옷	

제12항은 일상에서 혼동해서 쓰는 경우가 많은 '웃-'과 '윗-'을 구분하는 내용을 담고 있다. '윗-'으로 통일된 표기의 내용을 담고 있으나, '웃-'은 위와 아래의 개념이 대립하지 않는 경우에 사용하며 '윗-'은 개념이 대립하거나 그 외의 경우에 사용한다. 예를 들어, '사람'은 위와 아래의 개념이 대립하여 '윗사람, 아랫사람'으로 나타낼 수 있으므로 '윗사람'이 쓰인다. 그러나 '어른'의 경우에는 '사람'과 달리 아래 개념이 성립할 수 없으므로, '웃어른'이 쓰이게 된다.

그러나 주의할 점이 있는데, '윗-'이 붙은 단어에 '아랫-'이 붙은 단어가 반드시 존재하는 것은 아니라는 점이다. 즉, '아랫-'이 붙은 말이 표준어로 등재되지 않았더라도 '윗-'이 의미적으로 '아랫-'과 반대되는 의미를 나타낸다면 '윗-'으로 쓸 수 있다. '윗넓이'가 그런 예에 해당된다고 볼 수 있다. '아랫넓이'라는 말은 없지만 '윗넓이'의 '윗-'이 의미상 '아랫-'과 반대되는 의미이기 때문에 '윗넓이'라고 쓰는 것이기 때문이다.

'다만 1'에서는 된소리나 거센소리 앞에서는 사이시옷을 쓰지 않는 한글 맞춤법 제30항의 규정을 적용한 내용을 담고 있다. 이미 된소리나 거센소리인 것은 사이시옷이 적용되지 않기에, 된소리나 거센소리 앞에서는 '위-'의 형태를 표준어로 규정하는 것이다.

'다만 2'는 앞서 언급한 바와 같이, '위'와 '아래'의 대립이 없는 단어는 '웃-'을 사용한다는 내용을 담고 있다. '웃옷'은 가장 겉에 입는 옷을 가리키는데, 여기도 '아랫옷'의 개념이 성립하지 않으므로 '*윗옷'이 아닌 '웃옷'을 사용하는 것이 맞다. 다만 표준어 중에서 '윗옷'이 등재되어 있긴 한데, 이때의 '윗옷'은 '하의(下衣)'와 대비되는 '상의(上衣)'의 의미를 지닌다.

6 표준어 규정 제1부 제13항

제13항 한자 '구(句)'가 붙어서 이루어진 단어는 '귀'로 읽는 것을 인정하지 아니하고, '구'로 통일한다. (ㄱ을 표준어로 삼고, ㄴ을 버림)

ㄱ	ㄴ	비고
구법(句法)	귀법	
구절(句節)	귀절	
구점(句點)	귀점	
결구(結句)	결귀	
경구(警句)	경귀	
경인구(警人句)	경인귀	
난구(難句)	난귀	
단구(短句)	단귀	
단명구(短命句)	단명귀	
대구(對句)	대귀	~법(對句法)
문구(文句)	문귀	
성구(成句)	성귀	~어(成句語)
시구(詩句)	시귀	
어구(語句)	어귀	
연구(聯句)	연귀	
인용구(引用句)	인용귀	
절구(絕句)	절귀	

다만, 다음 단어는 '귀'로 발음되는 형태를 표준어로 삼는다. (ㄱ을 표준어로 삼고, ㄴ을 버림)

ㄱ	ㄴ	비고
귀-글	구-글	
글-귀	글-구	

제13항은 종래에 '구' 혹은 '귀' 등으로 표기가 혼재되었던 '句'에 대한 내용을 담고 있다. '구절, 대구, 시구' 등이 이에 해당하는데, '다만'에서는 예외적으로 '귀글, 글귀' 등을 허용하고 있다. '귀글'은 한시(漢詩) 등에서 두 마디가 한 덩이씩 되게 지은 글을 가리키는 말이다.

제3절 준말

1 표준어 규정 제1부 제14항

제14항 준말이 널리 쓰이고 본말이 잘 쓰이지 않는 경우에는, 준말만을 표준어로 삼는다. (ㄱ을 표준어로 삼고, ㄴ을 버림)

ㄱ	ㄴ	비고
귀찮다	귀치 않다	
김	기음	~매다.
똬리	또아리	
무	무우	~강즙, ~말랭이, ~생채, 가랑~, 갓~, 왜~, 총각~
미다	무이다	1. 털이 빠져 살이 드러나다. 2. 찢어지다.
뱀	배암	
뱀-장어	배암-장어	
빔	비음	설~, 생일~
샘	새암	~바르다, ~바리
생-쥐	새앙-쥐	
솔개	소리개	
온-갖	온-가지	
장사-치	장사-아치	

제14항은 본말보다 준말이 더욱 널리 쓰이는 경우에는 준말을 표준어로 삼는다는 내용을 담고 있다. 준말인 '귀찮다, 온갖'과 같은 표현은 일상에서 널리 쓰이고 있지만, 여기에 대한 본말인 '귀치 않다, 온가지'는 쓰이지 않는다. 따라서 이런 상황에서는 준말을 표준어로 삼는다는 것이다. 다만 예시로 제시된 '무'는 그 본말인 '*무우'가 표준어로 인정되지 않음에도 불구하고, '*무우'로 잘못 사용되는 경우가 종종 발생하므로 주의할 필요가 있다.

2 표준어 규정 제1부 제15항

제15항 준말이 쓰이고 있더라도, 본말이 널리 쓰이고 있으면 본말을 표준어로 삼는다. (ㄱ을 표준어로 삼고, ㄴ을 버림)

ㄱ	ㄴ	비고
경황-없다	경-없다	
궁상-떨다	궁-떨다	
귀이-개	귀-개	
낌새	낌	
낙인-찍다	낙-하다/낙-치다	
내왕-꾼	냉-꾼	
돗-자리	돗	
뒤웅-박	뒝-박	
뒷물-대야	뒷-대야	
마구-잡이	막-잡이	
맵자-하다	맵자다	모양이 제격에 어울리다.
모이	모	
벽-돌	벽	
부스럼	부럼	정월 보름에 쓰는 '부럼'은 표준어임
살얼음-판	살-판	
수두룩-하다	수둑-하다	
암-죽	암	
어음	엄	
일구다	일다	
죽-살이	죽-살	
퇴박-맞다	퇴-맞다	
한통-치다	통-치다	

[붙임] 다음과 같이 명사에 조사가 붙은 경우에도 이 원칙을 적용한다. (ㄱ을 표준어로 삼고, ㄴ을 버림)

ㄱ	ㄴ	비고
아래-로	알-로	

제15항은 본말이 준말에 비해 훨씬 널리 쓰이는 경우에는 본말만 표준어로 삼는다는 내용이다. 앞에서 나온 제14항의 내용과는 달리, 준말이 존재하지만 극히 적게 쓰이는 경우에는 그 준말을 표준어로 인정하지 않는다는 것이다. '경황없다, 낙인찍다, 돗자리' 등의 준말로 제시된 '경없다, 낙하다/낙치다, 돗' 등은 일상에서 사용되는 경우를 찾기 어렵다. 따라서 이러한 단어들은 표준어로 인정받지 못하고, 본말인 '경황없다, 낙인찍다, 돗자리' 등만 표준어로 인정된다. 단, '이리로, 그리로, 저리로'의 준말 '일로, 글로, 절로'는 인정한다.

3 표준어 규정 제1부 제16항

제16항 준말과 본말이 다 같이 널리 쓰이면서 준말의 효용이 뚜렷이 인정되는 것은, 두 가지를 다 표준어로 삼는다. (ㄱ은 본말이며, ㄴ은 준말임)

ㄱ	ㄴ	비고
거짓-부리	거짓-불	작은말은 '가짓부리, 가짓불'임
노을	놀	저녁~
막대기	막대	
망태기	망태	
머무르다	머물다	모음 어미가 연결될 때에는 준말의 활용형을 인정하지 않음
서두르다	서둘다	
서투르다	서툴다	
석새-삼베	석새-베	
시-누이	시-뉘/시-누	
오-누이	오-뉘/오-누	
외우다	외다	외우며, 외워 : 외며, 외어
이기죽-거리다	이죽-거리다	
찌꺼기	찌끼	'찌꺽지'는 비표준어임

제16항은 먼저 살펴 본 제14항 및 제15항과는 달리, 준말과 본말이 모두 표준어로 인정받는 단어들에 대한 내용을 담고 있다. 이는 준말과 본말이 모두 널리 쓰이며 그 효용 또한 인정되기에 모두 표준어로 인정된 경우이다. 본말과 준말이 모두 인정받는 '노을/놀, 막대기/막대, 망태기/망태, 외우다/외다, 서두르다/서둘다, 머무르다/머물다, 서투르다/서툴다' 등은 일상에서도 두 형태가 모두 자주 사용된다는 특징을 지닌다. 다만 '외우다'의 경우, 과거에는 준말인 '외다' 만이 표준어로 인정되었으나, 현재는 '외우다'도 '외다'와 함께 표준어로 인정하고 있다는 점이 주목할 만하다.

제4절 단수 표준어 중요

1 표준어 규정 제1부 제17항

제17항 비슷한 발음의 몇 형태가 쓰일 경우, 그 의미에 아무런 차이가 없고, 그중 하나가 더 널리 쓰이면, 그 한 형태만을 표준어로 삼는다. (ㄱ을 표준어로 삼고, ㄴ을 버림)

ㄱ	ㄴ	비고
거든-그리다	거둥-그리다	1. 거든하게 거두어 싸다. 2. 작은말은 '가든-그리다'임
구어-박다	구워-박다	사람이 한 군데에서만 지내다.
귀-고리	귀엣-고리	
귀-띔	귀-틤	
귀-지	귀에-지	
까딱-하면	까땍-하면	
꼭두-각시	꼭둑-각시	
내색	나색	감정이 나타나는 얼굴빛
내숭-스럽다	내흉-스럽다	
냠냠-거리다	얌냠-거리다	냠냠-하다.
냠냠-이	얌냠-이	
너[四]	네	~ 돈, ~ 말, ~ 발, ~ 푼
넉[四]	너/네	~ 냥, ~ 되, ~ 섬, ~ 자
다다르다	다닫다	
댑-싸리	대-싸리	
더부룩-하다	더뿌룩-하다/듬뿌룩-하다	
-던	-든	선택, 무관의 뜻을 나타내는 어미는 '-든'임 가-든(지) 말-든(지), 보-든(가) 말-든(가)
-던가	-든가	
-던걸	-든걸	
-던고	-든고	
-던데	-든데	
-던지	-든지	
-(으)려고	-(으)ㄹ려고/-(으)ㄹ라고	
-(으)려야	-(으)ㄹ려야/-(으)ㄹ래야	
망가-뜨리다	망그-뜨리다	
멸치	며루치/메리치	
반빗-아치	반비-아치	'반빗' 노릇을 하는 사람. 찬비(饌婢) '반비'는 밥 짓는 일을 맡은 계집종
보습	보십/보섭	
본새	뽄새	
봉숭아	봉숭화	'봉선화'도 표준어임
뺨-따귀	뺌-따귀/뺨-따구니	'뺨'의 비속어임
뻐개다[斫]	뻐기다	두 조각으로 가르다.

뻐기다[誇]	뻐개다	뽐내다.
사자-탈	사지-탈	
상-판대기	쌍-판대기	
서[三]	세/석	~ 돈, ~ 말, ~ 발, ~ 푼
석[三]	세	~ 냥, ~ 되, ~ 섬, ~ 자
설령(設令)	서령	
-습니다	-읍니다	먹습니다, 갔습니다, 없습니다, 있습니다, 좋습니다. 모음 뒤에는 '-ㅂ니다'임
시름-시름	시늠-시늠	
씀벅-씀벅	썸벅-썸벅	
아궁이	아궁지	
아내	안해	
어-중간	어지-중간	
오금-팽이	오금-탱이	
오래-오래	도래-도래	돼지 부르는 소리
-올시다	-올습니다	
옹골-차다	공골-차다	
우두커니	우두머니	작은말은 '오도카니'임
잠-투정	잠-투세/잠-주정	
재봉-틀	자봉-틀	발~, 손~
짓-무르다	짓-물다	
짚-북데기	짚-북세기	'짚북더기'도 비표준어임
쪽	짝	편(便). 이~, 그~, 저~ 다만, '아무-짝'은 '짝'임
천장(天障)	천정	'천정부지(天井不知)'는 '천정'임
코-맹맹이	코-맹녕이	
흉-업다	흉-헙다	

제17항은 비슷한 발음이나 형태를 가진 복수의 말 중 더욱 일반적으로 쓰이는 형태를 표준어로 삼는다는 내용을 담고 있다. 이를 통해 '*귀엣고리' 대신 '귀고리', '*나색' 대신 '내색'이 쓰이는 등의 예시를 확인할 수 있다. 제시된 예시 중 '-던'과 '-든'을 주목할 만한데, 선택이나 무관함을 뜻하는 데에는 '-든'이 쓰이고, 앞말이 관형어 구실을 하게 하거나 과거 상태를 나타내는 데에는 '-던'이 쓰임을 제시하였다. 이는 언중들의 사용 양상에서도 자주 오류를 일으키는 부분이므로, 유의해서 사용해야 할 것이다.

'서[三]'와 '너[四]'는 비고에서 밝힌 바와 같이 '돈, 말, 발, 푼' 등과 함께 쓰이고, '석[三]'과 '넉[四]'은 '냥, 되, 섬, 자' 등과 함께 쓰인다. 다만 '서, 너'가 사용되는 곳에는 '석, 넉'이 올 수 없고, '석, 넉'이 사용되는 곳에는 '서, 너'가 올 수 없다. '천정(天井)'은 '천장(天障)'과 동의어 관계로 사용되기도 하였지만 현대에는 거의 쓰이지 않아 표준어에서 제외되었다. 하지만 위의 한계가 없음을 뜻하는 '천정부지(天井不知)'는 아직까지도 널리 사용하는 말이 되므로 표준어로 인정받는다.

제5절 복수 표준어 중요

1 표준어 규정 제1부 제18항

제18항 다음 단어는 ㄱ을 원칙으로 하고, ㄴ도 허용한다.

ㄱ	ㄴ	비고
네	예	
쇠-	소-	-가죽, -고기, -기름, -머리, -뼈
괴다	고이다	물이 ~, 밑을 ~.
꾀다	꼬이다	어린애를 ~, 벌레가 ~.
쐬다	쏘이다	바람을 ~.
죄다	조이다	나사를 ~.
쬐다	쪼이다	볕을 ~.

제18항은 비슷한 발음을 가진 두 형태가 모두 표준어로 인정되는 경우와 관련된 내용을 담고 있다. 두 형태가 모두 표준어로 인정되는 것을 '복수 표준어'라고 하는데, 예를 들어 대답할 때 쓰는 '네'와 '예'가 모두 표준어로 인정될 때와 같은 경우이다. '네'와 '예'는 두 형태가 모두 자주 쓰이는 단어이다. 과거에는 '예'만을 표준어로 삼았으나, 언중들의 사용 빈도가 두 형태 모두 비슷하게 많으므로 복수 표준어로 삼은 것이다.

'소[牛]'를 뜻하는 말은 '쇠-'와 '소-'로 나누어 볼 수 있는데, '쇠-'는 예전부터 사용되었던 표현인 데에 비하여 '소-'는 현대에 들어 다소 우세하게 사용된 형태라고 볼 수 있다. 이러한 경향성을 반영하여 '쇠-'와 '소-'를 모두 표준어로 인정하게 된 것이다. 다만 '쇠-'는 단순히 명사 '소[牛]'를 대치하는 말이 아닌, 엄밀히 말하면 '소의'의 뜻을 지닌다. 따라서 '쇠고기'는 '소의 고기'의 의미를 지닌다고 할 수 있는 것이다. 따라서 '쇠-'와 '소-'의 관계를 고려하여 '소고기'와 '쇠고기' 모두 복수 표준어로 인정된다.

2 표준어 규정 제1부 제19항

제19항 어감의 차이를 나타내는 단어 또는 발음이 비슷한 단어들이 다 같이 널리 쓰이는 경우에는, 그 모두를 표준어로 삼는다. (ㄱ, ㄴ을 모두 표준어로 삼음)

ㄱ	ㄴ	비고
거슴츠레-하다	게슴츠레-하다	
고까	꼬까	~신, ~옷
고린-내	코린-내	
교기(驕氣)	갸기	교만한 태도
구린-내	쿠린-내	
꺼림-하다	께름-하다	
나부랭이	너부렁이	

제19항은 어감 차이를 나타내거나 발음이 비슷한 단어들의 복수 표준어 인정에 대한 내용을 담고 있다. '어감 차이'라는 것은 일반적으로 말소리나 말투의 차이를 의미하는데, 엄밀히 따진다면 어감 차이를 가지는 단어들은 별개의 단어로 보는 것이 옳다. 다만 복수의 단어가 동일한 어원을 가지고, 해당 단어 간의 의미적 차이 또한 어감의 차이 수준에 머물 수 있다면 복수 표준어로 인정되는 경우가 있다. 제19항은 이러한 사항에 해당되는 예시를 보이고 있다.

어감의 차이가 있지만 복수 표준어로 인정받는 것 중에는 '거슴츠레하다'와 '게슴츠레하다', '꺼림하다'와 '께름하다', 그리고 '고린내'와 '코린내', '구린내'와 '쿠린내' 모두 표준어임을 이해하는 것이 중요하다. 특히 '꺼림하다'의 경우 '꺼림칙하다', '께름하다'의 경우 '께름칙하다'로 연결되므로 이들 또한 복수 표준어임을 아는 것이 중요하다.

제 3 장 어휘 선택의 변화에 따른 표준어 규정

제3장에서 다루는 단어들은 시간의 흐름에 따라 쓰임의 정도가 달라진 것들이다. 이러한 쓰임의 정도가 달라진 단어들은 현재의 언어 환경에 맞추어 표준어 인정 여부를 판단하여야 하며, 그러한 판단의 결과물이 제3장에 제시되어 있다.

제1절 고어

1 표준어 규정 제1부 제20항

제20항 사어(死語)가 되어 쓰이지 않게 된 단어는 고어로 처리하고, 현재 널리 사용되는 단어를 표준어로 삼는다. (ㄱ을 표준어로 삼고, ㄴ을 버림)

ㄱ	ㄴ	비고
난봉	봉	
낭떠러지	낭	
설거지-하다	설겆다	
애달프다	애닯다	
오동-나무	머귀-나무	
자두	오얏	

제20항은 이제는 쓰이지 않게 된 사어(死語)들과 현재 널리 쓰이는 말들에 대한 내용을 담고 있다. 이들 중 주목할 만한 것으로 '설거지하다'를 들 수 있다.

'설거지하다'가 표준어가 되고, '설겆다'는 표준어가 되지 못한 이유로는 동사 어간 '*설겆-'이 쓰이지 않는 점이 크게 작용하였다. '*설겆-'을 활용한다면 '*설겆다, *설겆고, *설겆으며' 등이 성립해야 하지만, 이들은 모두 비표준어이며 실제로 쓰이지도 않는다. 따라서 어간 '*설겆-' 뿐만이 아니라 명사 파생 접미사 '-이'가 붙은 '*설겆이' 또한 비표준어로 보아야 할 것이다.

'오얏'은 일반적으로 한자 '오얏 이(李)'를 학습할 때 접할 수 있는 단어이나, 일상에서는 쓰이지 않는 옛말이다. 따라서 이는 고어로 처리하여 현대 표준어로 삼지 않는다.

제2절 한자어

1 표준어 규정 제1부 제21항

제21항 고유어 계열의 단어가 널리 쓰이고 그에 대응되는 한자어 계열의 단어가 용도를 잃게 된 것은, 고유어 계열의 단어만을 표준어로 삼는다. (ㄱ을 표준어로 삼고, ㄴ을 버림)

ㄱ	ㄴ	비고
가루-약	말-약	
구들-장	방-돌	
길품-삯	보행-삯	
까막-눈	맹-눈	
꼭지-미역	총각-미역	
나뭇-갓	시장-갓	
늙-다리	노-닥다리	
두껍-닫이	두껍-창	
떡-암죽	병-암죽	
마른-갈이	건-갈이	
마른-빨래	건-빨래	
메-찰떡	반-찰떡	
박달-나무	배달-나무	
밥-소라	식-소라	큰 놋그릇
사래-논	사래-답	묘지기나 마름이 부쳐 먹는 땅
사래-밭	사래-전	
삯-말	삯-마	
성냥	화-곽	
솟을-무늬	솟을-문(~紋)	
외-지다	벽-지다	
움-파	동-파	
잎-담배	잎-초	
잔-돈	잔-전	
조-당수	조-당죽	
죽데기	피-죽	'죽더기'도 비표준어임
지겟-다리	목-발	지게 동발의 양쪽 다리
짐-꾼	부지-군(負持-)	
푼-돈	분-전/푼-전	
흰-말	백-말/부루-말	'백마'는 표준어임
흰-죽	백-죽	

제21항은 고유어와 한자어 계열의 형태를 모두 가진 단어들 중 한자어 계열이 쓰이지 않아 표준어에서 제외된 경우를 다루고 있다. '가루약'과 '*말약'의 경우, '말(末)'은 '가루'의 의미를 지니므로 두 단어는 계열이 다르지만 동일한 의미를 지니는 단어들이다. 그러나 '*말약'은 거의 쓰이지 않는 말이기에 표준어로 인정받지 못한 것이다. 다만 최근 '말차'라는 단어가 자주 쓰이고 있으며 '가루차'와 '말차' 모두 표준어로 인정받고 있는 점을 고려하면 향후 표준

어 등재 양상에 대해 주목할 만하다. 또한 '*잎초' 대신 '잎담배'가 표준어로 등재되었으나, 최근 불을 붙여 태우는 일반적인 담배를 '연초(煙草)'로 부르는 경우가 많아지고 있어 향후 표준어 등재 양상이 달라질 수 있다.

2 표준어 규정 제1부 제22항

제22항 고유어 계열의 단어가 생명력을 잃고 그에 대응되는 한자어 계열의 단어가 널리 쓰이면, 한자어 계열의 단어를 표준어로 삼는다. (ㄱ을 표준어로 삼고, ㄴ을 버림)

ㄱ	ㄴ	비고
개다리-소반	개다리-밥상	
겸-상	맞-상	
고봉-밥	높은-밥	
단-벌	홑-벌	
마방-집	마바리-집	馬房~
민망-스럽다/면구-스럽다	민주-스럽다	
방-고래	구들-고래	
부항-단지	뜸-단지	
산-누에	멧-누에	
산-줄기	멧-줄기/멧-발	
수-삼	무-삼	
심-돋우개	불-돋우개	
양-파	둥근-파	
어질-병	어질-머리	
윤-달	군-달	
장력-세다	장성-세다	
제석	젯-돗	
총각-무	알-무/알타리-무	
칫-솔	잇-솔	
포수	총-댕이	

제22항은 앞서 살핀 제21항과 반대의 경우에 해당하는 단어들에 대한 내용을 다루고 있다. 앞서 언급한 바와 같이, 유사한 의미를 지닌 한자어와 고유어 중 그 쓰임의 정도가 현저하게 낮은 고유어들을 표준어로 삼지 않은 경우이다. 다만 제시된 내용 중 '총각무'는 표준어로 삼고 '*알타리무'는 비표준어로 제시된 부분이 있는데, 현대에 '알타리' 혹은 '알타리무'가 쓰이는 경우가 많아지고 있으므로 이 또한 표준어 양상이 바뀔 가능성이 있는 단어라고 볼 수 있다.

제3절 방언

1 표준어 규정 제1부 제23항

제23항 방언이던 단어가 표준어보다 더 널리 쓰이게 된 것은, 그것을 표준어로 삼는다. 이 경우, 원래의 표준어는 그대로 표준어로 남겨 두는 것을 원칙으로 한다. (ㄱ을 표준어로 삼고, ㄴ도 표준어로 남겨 둠)

ㄱ	ㄴ	비고
멍게	우렁쉥이	
물-방개	선두리	
애-순	어린-순	

제23항은 방언이 자주 쓰이게 되어 표준어가 된 경우를 다루고 있다. 다만 널리 쓰여 표준어가 된 방언과 더불어, 기존에 표준어였던 단어들 또한 그 지위를 그대로 인정한다는 점에서 앞선 조항들과는 차이를 보인다. '멍게'의 경우, 본디 표준어였던 '우렁쉥이'의 방언이다. 그러나 제23항에서 밝힌 바와 같이 '멍게'가 '우렁쉥이'보다 더 널리 쓰이게 되었다. 이는 그 다음에 언급된 '물방개'와 '애순'도 마찬가지이다.

2 표준어 규정 제1부 제24항

제24항 방언이던 단어가 널리 쓰이게 됨에 따라 표준어이던 단어가 안 쓰이게 된 것은, 방언이던 단어를 표준어로 삼는다. (ㄱ을 표준어로 삼고, ㄴ을 버림)

ㄱ	ㄴ	비고
귀밑-머리	귓-머리	
까-뭉개다	까-무느다	
막상	마기	
빈대-떡	빈자-떡	
생인-손	생안-손	준말은 '생-손'임
역-겹다	역-스럽다	
코-주부	코-보	

제24항은 앞서 살핀 제23항과 같이 자주 쓰이게 되어 표준어가 된 방언을 다루고 있으나, 기존에 표준어였던 단어를 버렸다는 점에서 차이를 보인다. 기존에 표준어였던 '*귓머리, *마기, *빈자떡' 등은 모두 현대에는 사용되지 않는 단어들이며, '*코보'의 경우도 마찬가지다. 다만 '*코보'는 '그러한 특징을 지닌 사람' 등의 의미를 지니는 접사 '-보'가 결합한 단어이며, 접사 '-보'는 생산성이 높으므로 '*코보'는 향후 표준어의 지위를 다시 찾을 가능성이 있다고 볼 수도 있다.

제4절 단수 표준어

1 표준어 규정 제1부 제25항

제25항 의미가 똑같은 형태가 몇 가지 있을 경우, 그중 어느 하나가 압도적으로 널리 쓰이면, 그 단어만을 표준어로 삼는다. (ㄱ을 표준어로 삼고, ㄴ을 버림)

ㄱ	ㄴ	비고
-게끔	-게시리	
겸사-겸사	겸지-겸지/겸두-겸두	
고구마	참-감자	
고치다	낫우다	병을 ~.
골목-쟁이	골목-자기	
광주리	광우리	
괴통	호구	자루를 박는 부분
국-물	멀-국/말-국	
군-표	군용-어음	
길-잡이	길-앞잡이	'길라잡이'도 표준어임
까치-발	까치-다리	선반 따위를 받치는 물건
꼬창-모	말뚝-모	꼬챙이로 구멍을 뚫으면서 심는 모
나룻-배	나루	'나루[津]'는 표준어임
납-도리	민-도리	
농-지거리	기롱-지거리	다른 의미의 '기롱지거리'는 표준어임
다사-스럽다	다사-하다	간섭을 잘하다.
다오	다구	이리 ~.
담배-꽁초	담배-꼬투리/담배-꽁치/담배-꽁추	
담배-설대	대-설대	
대장-일	성냥-일	
뒤져-내다	뒤어-내다	
뒤통수-치다	뒤꼭지-치다	
등-나무	등-칡	
등-때기	등-떠리	'등'의 낮은말
등잔-걸이	등경-걸이	
떡-보	떡-충이	
똑딱-단추	딸꼭-단추	
매-만지다	우미다	
먼-발치	먼-발치기	
며느리-발톱	뒷-발톱	
명주-붙이	주-사니	
목-메다	목-맺히다	
밀짚-모자	보릿짚-모자	
바가지	열-바가지/열-박	
바람-꼭지	바람-고다리	튜브의 바람을 넣는 구멍에 붙은, 쇠로 만든 꼭지

반-나절	나절-가웃	
반두	독대	그물의 한 가지
버젓-이	뉘연-히	
본-받다	법-받다	
부각	다시마-자반	
부끄러워-하다	부끄리다	
부스러기	부스럭지	
부지깽이	부지팽이	
부항-단지	부항-항아리	부스럼에서 피고름을 빨아내기 위하여 부항을 붙이는 데 쓰는, 자그마한 단지
붉으락-푸르락	푸르락-붉으락	
비켜-덩이	옆-사리미	김맬 때에 흙덩이를 옆으로 빼내는 일, 또는 그 흙덩이
빙충-이	빙충-맞이	작은말은 '뱅충이'
빠-뜨리다	빠-치다	'빠트리다'도 표준어임
뻣뻣-하다	왜긋다	
뽐-내다	느물다	
사로-잠그다	사로-채우다	자물쇠나 빗장 따위를 반 정도만 걸어 놓다.
살-풀이	살-막이	
상투-쟁이	상투-꼬부랑이	상투 튼 이를 놀리는 말
새앙-손이	생강-손이	
샛-별	새벽-별	
선-머슴	풋-머슴	
섭섭-하다	애운-하다	
속-말	속-소리	국악 용어 '속소리'는 표준어임
손목-시계	팔목-시계/팔뚝-시계	
손-수레	손-구루마	'구루마'는 일본어임
쇠-고랑	고랑-쇠	
수도-꼭지	수도-고동	
숙성-하다	숙-지다	
순대	골-집	
술-고래	술-꾸러기/술-부대/술-보/술-푸대	
식은-땀	찬-땀	
신기-롭다	신기-스럽다	'신기-하다'도 표준어임
쌍동-밤	쪽-밤	
쏜살-같이	쏜살-로	
아주	영판	
안-걸이	안-낚시	씨름 용어
안다미-씌우다	안다미-시키다	제가 담당할 책임을 남에게 넘기다.
안쓰럽다	안-슬프다	
안절부절-못하다	안절부절-하다	
앉은뱅이-저울	앉은-저울	
알-사탕	구슬-사탕	
암-내	곁땀-내	
앞-지르다	따라-먹다	

애-벌레	어린-벌레	
얕은-꾀	물탄-꾀	
언뜻	펀뜻	
언제나	노다지	
얼룩-말	워라-말	
열심-히	열심-으로	
입-담	말-담	
자배기	너벅지	
전봇-대	전선-대	
쥐락-펴락	펴락-쥐락	
-지만	-지만서도	← -지마는
짓고-땡	지어-땡/짓고-땡이	
짧은-작	짜른-작	
찹-쌀	이-찹쌀	
청대-콩	푸른-콩	
칡-범	갈-범	

제25항은 같은 의미를 지닌 여러 형태의 단어들 중, 압도적으로 널리 쓰이는 단어를 표준어로 삼는다는 내용을 담고 있다. 다시 말하면, 복수 표준어의 인정이 단어 사용의 혼란을 야기할 가능성이 있는 경우에는 표준어를 하나만 인정하게 되는 경우라는 것이다.

'안절부절못하다'의 경우, 비표준어로 제시된 '*안절부절하다'와 '못하다' 사용 여부에 따른 차이를 보임에도 불구하고 두 단어의 의미가 동일하게 쓰이는 특이한 단어이다. 다만 이러한 쓰임을 그대로 인정하기는 어려우므로, '*안절부절하다'를 잘못 사용한 것으로 간주하여 표준어로 인정하지 않은 것이다.

제5절 복수 표준어 중요

1 표준어 규정 제1부 제26항

제26항 한 가지 의미를 나타내는 형태 몇 가지가 널리 쓰이며 표준어 규정에 맞으면, 그 모두를 표준어로 삼는다.

복수 표준어	비고
가는-허리/잔-허리	
가락-엿/가래-엿	
가뭄/가물	
가엾다/가엽다	가엾어/가여워, 가엾은/가여운
감감-무소식/감감-소식	
개수-통/설거지-통	'설겆다'는 '설거지하다'로
개숫-물/설거지-물	
갱-엿/검은-엿	
-거리다/-대다	가물-, 출렁-
거위-배/횟-배	
것/해	내 ~, 네 ~, 뉘 ~
게을러-빠지다/게을러-터지다	
고깃-간/푸줏-간	'고깃-관, 푸줏-관, 다림-방'은 비표준어임
곰곰/곰곰-이	
관계-없다/상관-없다	
교정-보다/준-보다	
구들-재/구재	
귀퉁-머리/귀퉁-배기	'귀퉁이'의 비어임
극성-떨다/극성-부리다	
기세-부리다/기세-피우다	
기승-떨다/기승-부리다	
깃-저고리/배내-옷/배냇-저고리	
꼬까/때때/고까	~신, ~옷
꼬리-별/살-별	
꽃-도미/붉-돔	
나귀/당-나귀	
날-걸/세-뿔	윷판의 쨀밭 다음의 셋째 밭
내리-글씨/세로-글씨	
넝쿨/덩굴	'덩쿨'은 비표준어임
녘/쪽	동~, 서~
눈-대중/눈-어림/눈-짐작	
느리-광이/느림-보/늘-보	
늦-모/마냥-모	← 만이앙-모
다기-지다/다기-차다	
다달-이/매-달	
-다마다/-고말고	
다박-나룻/다박-수염	
닭의-장/닭-장	

댓-돌/툇-돌	
덧-창/겉-창	
독장-치다/독판-치다	
동자-기둥/쪼구미	
돼지-감자/뚱딴지	
되우/된통/되게	
두동-무니/두동-사니	윷놀이에서, 두 동이 한데 어울려 가는 말
뒷-갈망/뒷-감당	
뒷-말/뒷-소리	
들락-거리다/들랑-거리다	
들락-날락/들랑-날랑	
딴-전/딴-청	
땅-콩/호-콩	
땔-감/땔-거리	
-뜨리다/-트리다	깨-, 떨어-, 쏟-
뜬-것/뜬-귀신	
마룻-줄/용총-줄	돛대에 매어 놓은 줄. '이어줄'은 비표준어임
마-파람/앞-바람	
만장-판/만장-중(滿場中)	
만큼/만치	
말-동무/말-벗	
매-갈이/매-조미	
매-통/목-매	
먹-새/먹음-새	'먹음-먹이'는 비표준어임
멀찌감치/멀찌가니/멀찍-이	
멱-통/산-멱/산-멱통	
면-치레/외면-치레	
모-내다/모-심다	모-내기, 모-심기
모쪼록/아무쪼록	
목판-되/모-되	
목화-씨/면화-씨	
무심-결/무심-중	
물-봉숭아/물-봉선화	
물-부리/빨-부리	
물-심부름/물-시중	
물추리-나무/물추리-막대	
물-타작/진-타작	
민둥-산/벌거숭이-산	
밑-층/아래-층	
바깥-벽/밭-벽	
바른/오른[右]	~손, ~쪽, ~편
발-모가지/발-목쟁이	'발목'의 비속어임
버들-강아지/버들-개지	
벌레/버러지	'벌거지, 벌러지'는 비표준어임
변덕-스럽다/변덕-맞다	
보-조개/볼-우물	
보통-내기/여간-내기/예사-내기	'행-내기'는 비표준어임
볼-따구니/볼-퉁이/볼-때기	'볼'의 비속어임

부침개-질/부침-질/지짐-질	'부치개-질'은 비표준어임
불똥-앉다/등화-지다/등화-앉다	
불-사르다/사르다	
비발/비용(費用)	
뾰두라지/뾰루지	
살-쾡이/삵	삵-피
삽살-개/삽사리	
상두-꾼/상여-꾼	'상도-꾼, 향도-꾼'은 비표준어임
상-씨름/소-걸이	
생/새앙/생강	
생-뿔/새앙-뿔/생강-뿔	'쇠뿔'의 형용
생-철/양-철	1. '서양철'은 비표준어임 2. '生鐵'은 '무쇠'임
서럽다/섧다	'설다'는 비표준어임
서방-질/화냥-질	
성글다/성기다	
-(으)세요/-(으)셔요	
송이/송이-버섯	
수수-깡/수숫-대	
술-안주/안주	
-스레하다/-스름하다	거무-, 발그-
시늉-말/흉내-말	
시새/세사(細沙)	
신/신발	
신주-보/독보(櫝褓)	
심술-꾸러기/심술-쟁이	
씁쓰레-하다/씁쓰름-하다	
아귀-세다/아귀-차다	
아래-위/위-아래	
아무튼/어떻든/어쨌든/하여튼/여하튼	
앉음-새/앉음-앉음	
알은-척/알은-체	
애-갈이/애벌-갈이	
애꾸눈-이/외눈-박이	'외대-박이, 외눈-퉁이'는 비표준어임
양념-감/양념-거리	
어금버금-하다/어금지금-하다	
어기여차/어여차	
어림-잡다/어림-치다	
어이-없다/어처구니-없다	
어저께/어제	
언덕-바지/언덕-배기	
얼렁-뚱땅/엄벙-뗑	
여왕-벌/장수-벌	
여쭈다/여쭙다	
여태/입때	'여직'은 비표준어임
여태-껏/이제-껏/입때-껏	'여직-껏'은 비표준어임
역성-들다/역성-하다	'편역-들다'는 비표준어임

연-달다/잇-달다	
엿-가락/엿-가래	
엿-기름/엿-길금	
엿-반대기/엿-자박	
오사리-잡놈/오색-잡놈	'오합-잡놈'은 비표준어임
옥수수/강냉이	~떡, ~묵, ~밥, ~튀김
왕골-기직/왕골-자리	
외겹-실/외올-실/홑-실	'홑겹-실, 올-실'은 비표준어임
외손-잡이/한손-잡이	
욕심-꾸러기/욕심-쟁이	
우레/천둥	우렛-소리/천둥-소리
우지/울-보	
을러-대다/을러-메다	
의심-스럽다/의심-쩍다	
-이에요/-이어요	
이틀-거리/당-고금	학질의 일종임
일일-이/하나-하나	
일찌감치/일찌거니	
입찬-말/입찬-소리	
자리-옷/잠-옷	
자물-쇠/자물-통	
장가-가다/장가-들다	'서방-가다'는 비표준어임
재롱-떨다/재롱-부리다	
제-가끔/제-각기	
좀-처럼/좀-체	'좀-체로, 좀-해선, 좀-해'는 비표준어임
줄-꾼/줄-잡이	
중신/중매	
짚-단/짚-뭇	
쪽/편	오른~, 왼~
차차/차츰	
책-씻이/책-거리	
척/체	모르는 ~, 잘난 ~
천연덕-스럽다/천연-스럽다	
철-따구니/철-딱서니/철-딱지	'철-때기'는 비표준어임
추어-올리다/추어-주다	
축-가다/축-나다	
침-놓다/침-주다	
통-꼭지/통-젖	통에 붙은 손잡이
파자-쟁이/해자-쟁이	점치는 이
편지-투/편지-틀	
한턱-내다/한턱-하다	
해웃-값/해웃-돈	'해우-차'는 비표준어임
혼자-되다/홀로-되다	
흠-가다/흠-나다/흠-지다	

제26항은 동일한 의미를 지닌 여러 형태의 단어들이 표준어 규정에 맞는 경우에는 이를 모두 표준어로 삼는다는 내용을 담고 있다. '가엾다/가엽다'는 일반적으로 '가엾다'만을 표준어로 아는 경우가 많은데, '가엽다' 또한 복수 표준

어로서 인정된다. 이는 활용형에서도 알 수 있는데, '가엾다'는 "아이, 가엾어라."와 같이 활용할 수 있고, '가엽다'는 "아이, 가여워."와 같이 활용할 수 있기 때문이다. 즉, '가여워'라는 말을 바탕으로 ㅂ 불규칙이 적용되기 이전의 원형 '가엽다'를 역으로 도출할 수 있는 것이다. 이와 유사한 복수 표준어의 경우로 '섧다'와 '서럽다', '여쭈다'와 '여쭙다' 등이 있다. 마찬가지로 복수 표준어인 '땔감/땔거리'와 유사한 경우로는 '바느질감/바느질거리', '반찬감/반찬거리', '일감/일거리' 등이 있다.

제시된 내용 중 '추어올리다/추어주다'의 비고란에는 이전까지 '추켜올리다'가 비표준어로 제시되어 있었다. 그러나 2017년 12월 20일 국어심의회 의결에 따라 표준어로 처리됨에 따라 비고에서 삭제하였다. 따라서 현재는 '추켜올리다'가 표준어로 사전에 등재되어 있다.

'이에요/이어요'는 앞선 예시들과 같이 복수 표준어이다. '이에요'와 '이어요'는 각각 '이다'의 어간 '이-' 뒤에 어미 '-에요', '-어요'가 붙은 말이다. 이들이 받침이 없는 체언에 붙으면 '이에요'는 '예요'로, '이어요'는 '여요'로 줄어든다. '아니다'에는 '-에요', '-어요'가 연결되므로 이들과 결합하면 각각 '아니에요(아녜요)', '아니어요(아녀요)'가 된다. 다만, '이어요'와 '이에요'가 붙어 줄어든 '아니여요', '아니예요'는 틀린 표기임을 주목할 필요가 있다.

제 4 장 표준 발음법

제1절 총칙

표준어 규정에서는 표준 발음법에 대한 내용을 통해 발음의 기본 원칙들을 제시하고 있다. 이에 자음과 모음, 음의 길이, 받침의 발음, 음의 동화, 경음화, 음의 첨가 등과 같은 음운 현상들을 중심으로 조항의 내용을 구성하고 있다.

1 표준어 규정 제2부 제1항

> 제1항 표준 발음법은 표준어의 실제 발음을 따르되, 국어의 전통성과 합리성을 고려하여 정함을 원칙으로 한다.

제1항에서는 **표준 발음법의 기본 원칙**을 제시하고 있다. 이 조항에서 가장 중요한 것은 표준어의 실제 발음을 따르는 것이다. 다만 국어의 전통성과 합리성을 고려해야 한다는 조건이 함께 붙는다.
표준어의 실제 발음을 따른다는 것은, 달리 말하면 현대 서울말의 발음을 따른다는 것이다. 그러나 현실에는 다양한 언중들의 발음이 혼재되어 실제로 발음되고 있는데, 이러한 부분을 모두 반영하여 인정하기 때문에 복수 표준어가 생기는 것이다. 하지만 그 발음이 전통성과 합리성에 위배되는 것이라면 실제로 쓰인다고 하더라도 표준어로 인정되지 않는다.
다만 '맛있다, 멋있다'의 원칙 발음이 '[마딛따], [머딛따]'임에도, 이를 '[마싣따], [머싣따]'로 발음하는 경우가 빈번하기에 이러한 발음도 허용한 점을 고려한다면 실제 언중에 의해 발음되는 양상을 최대한 반영하기 위한 노력을 엿볼 수 있다.

제2절 자음과 모음

표준어 규정 제2부 제2항은 표준어의 자음, 제3항은 표준어의 모음, 제4항은 표준어의 단모음, 제5항은 표준어의 이중모음에 대한 내용을 각각 제시하고 있다.

1 표준어 규정 제2부 제2항~제3항

제2항 표준어의 자음은 다음 19개로 한다.

ㄱ	ㄲ	ㄴ	ㄷ	ㄸ	ㄹ	ㅁ	ㅂ	ㅃ	ㅅ
ㅆ	ㅇ	ㅈ	ㅉ	ㅊ	ㅋ	ㅌ	ㅍ	ㅎ	

제3항 표준어의 모음은 다음 21개로 한다.

ㅏ	ㅐ	ㅑ	ㅒ	ㅓ	ㅔ	ㅕ
ㅖ	ㅗ	ㅘ	ㅙ	ㅚ	ㅛ	ㅜ
ㅝ	ㅞ	ㅟ	ㅠ	ㅡ	ㅢ	ㅣ

제2항과 제3항은 자음과 모음의 개수에 대한 내용을 제시하고 있다.

2 표준어 규정 제2부 제4항~제5항 중요

제4항 'ㅏ ㅐ ㅓ ㅔ ㅗ ㅚ ㅜ ㅟ ㅡ ㅣ'는 단모음(單母音)으로 발음한다.

[붙임] 'ㅚ, ㅟ'는 이중모음으로 발음할 수 있다.

제5항 'ㅑ ㅒ ㅕ ㅖ ㅘ ㅙ ㅛ ㅝ ㅞ ㅠ ㅢ'는 이중모음으로 발음한다.

다만 1. 용언의 활용형에 나타나는 '져, 쪄, 쳐'는 [저, 쩌, 처]로 발음한다.

가지어 → 가져[가저]	찌어 → 쪄[쩌]	다치어 → 다쳐[다처]

다만 2. '예, 례' 이외의 'ㅖ'는 [ㅔ]로도 발음한다.

계집[계:집/게:집]	계시다[계:시다/게:시다]
시계(時計)[시계/시게]	연계(連繫)[연계/연게]
메별(袂別)[메별/메별]	개폐[개폐/개페](開閉)
혜택(惠澤)[혜:택/헤:택]	지혜(智慧)[지혜/지헤]

다만 3. 자음을 첫소리로 가지고 있는 음절의 'ㅢ'는 [ㅣ]로 발음한다.

늴리리	닁큼	무늬	띄어쓰기	씌어
틔어	희어	희떱다	희망	유희

다만 4. 단어의 첫음절 이외의 '의'는 [ㅣ]로, 조사 '의'는 [ㅔ]로 발음함도 허용한다.

주의[주의/주이]	협의[혀븨/혀비]
우리의[우리의/우리에]	강의의[강:의의/강:이에]

제4항과 제5항은 모음의 발음을 중심으로 내용을 구성하였다는 점에서 앞선 조항들과 차이를 보인다고 할 수 있다. 제4항은 국어의 단모음 표준 발음으로 'ㅏ, ㅐ, ㅓ, ㅔ, ㅗ, ㅚ, ㅜ, ㅟ, ㅡ, ㅣ' 등 10개의 단모음을 인정하고 있다. 간혹 방언의 종류나 지역, 연령 등에 따라 발음되는 단모음 개수가 달라지는 경우가 있기 때문에, 이러한 차이를 극복하고 표준 발음을 제시하기 위해 서울말의 발음을 기반으로 표준 발음을 설정하는 내용의 조항이 설정된 것이다. 현실에서 'ㅟ'와 'ㅚ'는 단모음이 아닌 이중모음으로 발음하는 경우도 있는데, 해당 규정의 [붙임]에서는 이러한 발음 현실을 고려하여 'ㅟ'와 'ㅚ'를 이중모음으로 발음하는 것도 허용한다.
제5항도 앞서 살핀 바와 유사하게 국어의 이중모음의 종류와 수를 규정하고 있다. 해당 내용에 따르면 국어에는 'ㅑ, ㅒ, ㅕ, ㅖ, ㅘ, ㅙ, ㅛ, ㅝ, ㅞ, ㅠ, ㅢ' 등 11개의 이중모음이 있는데, 이러한 이중모음들은 반모음과 단모음이 결합해야 탄생할 수 있다. 이를 위해 반모음 'ㅣ[j]', 'ㅗ/ㅜ[w]'를 각각 설정하고, 이들의 결합 위치에 따라 반모음이 단모음의 앞에 놓이는 상향 이중모음, 반모음이 단모음의 뒤에 놓이는 하향 이중모음을 설정하였다. 또한 제5항에서는 이중모음이 단모음으로 발음되는 경우를 '다만 1'부터 '다만 4'까지 별도의 단서 조항으로 제시하였다.

제3절 소리의 길이

1 표준어 규정 제2부 제6항

제6항 모음의 장단을 구별하여 발음하되, 단어의 첫음절에서만 긴소리가 나타나는 것을 원칙으로 한다.

(1) 눈보라[눈:보라]	말씨[말:씨]	밤나무[밤:나무]
많다[만:타]	멀리[멀:리]	벌리다[벌:리다]
(2) 첫눈[천눈]	참말[참말]	쌍동밤[쌍동밤]
수많이[수:마니]	눈멀다[눈멀다]	떠벌리다[떠벌리다]

다만, 합성어의 경우에는 둘째 음절 이하에서도 분명한 긴소리를 인정한다.

반신반의[반:신바:늬/반:신바:니]	재삼재사[재:삼재:사]

[붙임] 용언의 단음절 어간에 어미 '-아/-어'가 결합되어 한 음절로 축약되는 경우에도 긴소리로 발음한다.

보아 → 봐[봐:]	기어 → 겨[겨:]	되어 → 돼[돼:]
두어 → 둬[둬:]	하여 → 해[해:]	

다만, '오아 → 와, 지어 → 져, 찌어 → 쪄, 치어 → 쳐' 등은 긴소리로 발음하지 않는다.

제6항은 국어의 비분절 음운 중 하나인 소리의 길이, 즉 장단(長短)에 대한 내용을 담고 있다. 제6항에서 주목할 만한 내용은 다음과 같이 크게 세 부분으로 나눌 수 있는데, 첫째는 장단이 구분된다는 점, 둘째는 긴소리는 단어의 첫음절에서만 나타난다는 점, 셋째는 음절이 축약되는 경우 장단의 변동이 생길 수 있다는 점이다.

2 표준어 규정 제2부 제7항

제7항 긴소리를 가진 음절이라도, 다음과 같은 경우에는 짧게 발음한다.

1. 단음절인 용언 어간에 모음으로 시작된 어미가 결합되는 경우

감다[감:따] – 감으니[가므니]	밟다[밥:따] – 밟으면[발브면]
신다[신:따] – 신어[시너]	알다[알:다] – 알아[아라]

다만, 다음과 같은 경우에는 예외적이다.

끌다[끌:다] – 끌어[끄:러]	떫다[떨:따] – 떫은[떨:븐]
벌다[벌:다] – 벌어[버:러]	썰다[썰:다] – 썰어[써:러]
없다[업:따] – 없으니[업:쓰니]	

2. 용언 어간에 피동, 사동의 접미사가 결합되는 경우

감다[감:따] – 감기다[감기다]	꼬다[꼬:다] – 꼬이다[꼬이다]
밟다[밥:따] – 밟히다[발피다]	

다만, 다음과 같은 경우에는 예외적이다.

끌리다[끌:리다]	벌리다[벌:리다]	없애다[업:쌔다]

[붙임] 다음과 같은 복합어에서는 본디의 길이에 관계없이 짧게 발음한다.

밀-물	썰-물	쏜-살-같이	작은-아버지

제7항은 긴소리를 가진 음절이 짧게 발음되는 경우에 대한 내용을 담고 있다. 특히 용언 어간과 모음으로 시작된 어미, 피동이나 사동의 접미사가 결합하는 경우를 특정하여 제시하고 있다. [붙임]에서 제시된 예시들은 활용형으로 쓰일 때에는 길게 발음되는 것들이, 복합어에서는 짧게 발음되는 경우들에 대한 내용을 담고 있다.

제4절 받침의 발음

1 표준어 규정 제2부 제8항

제8항 받침소리로는 'ㄱ, ㄴ, ㄷ, ㄹ, ㅁ, ㅂ, ㅇ'의 7개 자음만 발음한다.

제8항에서는 국어의 음절 종성에서 발음될 수 있는 자음이 'ㄱ, ㄴ, ㄷ, ㄹ, ㅁ, ㅂ, ㅇ'의 7개로 제한됨을 규정하는 내용을 담고 있다. 표기의 측면에서는 음절 종성에는 대부분의 자음을 표기할 수 있으나, 발음의 측면에서는 위의 7개의 자음만이 발음 가능하다는 것이다. 이에 따라 7개에 속하지 않는 자음들은 위의 7개의 자음 중 하나로 바뀌게 되는데, 학교문법에서는 이러한 과정을 '**음절 끝소리 규칙**', '**평파열음화**' 등으로 설명한다.

더 알아두기

8종성법과 7종성법

중세 국어에서 종성에 'ㄱ, ㄴ, ㄷ, ㄹ, ㅁ, ㅂ, ㅅ, ㆁ'의 8개 자음만 사용할 수 있다고 하는 것을 '8종성법'이라고 한다. 이후 근대 국어에서는 8종성 중 'ㄷ'과 'ㅅ'을 'ㅅ'으로 통일하여 'ㄱ, ㄴ, ㄹ, ㅁ, ㅂ, ㅅ, ㆁ'의 7개 자음만 사용하는 '7종성법'이 통용되었다. 이후 1933년 「한글 맞춤법 통일안」이 제정된 이후 현대 국어에는 홑받침 16개(ㄱ, ㄴ, ㄷ, ㄹ, ㅁ, ㅂ, ㅅ, ㅇ, ㅈ, ㅊ, ㅋ, ㅌ, ㅍ, ㅎ, ㄲ, ㅆ)와 겹받침 11개(ㄳ, ㄵ, ㄶ, ㄺ, ㄻ, ㄼ, ㄽ, ㄾ, ㄿ, ㅀ, ㅄ)를 종성으로 표기할 수 있지만, 발음은 'ㄱ, ㄴ, ㄷ, ㄹ, ㅁ, ㅂ, ㅇ'의 7개 자음의 소리로만 할 수 있다고 규정하고 있다. 학교문법에서는 이를 '음절 끝소리 규칙'이라 한다.

2 표준어 규정 제2부 제9항~제12항 중요

제9항 받침 'ㄲ, ㅋ', 'ㅅ, ㅆ, ㅈ, ㅊ, ㅌ', 'ㅍ'은 어말 또는 자음 앞에서 각각 대표음 [ㄱ, ㄷ, ㅂ]으로 발음한다.

닦다[닥따]	키읔[키윽]	키읔과[키윽꽈]	옷[옫]
웃다[욷:따]	있다[읻따]	젖[젇]	빚다[빋따]
꽃[꼳]	쫓다[쫃따]	솥[솓]	뱉다[밷:따]
앞[압]	덮다[덥따]		

제10항 겹받침 'ㄳ', 'ㄵ', 'ㄼ, ㄽ, ㄾ', 'ㅄ'은 어말 또는 자음 앞에서 각각 [ㄱ, ㄴ, ㄹ, ㅂ]으로 발음한다.

넋[넉]	넋과[넉꽈]	앉다[안따]
여덟[여덜]	넓다[널따]	외곬[외골]
핥다[할따]	값[갑]	없다[업:따]

다만, '밟-'은 자음 앞에서 [밥]으로 발음하고, '넓-'은 다음과 같은 경우에 [넙]으로 발음한다.

(1) 밟다[밥:따]	밟소[밥:쏘]	밟지[밥:찌]
밟는[밥:는 → 밤:는]	밟게[밥:께]	밟고[밥:꼬]
(2) 넓-죽하다[넙쭈카다]	넓-둥글다[넙뚱글다]	

제11항 겹받침 'ㄺ, ㄻ, ㄿ'은 어말 또는 자음 앞에서 각각 [ㄱ, ㅁ, ㅂ]으로 발음한다.

닭[닥]	흙과[흑꽈]	맑다[막따]	늙지[늑찌]
삶[삼:]	젊다[점:따]	읊고[읍꼬]	읊다[읍따]

다만, 용언의 어간 말음 'ㄺ'은 'ㄱ' 앞에서 [ㄹ]로 발음한다.

맑게[말께]	묽고[물꼬]	얽거나[얼꺼나]

제12항 받침 'ㅎ'의 발음은 다음과 같다.

1. 'ㅎ(ㄶ, ㅀ)' 뒤에 'ㄱ, ㄷ, ㅈ'이 결합되는 경우에는, 뒤 음절 첫소리와 합쳐서 [ㅋ, ㅌ, ㅊ]으로 발음한다.

놓고[노코]	좋던[조:턴]	쌓지[싸치]
많고[만:코]	않던[안턴]	닳지[달치]

[붙임 1] 받침 'ㄱ(ㄺ), ㄷ, ㅂ(ㄼ), ㅈ(ㄵ)'이 뒤 음절 첫소리 'ㅎ'과 결합되는 경우에도, 역시 두 음을 합쳐서 [ㅋ, ㅌ, ㅍ, ㅊ]으로 발음한다.

각하[가카]	먹히다[머키다]	밝히다[발키다]	맏형[마텽]
좁히다[조피다]	넓히다[널피다]	꽂히다[꼬치다]	앉히다[안치다]

[붙임 2] 규정에 따라 'ㄷ'으로 발음되는 'ㅅ, ㅈ, ㅊ, ㅌ'의 경우에도 이에 준한다.

옷 한 벌[오탄벌]	낮 한때[나탄때]
꽃 한 송이[꼬탄송이]	숱하다[수타다]

2. 'ㅎ(ㄶ, ㅀ)' 뒤에 'ㅅ'이 결합되는 경우에는, 'ㅅ'을 [ㅆ]으로 발음한다.

닿소[다:쏘]	많소[만:쏘]	싫소[실쏘]

3. 'ㅎ' 뒤에 'ㄴ'이 결합되는 경우에는, [ㄴ]으로 발음한다.

놓는[논는]	쌓네[싼네]

[붙임] 'ㄶ, ㅀ' 뒤에 'ㄴ'이 결합되는 경우에는, 'ㅎ'을 발음하지 않는다.

않네[안네]	않는[안는]
뚫네[뚤네 → 뚤레]	뚫는[뚤는 → 뚤른]

※ '뚫네[뚤네 → 뚤레], 뚫는[뚤는 → 뚤른]'에 대해서는 제20항 참조

4. 'ㅎ(ㄶ, ㅀ)' 뒤에 모음으로 시작된 어미나 접미사가 결합되는 경우에는, 'ㅎ'을 발음하지 않는다.

낳은[나은]	놓아[노아]	쌓이다[싸이다]	많아[마ː나]
않은[아는]	닳아[다라]	싫어도[시러도]	

제8항의 내용을 기반으로, 제9항부터 제11항까지는 제8항의 내용을 구체화하여 상술한 것이다. 제12항은 받침 'ㅎ'의 발음에 대한 내용을 담고 있는데, 받침으로 쓰인 'ㅎ'은 뒤에 어떠한 말이 오더라도 원래의 음가대로 발음되지 못하고 변동을 겪게 된다. 제12항에서는 이러한 다양한 변동 양상을 정리한 것이다.

3 표준어 규정 제2부 제13항

제13항 홑받침이나 쌍받침이 모음으로 시작된 조사나 어미, 접미사와 결합되는 경우에는, 제 음가대로 뒤 음절 첫소리로 옮겨 발음한다.

깎아[까까]	옷이[오시]	있어[이써]	낮이[나지]
꽂아[꼬자]	꽃을[꼬츨]	쫓아[쪼차]	밭에[바테]
앞으로[아프로]	덮이다[더피다]		

제13항은 하나의 자음으로 끝나는 말과 모음으로 시작하는 형식(문법) 형태소의 결합에 대한 내용을 담고 있다. 이 때는 앞 말의 받침인 자음이 뒤 음절의 초성으로 옮겨 발음되는데, 이를 '연음'이라고 한다. 즉, 제13항은 연음이 되는 조건에 대한 내용을 담고 있는 것이다. 연음이 되는 조건에서는 무조건 연음이 적용되어야 하지만 일상에서는 간혹 연음 조건에 해당하는데도 연음하지 않고 잘못된 발음을 하는 경우가 많다. 예를 들어, '부엌에'와 '꽃을'의 경우에는 연음 조건에 해당하므로 각각 '부엌에[부어케]', '꽃을[꼬츨]'이 올바른 발음이지만 '*부엌에[부어게]', '*꽃을[꼬슬]'로 잘못 발음하는 경우가 있다. 이는 음절 끝소리 규칙이 적용된 뒤에 연음된 형태로 잘못 적용된 것이다. 따라서 연음 조건을 제대로 숙지하고 이를 올바르게 적용하는 데에 주의를 기울여야 한다.

4 표준어 규정 제2부 제14항~제16항 중요

제14항 겹받침이 모음으로 시작된 조사나 어미, 접미사와 결합되는 경우에는, 뒤엣것만을 뒤 음절 첫소리로 옮겨 발음한다. (이 경우, 'ㅅ'은 된소리로 발음함)

넋이[넉씨]	앉아[안자]	닭을[달글]	젊어[절머]
곬이[골씨]	핥아[할타]	읊어[을퍼]	값을[갑쓸]
없어[업ː써]			

제15항 받침 뒤에 모음 'ㅏ, ㅓ, ㅗ, ㅜ, ㅟ' 들로 시작되는 실질 형태소가 연결되는 경우에는, 대표음으로 바꾸어서 뒤 음절 첫소리로 옮겨 발음한다.

밭 아래[바다래]	늪 앞[느밥]	젖어미[저더미]
맛없다[마덥따]	겉옷[거돋]	헛웃음[허두슴]
꽃 위[꼬뒤]		

다만, '맛있다, 멋있다'는 [마싣따], [머싣따]로도 발음할 수 있다.

[붙임] 겹받침의 경우에는, 그중 하나만을 옮겨 발음한다.

넋 없다[너겁따]	닭 앞에[다가페]	값어치[가버치]
값있는[가빈는]		

제16항 한글 자모의 이름은 그 받침소리를 연음하되, 'ㄷ, ㅈ, ㅊ, ㅋ, ㅌ, ㅍ, ㅎ'의 경우에는 특별히 다음과 같이 발음한다.

디귿이[디그시]	디귿을[디그슬]	디귿에[디그세]
지읒이[지으시]	지읒을[지으슬]	지읒에[지으세]
치읓이[치으시]	치읓을[치으슬]	치읓에[치으세]
키읔이[키으기]	키읔을[키으글]	키읔에[키으게]
티읕이[티으시]	티읕을[티으슬]	티읕에[티으세]
피읖이[피으비]	피읖을[피으블]	피읖에[피으베]
히읗이[히으시]	히읗을[히으슬]	히읗에[히으세]

제14항은 앞의 제13항과 더불어 연음의 내용을 서술한 것이나, 제15항은 제13항, 제14항과는 달리 받침을 가진 말 뒤에 모음으로 시작하는 실질 형태소가 올 때에 해당하는 내용을 담고 있다. 이때는 앞의 받침이 그대로 연음되지 않고, 대표음 [ㄱ, ㄷ, ㅂ] 중 하나로 변하는 음절말 평파열음화가 적용된 뒤 후행하는 음절 초성으로 이동하여 발음된다. 다만 제15항에서는 받침 뒤에 오는 모음을 'ㅏ, ㅓ, ㅗ, ㅜ, ㅟ'로 한정하고 있는데, 이는 단모음 'ㅣ', 그리고 반모음 'ㅣ[j]'로 시작하는 이중모음 'ㅑ, ㅕ, ㅛ, ㅠ'를 제외한 것으로, 받침으로 끝나는 말 뒤에 'ㅣ, ㅑ, ㅕ, ㅛ, ㅠ'로 시작하는 실질 형태소가 오면 '앞일[암닐]'처럼 'ㄴ'이 첨가되어 발음 양상이 달라지기 때문이다.

제5절 소리의 동화 중요

1 표준어 규정 제2부 제17항~제20항

제17항 받침 'ㄷ, ㅌ(ㄾ)'이 조사나 접미사의 모음 'ㅣ'와 결합되는 경우에는, [ㅈ, ㅊ]으로 바꾸어서 뒤 음절 첫소리로 옮겨 발음한다.

곧이듣다[고지듣따]	굳이[구지]	미닫이[미:다지]
땀받이[땀바지]	밭이[바치]	벼훑이[벼훌치]

[붙임] 'ㄷ' 뒤에 접미사 '히'가 결합되어 '티'를 이루는 것은 [치]로 발음한다.

굳히다[구치다]	닫히다[다치다]	묻히다[무치다]

제18항 받침 'ㄱ(ㄲ, ㅋ, ㄳ, ㄺ), ㄷ(ㅅ, ㅆ, ㅈ, ㅊ, ㅌ, ㅎ), ㅂ(ㅍ, ㄼ, ㄿ, ㅄ)'은 'ㄴ, ㅁ' 앞에서 [ㅇ, ㄴ, ㅁ]으로 발음한다.

먹는[멍는]	국물[궁물]	깎는[깡는]	키읔만[키응만]
몫몫이[몽목씨]	긁는[긍는]	흙만[흥만]	닫는[단는]
짓는[진:는]	옷맵시[온맵씨]	있는[인는]	맞는[만는]
젖멍울[전멍울]	쫓는[쫀는]	꽃망울[꼰망울]	붙는[분는]
놓는[논는]	잡는[잠는]	밥물[밤물]	앞마당[암마당]
밟는[밤:는]	읊는[음는]	없는[엄:는]	

[붙임] 두 단어를 이어서 한 마디로 발음하는 경우에도 이와 같다.

책 넣는다[챙넌는다]	흙 말리다[흥말리다]	옷 맞추다[온맏추다]
밥 먹는다[밤멍는다]	값 매기다[감매기다]	

제19항 받침 'ㅁ, ㅇ' 뒤에 연결되는 'ㄹ'은 [ㄴ]으로 발음한다.

담력[담:녁]	침략[침:냑]	강릉[강능]	항로[항:노]
대통령[대:통녕]			

[붙임] 받침 'ㄱ, ㅂ' 뒤에 연결되는 'ㄹ'도 [ㄴ]으로 발음한다.

막론[막논 → 망논]	석류[석뉴 → 성뉴]
협력[협녁 → 혐녁]	법리[법니 → 범니]

제20항 'ㄴ'은 'ㄹ'의 앞이나 뒤에서 [ㄹ]로 발음한다.

(1) 난로[날:로] 신라[실라] 천리[철리]
광한루[광:할루] 대관령[대:괄령]

(2) 칼날[칼랄] 물난리[물랄리] 줄넘기[줄럼끼]
할는지[할른지]

[붙임] 첫소리 'ㄴ'이 'ㅀ', 'ㄾ' 뒤에 연결되는 경우에도 이에 준한다.

닳는[달른] 뚫는[뚤른] 핥네[할레]

다만, 다음과 같은 단어들은 'ㄹ'을 [ㄴ]으로 발음한다.

의견란[의:견난] 임진란[임:진난] 생산량[생산냥]
결단력[결딴녁] 공권력[공꿘녁] 동원령[동:원녕]
상견례[상견녜] 횡단로[횡단노] 이원론[이:원논]
입원료[이붠뇨] 구근류[구근뉴]

제17항은 구개음화 현상, 제18항은 비음화 현상, 제19항은 'ㄹ'이 'ㄴ'으로 바뀌는 현상, 제20항은 유음화 현상에 대해 규정한 것이다.

2 표준어 규정 제2부 제21항~제22항

제21항 위에서 지적한 이외의 자음 동화는 인정하지 않는다.

감기[감:기] (×[강:기]) 옷감[옫깜] (×[옥깜])
있고[읻꼬] (×[익꼬]) 꽃길[꼳낄] (×[꼭낄])
젖먹이[전머기] (×[점머기]) 문법[문뻡] (×[뭄뻡])
꽃밭[꼳빧] (×[꼽빧])

제22항 다음과 같은 용언의 어미는 [어]로 발음함을 원칙으로 하되, [여]로 발음함도 허용한다.

되어[되어/되여] 피어[피어/피여]

[붙임] '이오, 아니오'도 이에 준하여 [이요, 아니요]로 발음함을 허용한다.

제21항은 표준 발음을 규정하는 것이 아니라 표준 발음이 아닌 경우를 규정하고 있다는 점에서 앞서 언급한 조항들과는 차이를 보인다. 여기서 언급하는 예시들은 조음 위치 동화에 속하는 경우인데, 이는 필수적으로 일어나는 현상이 아니라 수의적으로 일어나는 현상이며, 표준 발음으로 인정하지도 않는다. 따라서 종성의 자음은 원래의 조음 위치대로 발음해야만 한다는 점을 유의해야 한다.

제22항은 반모음 'ㅣ[j]'가 첨가되는 현상, 즉 'ㅣ' 모음 순행 동화에 대한 내용을 담고 있다. 전통적으로 'ㅣ' 모음 순행 동화는 'ㅣ, ㅔ, ㅐ, ㅚ, ㅟ'와 같이 'ㅣ'로 끝나는 어간 뒤에 '어'로 시작하는 어미가 올 경우에 반모음 'ㅣ[j]'가 첨가되어 '어'가 [여]로 발음되는 현상을 말한다. 제22항에서는 이러한 발음이 나타나는 조건에 대해서 명확한 설명을 제시하지는 않는다. 다만 표준 발음을 확인해 보면 'ㅐ'나 'ㅔ'로 끝나는 용언 어간 뒤에서 반모음 'ㅣ'가 첨가되는 것은 표준 발음으로 인정하지 않는다는 점을 확인할 수 있다. 즉, 표준 발음에서는 전통적인 'ㅣ' 모음 순행 동화와 달리 'ㅣ, ㅚ, ㅟ' 뒤에서의 반모음 'ㅣ[j]'의 첨가만을 표준 발음으로 인정한다는 사실을 확인할 수 있는 것이다.

제6절 된소리되기 중요

1 표준어 규정 제2부 제23항

제23항 받침 'ㄱ(ㄲ, ㅋ, ㄳ, ㄺ), ㄷ(ㅅ, ㅆ, ㅈ, ㅊ, ㅌ), ㅂ(ㅍ, ㄼ, ㄿ, ㅄ)' 뒤에 연결되는 'ㄱ, ㄷ, ㅂ, ㅅ, ㅈ'은 된소리로 발음한다.

국밥[국빱]	깎다[깍따]	넋받이[넉빠지]	삯돈[삭똔]
닭장[닥짱]	칡범[칙뻠]	뻗대다[뻗때다]	옷고름[옫꼬름]
있던[읻떤]	꽂고[꼳꼬]	꽃다발[꼳따발]	낯설다[낟썰다]
밭갈이[받까리]	솥전[솓쩐]	곱돌[곱똘]	덮개[덥깨]
옆집[엽찝]	넓죽하다[넙쭈카다]	읊조리다[읍쪼리다]	값지다[갑찌다]

제23항은 종성이 대표음 [ㄱ, ㄷ, ㅂ]으로 발음되는 경우, 뒤에 연결되는 'ㄱ, ㄷ, ㅂ, ㅅ, ㅈ'이 경음화되는 경우에 대한 내용을 담고 있다. 여기에 해당하는 경음화는 그 어떤 예외 없이 항상 적용되는 국어의 대표적인 현상임을 유의해야 한다.

2 표준어 규정 제2부 제24항

제24항 어간 받침 'ㄴ(ㄵ), ㅁ(ㄻ)' 뒤에 결합되는 어미의 첫소리 'ㄱ, ㄷ, ㅅ, ㅈ'은 된소리로 발음한다.

신고[신:꼬]	껴안다[껴안따]	앉고[안꼬]	얹다[언따]
삼고[삼:꼬]	더듬지[더듬찌]	닮고[담:꼬]	젊지[점:찌]

다만, 피동, 사동의 접미사 '-기-'는 된소리로 발음하지 않는다.

안기다	감기다	굶기다	옮기다

제24항은 비음 뒤 경음화에 대한 내용을 담고 있는데, 비음 중 'ㄴ, ㅁ'만 제시되는 이유는 'ㅇ'으로 끝나는 용언 어간이 없기 때문이다. 앞선 제23항도 경음화에 대한 내용이지만, 이 항에서는 '용언 어간 뒤'와 '어미'라는 조건이 충족되어야 한다는 점이 차이점이라고 볼 수 있다.

3 표준어 규정 제2부 제25항~제28항

제25항 어간 받침 'ㄼ, ㄾ' 뒤에 결합되는 어미의 첫소리 'ㄱ, ㄷ, ㅅ, ㅈ'은 된소리로 발음한다.

넓게[널께]	핥다[할따]	훑소[훌쏘]	떫지[떨:찌]

제26항 한자어에서, 'ㄹ' 받침 뒤에 연결되는 'ㄷ, ㅅ, ㅈ'은 된소리로 발음한다.

갈등[갈뜽]	발동[발똥]	절도[절또]	말살[말쌀]
불소(弗素)[불쏘]	일시[일씨]	갈증[갈쯩]	물질[물찔]
발전[발쩐]	몰상식[몰쌍식]	불세출[불쎄출]	

다만, 같은 한자가 겹쳐진 단어의 경우에는 된소리로 발음하지 않는다.

허허실실(虛虛實實)[허허실실]	절절-하다(切切-)[절절하다]

제27항 관형사형 '-(으)ㄹ' 뒤에 연결되는 'ㄱ, ㄷ, ㅂ, ㅅ, ㅈ'은 된소리로 발음한다.

할 것을[할꺼슬]	갈 데가[갈떼가]	할 바를[할빠를]
할 수는[할쑤는]	할 적에[할쩌게]	갈 곳[갈꼳]
할 도리[할또리]	만날 사람[만날싸람]	

다만, 끊어서 말할 적에는 예사소리로 발음한다.

[붙임] '-(으)ㄹ'로 시작되는 어미의 경우에도 이에 준한다.

할걸[할껄]	할밖에[할빠께]	할세라[할쎄라]
할수록[할쑤록]	할지라도[할찌라도]	할지언정[할찌언정]
할진대[할찐대]		

제28항 표기상으로는 사이시옷이 없더라도, 관형격 기능을 지니는 사이시옷이 있어야 할(휴지가 성립되는) 합성어의 경우에는, 뒤 단어의 첫소리 'ㄱ, ㄷ, ㅂ, ㅅ, ㅈ'을 된소리로 발음한다.

문-고리[문꼬리]	눈-동자[눈똥자]	신-바람[신빠람]
산-새[산쌔]	손-재주[손째주]	길-가[길까]
물-동이[물똥이]	발-바닥[발빠닥]	굴-속[굴:쏙]
술-잔[술짠]	바람-결[바람껼]	그믐-달[그믐딸]
아침-밥[아침빱]	잠-자리[잠짜리]	강-가[강까]
초승-달[초승딸]	등-불[등뿔]	창-살[창쌀]
강-줄기[강쭐기]		

제25항은 겹받침 뒤의 경음화, 제26항은 한자어의 경음화, 제27항은 관형사형 어미 뒤의 경음화, 제28항은 사잇소리 현상에 대한 내용을 각각 다루고 있다. 제28항의 내용은 사이시옷이 관형격 기능을 수행할 때 발생하는 경음화에 대한 것이므로, 의미적 측면에서도 이해할 필요가 있다는 점을 유의해야 한다.

제7절 소리의 첨가 중요

1 표준어 규정 제2부 제29항

제29항 합성어 및 파생어에서, 앞 단어나 접두사의 끝이 자음이고 뒤 단어나 접미사의 첫음절이 '이, 야, 여, 요, 유'인 경우에는, 'ㄴ' 음을 첨가하여 [니, 냐, 녀, 뇨, 뉴]로 발음한다.

솜-이불[솜:니불]	홑-이불[혼니불]	막-일[망닐]
삯-일[상닐]	맨-입[맨닙]	꽃-잎[꼰닙]
내복-약[내:봉냑]	한-여름[한녀름]	남존-여비[남존녀비]
신-여성[신녀성]	색-연필[생년필]	직행-열차[지캥녈차]
늑막-염[능망념]	콩-엿[콩녇]	담-요[담:뇨]
눈-요기[눈뇨기]	영업-용[영엄뇽]	식용-유[시공뉴]
백분-율[백뿐뉼]	밤-윷[밤:뉻]	

다만, 다음과 같은 말들은 'ㄴ' 음을 첨가하여 발음하되, 표기대로 발음할 수 있다.

이죽-이죽[이중니죽/이주기죽]	야금-야금[야금냐금/야그먀금]
검열[검:녈/거:멸]	욜랑-욜랑[욜랑뇰랑/욜랑욜랑]
금융[금늉/그뮹]	

[붙임 1] 'ㄹ' 받침 뒤에 첨가되는 'ㄴ' 음은 [ㄹ]로 발음한다.

들-일[들:릴]	솔-잎[솔립]	설-익다[설릭따]
물-약[물략]	불-여우[불려우]	서울-역[서울력]
물-엿[물렫]	휘발-유[휘발류]	유들-유들[유들류들]

[붙임 2] 두 단어를 이어서 한 마디로 발음하는 경우에도 이에 준한다.

한 일[한닐]	옷 입다[온닙따]	서른여섯[서른녀섣]
3 연대[삼년대]	먹은 엿[머근녇]	할 일[할릴]
잘 입다[잘립따]	스물여섯[스물려섣]	1 연대[일련대]
먹을 엿[머글렫]		

다만, 다음과 같은 단어에서는 'ㄴ(ㄹ)' 음을 첨가하여 발음하지 않는다.

6·25[유기오]	3·1절[사밀쩔]	송별-연[송:벼련]
등-용문[등용문]		

제29항은 'ㄴ' 첨가 현상에 대한 내용을 담고 있다. 해당 조항에서 'ㄴ' 첨가의 조건을 두 가지로 나누어 살펴볼 수 있는데, 첫째는 뒷말이 어휘적인 의미를 나타내는 경우가 다수를 차지한다는 문법적 관점이며, 둘째는 앞말은 자음으로 끝나고 뒷말은 단모음 'ㅣ' 또는 이중모음으로 시작해야 한다는 음성적 측면의 관점이다.

2 표준어 규정 제2부 제30항

제30항 사이시옷이 붙은 단어는 다음과 같이 발음한다.

1. 'ㄱ, ㄷ, ㅂ, ㅅ, ㅈ'으로 시작하는 단어 앞에 사이시옷이 올 때는 이들 자음만을 된소리로 발음하는 것을 원칙으로 하되, 사이시옷을 [ㄷ]으로 발음하는 것도 허용한다.

냇가[내:까/낻:까]	샛길[새:낄/샏:낄]
빨랫돌[빨래똘/빨랟똘]	콧등[코뜽/콛뜽]
깃발[기빨/긷빨]	대팻밥[대:패빱/대:팯빱]
햇살[해쌀/핻쌀]	뱃속[배쏙/밷쏙]
뱃전[배쩐/밷쩐]	고갯짓[고개찓/고갣찓]

2. 사이시옷 뒤에 'ㄴ, ㅁ'이 결합되는 경우에는 [ㄴ]으로 발음한다.

콧날[콛날 → 콘날]	아랫니[아랟니 → 아랜니]
툇마루[퇻:마루 → 퇸:마루]	뱃머리[밷머리 → 밴머리]

3. 사이시옷 뒤에 '이' 음이 결합되는 경우에는 [ㄴㄴ]으로 발음한다.

베갯잇[베갣닏 → 베갠닏]	깻잎[깯닙 → 깬닙]
나뭇잎[나묻닙 → 나문닙]	도리깻열[도리깯녈 → 도리깬녈]
뒷윷[뒫:뉻 → 뒨:뉻]	

제30항은 사이시옷이 표기된 단어의 발음에 대한 내용을 담고 있다. 하위 조항은 크게 세 가지로 나뉘어 있는데, 이는 첨가되는 자음의 종류에 따라 나눈 것이다. 각각 'ㄷ'이 첨가된 경우, 'ㄴ'이 첨가된 경우, 'ㄴㄴ'이 첨가된 경우로 구분된다.

제 3 편 실전예상문제

제1장 총칙

01 다음 중 표준어 규정의 원칙에 해당하지 않는 것은?

① 교양 있는 사람들이 쓰는 말
② 현대에 쓰는 말
③ 서울에서 쓰는 말
④ 한국인이 쓰는 말

01 표준어 규정 제1항은 '표준어는 교양 있는 사람들이 두루 쓰는 현대 서울말로 정함을 원칙으로 한다.'이다. 국적에 관련된 내용은 찾아볼 수 없다.

02 표준어 규정 원칙에서의 '외래어'의 의미로 옳은 것은?

① 우리말에 동화되지 않은 외국어
② 우리말과 관련이 없는 외국어
③ 우리말에 편입된 외국어
④ 외국어에 편입된 우리말

02 외래어 표기법의 '외래어'는 우리말에 동화되지 않은 모든 외국어를 포함하는 반면, 표준어 규정 제2항의 '외래어'는 외국어 중 우리말에 편입된 말들을 이르는 개념이므로 전자에 비해 다소 좁은 범주에 해당한다.

03 다음 중 표준어 규정 원칙에서의 '외래어'에 해당하지 않는 것은?

① 택시
② 버스
③ 볼펜
④ 퍼스널리티

03 표준어 규정 원칙에서의 '외래어'는 우리말에 편입된 말들을 이르는 개념이다. 따라서 '택시, 버스, 볼펜'은 대체하는 우리말이 없어 외래어로 사용되는 반면, '퍼스널리티'는 우리말에서 '인격' 등으로 사용 가능하므로 '외국어'에 가깝다고 볼 수 있다.

정답 01 ④ 02 ③ 03 ④

04 다음 중 표준어에 해당하지 않는 것은?

① 품위와 지식을 갖춘 사람이 사용하는 비어
② 품위와 지식을 갖춘 사람이 사용하는 속어
③ 품위와 지식을 갖춘 사람이 사용하는 지방 방언
④ 품위와 지식을 갖춘 사람이 사용하는 현대어

04 품위와 지식을 갖춘 사람은 '교양 있는 사람'을 의미하고, 표준어는 서울말을 기준으로 삼는다는 점을 고려하면 지방 방언은 표준어로 인정되기 어렵다.

주관식 문제

01 표준어 규정 제1항은 '표준어는 교양 있는 사람들이 두루 쓰는 현대 서울말로 정함을 원칙으로 한다.'이다. 이 조항에서 알 수 있는 표준어 규정 원칙을 세 가지로 나누어 서술하시오.

01 정답
제1항은 표준어를 정하는 원칙을 '교양 있는 사람들', '현대', '서울말'로 제시하고 있는데, 이는 각각 사회적, 시대적, 지역적 기준으로 분류하여 살필 수 있다. 사회적 기준이란 '품위 및 지식을 갖춘 사람'이 쓰는 말이라는 것이고, 시대적 기준이란 언어 사용자들의 직관에서 인지할 수 있는 '현대'라는 시점에 쓰는 말이라는 것이다. 지역적 기준이란 '서울'에서 쓰이는 말을 중심으로 표준어를 정하였으며, 이는 원활한 의사소통을 하기 위함이다.

02 표준어 규정 제2항의 '외래어는 따로 사정한다.'의 '외래어'의 개념을 서술하시오.

02 정답
표준어 규정 제2항의 '외래어'는 외국어 중 우리말에 편입된 말들을 이르는 개념으로, 우리말에 동화되지 않은 모든 외국어를 포함하는 외래어 표기법의 '외래어'보다 다소 좁은 범주에 해당한다.

정답 04 ③

제2장 발음 변화에 따른 표준어 규정

01 다음 중 표준어가 아닌 것은 무엇인가?

① 강낭콩
② 사글세
③ 끄나풀
④ 삵괭이

01 '삵'과 '고양이'의 준말인 '괭이'가 결합한 형태는 '*삵괭이'이며 발음은 [삭꽹이]가 되어야 하겠으나, 실제 사용되는 발음은 [살쾡이]이므로 '살쾡이'를 표준어로 삼았다.

02 다음 중 밑줄 친 부분이 표준어에 해당하는 것은?

① 다음 달이 옆집 아기 돐이다.
② 우리 집 두째가 말썽이다.
③ 동생의 스물두째 생일을 진심으로 축하합니다.
④ 이 자리를 빌어 감사의 말씀을 전합니다.

02 '두 개째'의 뜻은 '둘째'가 표준어이나, 십 단위 이상의 서수사에 쓰일 때에는 '두째'로 한다. 따라서 '스물두째'가 정답이 된다.
① '돌'로 고쳐야 한다.
② '둘째'로 고쳐야 한다.
④ '빌려'로 고쳐야 한다.

03 다음 중 표준어가 아닌 것은 무엇인가?

① 숫양
② 숫놈
③ 수퇘지
④ 수탕나귀

03 수컷을 이르는 접두사는 '수-'로 통일한다. 다만 '숫양, 숫염소, 숫쥐'의 접두사는 '숫-'으로 한다. 따라서 '수놈'이 바른 표기이다.

정답 01 ④ 02 ③ 03 ②

04 다음 중 'ㅣ' 역행 동화와 관련된 표준어가 아닌 것은?

① 아지랭이
② 냄비
③ 서울내기
④ 동댕이치다

04 '아지랑이'는 'ㅣ' 역행 동화가 일어나지 아니한 형태를 표준어로 삼는다.

05 다음 중 모음의 단순화와 관련된 표준어가 아닌 것은?

① 강퍅하다
② 괴퍅하다
③ 오퍅하다
④ 퍅성

05 한자로 '괴팍'은 '乖愎'이므로 사실 '괴퍅하다'로 표기하는 것이 옳다. 그러나 언중들이 '괴팍하다'를 표준어로 인식하고 사용함으로써 그 형태가 고착되었기에 '괴팍하다'가 표준어가 된 것이다. 그러나 비교적 언중들의 사용 빈도가 낮은 '강퍅하다, 오퍅하다, 퍅하다, 퍅성' 등에서는 '퍅'의 형태 그대로 표준어로 삼는다.

06 다음 중 표준어가 아닌 것은 무엇인가?

① 쌍판대기
② 게슴츠레하다
③ 께름칙하다
④ 코린내

06 어감의 차이가 있지만 복수 표준어로 인정받는 것 중에는 '거슴츠레하다'와 '게슴츠레하다', '께름하다'와 '께름칙하다', '고린내'와 '코린내' 등이 있다. 다만 '쌍판대기'는 비표준어이며, '상판대기'가 표준어이다.

정답 04 ① 05 ② 06 ①

주관식 문제

01 수컷을 이르는 접두사 '수-'가 '개'와 만나면 '수캐'가 되고, '닭'과 만나면 '수탉'이 된다. 그러나 '고양이'와 만나면 '수고양이'가 되는 이유를 서술하시오.

01 정답
과거 ㅎ 종성 체언이었던 말의 뒤에 예사소리가 결합하면 거센소리로 축약된다. 따라서 접두사 '수-'에 '개, 닭'이 결합하면 '수캐, 수탉'이 되는 것이다. 다만 이러한 축약은 규정에서 언급한 예들에만 해당되는 것이므로, '수-'에 '고양이'가 결합하면 '수고양이'와 같은 형태가 표준어가 된다.

02 '빨리 만나길 *바래.'의 '*바래'가 비표준어인 이유를 올바른 표준어 형태와 관련지어 서술하시오.

02 정답
'바라다'의 명사형은 '바람'이지만 많은 사람들이 '*바램'으로 잘못 사용하고 있다. 이러한 잘못된 사용은 그 어원이 되는 동사의 원형조차 '*바래다'로 오해하게 만들어 '빨리 만나길 *바래.'와 같이 잘못 쓰이는 경우를 초래하기도 한다. 이러한 언중의 오사용을 예방하기 위해 '생각이나 바람대로 어떤 일이나 상태가 이루어지거나 그렇게 되었으면 하고 생각하다'라는 뜻의 동사는 '바라다'가 표준어임을 명시하고, '*바램'이 비표준어임을 명시하였다. 따라서 문제에서 제시한 예시도 '빨리 만나길 바라.'와 같이 표기해야 한다.

03 '웃옷'과 '윗사람'의 표기가 각각 '웃'과 '윗'으로 차이 나는 이유를 서술하시오.

03 정답
'웃-'은 위와 아래의 개념이 대립하지 않는 경우에 사용하며 '윗-'은 개념이 대립하거나 그 외의 경우에 사용한다. 따라서 '웃옷'은 가장 겉에 입는 옷을 가리키는데, 여기도 '아랫옷'의 개념이 성립하지 않으므로 '*윗옷'이 아닌 '웃옷'을 사용하는 것이 맞다. 다만 '윗옷'도 표준어로 등재되어 있는데, 이때의 '윗옷'은 '하의(下衣)'와 대비되는 '상의(上衣)'의 의미를 지닌다. '사람'은 위와 아래의 개념이 대립하여 '윗사람, 아랫사람'으로 나타낼 수 있으므로 '윗사람'이 쓰인다.

04 '하든지 말든지'의 '-든'과 '어릴 때 먹던 과자'의 '-던'의 차이를 서술하시오.

04 정답
선택이나 무관함을 뜻하는 데에는 '-든'이 쓰이고, 앞말이 관형어 구실을 하게 하거나 과거 상태를 나타내는 데에는 '-던'이 쓰인다. 따라서 '하든지 말든지'의 '-든'은 무관함을 나타내는 것이고, '어릴 때 먹던 과자'의 '-던'은 과거 상태를 나타내는 것이다.

제3장 어휘 선택의 변화에 따른 표준어 규정

01 다음 중 표준어가 아닌 것은 무엇인가?

① 설겆이
② 까막눈
③ 박달나무
④ 잎담배

01 '설겆다'가 표준어가 되지 못한 이유로는 동사 어간 '*설겆-'이 쓰이지 않는 점이 크게 작용하였다. 따라서 어간 '*설겆-' 뿐만이 아니라 명사 파생 접미사 '-이'가 붙은 '*설겆이' 또한 비표준어이다.

02 다음 중 '표준어 – 비표준어'의 관계가 옳지 않은 것은?

① 며느리발톱 – 뒷발톱
② 붉으락푸르락 – 푸르락붉으락
③ 신기하다 – 신기롭다
④ 등나무 – 등칡

02 '신기롭다'와 '신기하다'는 표준어이며, 이들의 비표준어는 '*신기스럽다'이다.

03 다음 단어 중 표준어가 아닌 것은?

① 여쭈다
② 가엽다
③ 아니예요
④ 추켜올리다

03 '아니다'에는 '-에요', '-어요'가 연결되므로 이들과 결합하면 각각 '아니에요(아녜요)', '아니어요(아녀요)'가 된다. 다만, '이어요'와 '이에요'가 붙어 줄어든 '아니여요', '아니예요'는 틀린 표기이다.

정답 01 ① 02 ③ 03 ③

04 다음 중 비표준어를 표준어로 옳게 고친 것은?

① 살막이 → 살풀이
② 샛별 → 새벽별
③ 알사탕 → 구슬사탕
④ 청대콩 → 푸른콩

04 표준어는 '살풀이, 샛별, 알사탕, 청대콩'이며, 이들의 비표준어는 각각 '살막이, 새벽별, 구슬사탕, 푸른콩'이다.

주관식 문제

01 '가루약(藥)'은 표준어이나 '*말약(末藥)'은 표준어가 아니다. '말(末)'의 의미를 밝히고 이러한 차이가 발생하는 이유를 서술하시오.

01 정답
고유어와 한자어 계열의 형태를 모두 가진 단어들 중 한자어 계열이 쓰이지 않아 표준어에서 제외된 경우가 있다. '가루약'과 '*말약'의 경우가 그러한데, '말(末)'은 '가루'의 의미를 지니므로 두 단어는 계열이 다르지만 동일한 의미를 지니는 단어들이다. 그러나 '*말약'은 거의 쓰이지 않는 말이기에 표준어로 인정받지 못한 것이다.

02 '*설겆이'가 비표준어인 이유를 '*설겆다'를 바탕으로 서술하시오.

02 정답
'*설겆이'가 비표준어인 이유는 동사 어간 '*설겆-'이 쓰이지 않는 점이 크게 작용하였다. '*설겆-'을 활용한다면 '*설겆다, *설겆고, *설겆으며' 등이 성립해야 하지만, 이들은 모두 비표준어이며 실제로 쓰이지도 않는다. 따라서 어간 '*설겆-' 뿐만이 아니라 명사 파생 접미사 '-이'가 붙은 '*설겆이' 또한 비표준어이다.

정답 04 ①

제4장 표준 발음법

01 다음 중 표준 발음법에 대한 설명으로 옳지 않은 것은?

① 'ㅚ, ㅟ'는 이중모음으로 발음할 수 있다.
② 용언의 활용형의 '져, 쪄, 쳐'는 [저, 쩌, 처]로 발음한다.
③ '예, 례' 이외의 'ㅖ'는 [ㅖ]로만 발음한다.
④ 자음을 첫소리로 가지고 있는 음절의 'ㅢ'는 [ㅣ]로 발음한다.

01 '예, 례' 이외의 'ㅖ'는 [ㅔ]로도 발음할 수 있다. 따라서 '계집'의 경우 [계:집/게:집]이 모두 허용된다.

02 다음 중 표준 발음법에 대한 설명으로 옳지 않은 것은?

① '보아 → 봐'처럼 용언의 단음절 어간에 어미 '-아/-어'가 결합되어 한 음절로 축약되는 경우에는 긴 소리로 발음한다.
② '감으니, 밟으면'처럼 단음절인 용언 어간에 모음으로 시작된 어미가 결합되는 경우에는 짧은 소리로 발음한다.
③ '꼬이다, 밟히다'처럼 용언 어간에 피동, 사동의 접미사가 결합되는 경우에는 짧은 소리로 발음한다.
④ '밀물, 작은아버지'와 같은 복합어에서는 본디의 길이에 따라 긴 소리로 발음한다.

02 '밀물, 썰물, 쏜살같이, 작은아버지'와 같은 복합어에서는 본디의 길이에 관계없이 짧게 발음한다.

03 다음 중 표준 발음이 틀린 것은 무엇인가?

① 넋[넉]
② 밟게[발:께]
③ 맑다[막따]
④ 묽고[물꼬]

03 '밟-'은 자음 앞에서 [밥]으로 발음한다. 따라서 '밟게[밥:께]'로 발음해야 한다.

정답 01 ③ 02 ④ 03 ②

04 다음 중 표준 발음이 틀린 것은 무엇인가?

① 옷 한 벌[온한벌]
② 뚫네[뚤레]
③ 닭을[달글]
④ 피읖에[피으베]

04 'ㅎ(ㄶ, ㅀ)' 뒤에 'ㄱ, ㄷ, ㅈ'이 결합되는 경우에는, 뒤 음절 첫소리와 합쳐서 [ㅋ, ㅌ, ㅊ]으로 발음한다. 규정에 따라 'ㄷ'으로 발음되는 'ㅅ, ㅈ, ㅊ, ㅌ'의 경우에도 이에 준한다. 따라서 '옷 한 벌'은 [오탄벌]로 발음해야 한다.

05 다음 중 표준 발음이 틀린 것은 무엇인가?

① 옷맵시[온맵씨]
② 흙 말리다[홍말리다]
③ 앞마당[압마당]
④ 굳이[구지]

05 받침 'ㄱ(ㄲ, ㅋ, ㄳ, ㄺ), ㄷ(ㅅ, ㅆ, ㅈ, ㅊ, ㅌ, ㅎ), ㅂ(ㅍ, ㄼ, ㄿ, ㅄ)'은 'ㄴ, ㅁ' 앞에서 [ㅇ, ㄴ, ㅁ]으로 발음한다. 따라서 '앞마당'은 [암마당]으로 발음해야 한다.

정답 04 ① 05 ③

주관식 문제

01 표준 발음법의 조항 중 '표준 발음법은 표준어의 실제 발음을 따르되, 국어의 전통성과 합리성을 고려하여 정함을 원칙으로 한다.'라는 내용을 바탕으로, '맛있다'의 표준 발음은 원칙적으로 [마딛따]임에도 [마싣따]도 표준 발음으로 허용된 이유를 서술하시오.

01 정답
'맛있다'의 경우 원래 규정대로라면 '맛'의 'ㅅ'이 대표음 [ㄷ]으로 바뀐 후 초성으로 넘어가므로 [마딛따]가 올바른 발음이지만, 현실 발음에서 [마싣따]가 많이 나타나므로 이것도 표준 발음으로 인정하고 있다. 이와 같은 예를 고려하면, 표준어 규정에서 표준 발음법이 실제 언중에 의해 발음되는 양상을 최대한 반영하기 위한 노력을 엿볼 수 있다.

02 표준 발음법은 받침소리로는 'ㄱ, ㄴ, ㄷ, ㄹ, ㅁ, ㅂ, ㅇ'의 7개 자음만 발음한다고 규정하고 있다. 음절 종성에서의 표기와 발음의 관계를 서술하시오.

02 정답
표기의 측면에서는 음절 종성에는 대부분의 자음을 표기할 수 있으나, 발음의 측면에서는 'ㄱ, ㄴ, ㄷ, ㄹ, ㅁ, ㅂ, ㅇ'의 7개의 자음만이 발음 가능하다는 것이다. 이에 따라 7개에 속하지 않는 자음들은 7개의 자음 중 하나로 바뀌게 되는데, 학교문법에서는 이러한 과정을 '음절 끝소리 규칙', '평파열음화' 등으로 설명한다.

제 4 편

외래어 표기법

| 단원 개요 |

본 편의 제1장에서는 외래어 표기의 기본 원칙에 대해 이해한다. 제2장에서는 각 언어별 표기 일람표의 내용을 바탕으로 표기 방법을 확인한다. 제3장에서는 영어 등의 외래어 표기의 세칙을 바탕으로 외래어 표기의 원리를 이해한다. 제4장에서는 인명, 지명 표기의 원칙 및 표기 세칙을 바탕으로 실제 외래어 표기 방식을 이해한다.

| 출제 경향 및 수험 대책 |

- 외래어 표기의 기본 원칙을 이해한다.
- 국제 음성 기호와 한글을 대조하여 이해하고 그 예를 숙지한다.
- 주요 언어별 표기 일람표를 이해하고 그 예를 숙지한다.
- 영어 등의 외래어 표기 원리를 이해하고 그 세칙을 숙지한다.
- 인명, 지명 표기의 원칙을 이해한다.
- 동양의 인명, 지명 표기의 원리를 이해하고 그 예를 숙지한다.
- 바다, 섬, 강, 산 등의 표기 원리를 이해하고 그 예를 숙지한다.

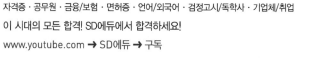

제 1 장 표기의 기본 원칙

제1절 외래어 표기의 원칙

국어의 어휘는 크게 고유어와 한자어, 외래어 등으로 구분할 수 있다. 그중 외래어는 외국과의 문화적 교류 등으로 인해 외국어가 국어에 유입된 뒤, 언중들에 의해 널리 쓰이게 됨으로써 국어의 일부로 사용되는 어휘를 의미한다. 외국어 중에서도 성공적으로 정착한 어휘를 외래어로 부르기 때문에, 외국어가 모두 외래어가 될 수는 없다.
외래어는 국어의 일부처럼 쓰이고 있으나, 불안정성이 크다는 측면에서 국어의 다른 어휘와는 큰 차이를 보인다. 첫째는 '언(un)-, 슈퍼(super)-, 안티(anti)-'와 같은 접두사, 혹은 '-맨(man), -텔(tel)' 등의 접미사 등이 쓰이는 경우가 아주 드물다는 점, 그리고 둘째는 프랑스어 'encore'가 '앙코르, 앵콜, 앙콜, 엥코르' 등 다양한 어형으로 나타나는 경우가 많다는 점 등을 통해 외래어가 가지는 불안정성을 확인할 수 있다. 따라서 외래어 표기법에서는 이미 굳어진 외래어는 그 형태를 인정하고, 굳어지지 않았거나 새롭게 유입되는 말은 표기법에 따라 표기하도록 규정하고 있다.
후술할 현행 외래어 표기법의 제1장에서는 표기의 기본 원칙을 제시하고, 제2장에서는 외래어가 기본 원칙을 지키되 국제 음성 기호(IPA)와 한글 대조표에 따라 표기되어야 한다는 사항을 상술하기 위해 표기 일람을 제시하고 있다. 여기에 개별 언어의 특수성을 살리기 위해 제3장에서 표기 세칙을 제시하였다. 제4장에서는 고유 명사에 속하는 외국 인명 및 지명에 대한 표기 기준을 제시하였다.

1 외래어 표기법 제1항

제1항 외래어는 국어의 현용 24 자모만으로 적는다.

외래어 표기의 기본 원칙은 제1항부터 제5항에 제시되어 있다. 제1항에서는 외래어를 표기하기 위해 현용 24 자모 이외에 별도의 글자 및 기호를 운용하지 않는다는 사실에 대한 내용을 담고 있다. 국어 표기는 기본적으로 한글 자모를 사용한다. 외래어 또한 국어의 일부이므로, 국어의 표기 방침을 당연히 따를 수밖에 없다. 외국어 발음 중 [f] 혹은 [v]의 정확한 표기를 위해 '순경음 피읖(ㆄ)', '순경음 미음(ㅱ)', '순경음 비읍(ㅸ)' 등이 제안되기도 하였으나, 이는 현용 24 자모에 속하지도 않을뿐더러 일반인들에게 생소하고 원음에 가깝다고 보기도 어렵기 때문에 결국 표기에 반영되지 않았다.

2 외래어 표기법 제2항

제2항 외래어의 1 음운은 원칙적으로 1 기호로 적는다.

제2항은 국어의 고유어 및 한자어 표기와 마찬가지로, 하나의 음운은 하나의 기호로 적는다는 원칙에 대한 내용을 담고 있다. 그러나 내용 중 '원칙적으로'라는 의미는 예외가 있을 수 있다는 내용을 암시하는데, 외국어 중 하나의 음운이 환경에 따라 다양한 변이음을 가지는 경우에는 불가피하게 달리 표기되는 경우가 있다. 예를 들어 'prince, camp, cap'의 'p'는 각각 'ㅍ, 프, ㅂ' 등으로 표기되는 경우가 이에 해당한다.

3 외래어 표기법 제3항 중요

제3항 받침에는 'ㄱ, ㄴ, ㄹ, ㅁ, ㅂ, ㅅ, ㅇ'만을 쓴다.

제3항은 외래어를 표기할 때 사용하는 받침의 개수에 대한 내용을 담고 있다. 이는 국어에서 사용하는 일반적인 받침의 표기 방법과는 차이가 있어 주목할 만하다. 일반적으로 고유어 및 한자어를 표기할 때는 겹받침을 포함하여 27글자가 사용되는데, 외래어에는 'ㄱ, ㄴ, ㄹ, ㅁ, ㅂ, ㅅ, ㅇ'의 7글자만 사용된다는 점은 특수한 제한이 적용된 것이므로 주목할 만하다.
이는 기존 국어의 음절 끝소리 규칙과 깊은 관련이 있다. 국어의 자음은 휴지나 자음 앞에서 중화되어 'ㄱ, ㄴ, ㄷ, ㄹ, ㅁ, ㅂ, ㅇ'의 7개 음운으로만 발음된다. 외래어의 표기도 이와 같은 현상을 표기에 반영한 것인데, 'ㄷ' 대신 'ㅅ'을 채택한 것이 차이라고 할 수 있다. 따라서 외래어 표기에서 'ㄱ, ㄴ, ㄹ, ㅁ, ㅂ, ㅅ, ㅇ' 외의 자음을 받침으로 쓰는 것은 오류라고 할 수 있는데, 가령 'workshop'을 '*워크숖'으로 표기하거나 'supermarket'을 '*슈퍼마켙'으로 표기하는 것은 잘못된 것이다.

4 외래어 표기법 제4항 중요

제4항 파열음 표기에는 된소리를 쓰지 않는 것을 원칙으로 한다.

제4항은 외국어의 파열음 표기에 대한 내용을 담고 있다. 즉, 분명히 된소리로 발음이 나더라도 된소리로 표기하지 않고 평음 혹은 유기음으로 적어야 한다는 것이다. 예를 들어, 'gas'는 [까스]로 발음이 나지만 '가스'로 적고, 'bus'는 [뻐스]로 발음이 나지만 '버스'로 적는 경우가 이에 해당한다.

이러한 제약 때문에 실제적인 발음을 온전하게 반영하지 못한다는 지적을 받기도 한다. 그러나 외래어 표기법에서 된소리를 사용하게 되면 각 언어의 음운적 특징을 정확하게 파악하기도 어려울 뿐만 아니라, 된소리 및 거센소리를 구분하기 위한 통일적 체계를 만들기가 어렵다. 따라서 된소리 표기를 금하는 것이 일관적이며 경제적인 원칙이라고 볼 수 있다.
다만 파열음뿐만이 아니라, 파찰음 및 마찰음 표기에도 된소리를 쓰지 않는 원칙이 적용된다는 사실에 주목할 필요가 있다. 예를 들어, 'second'는 '세컨드', 'show'는 '쇼'로 표기되는 것 등이 이에 해당된다.

5 외래어 표기법 제5항 중요

제5항 이미 굳어진 외래어는 관용을 존중하되, 그 범위와 용례는 따로 정한다.

제5항은 이미 굳어진 외래어의 표기에 대한 내용을 담고 있다. 외래어의 유입은 다양한 경로를 통해 이루어졌는데, 그 과정에서 모두 특정 원칙을 일괄적으로 적용하여 표기하는 것은 사실상 어려운 일이다. 이로 인해 외래어는 다양한 양상을 띠며 '굳어진 관용'을 갖게 되었는데, 예를 들어 'type'은 '유형'의 의미로 쓰일 때에는 '타입', 타자를 친다는 의미로 쓰일 때에는 '타이프'로 각각 표기된다는 점, 그리고 'radio'는 규정대로 표기하면 '레이디오'가 되나, 이미 굳어진 '라디오'라는 형태를 인정하는 등이 관용적 사용 양상에 해당한다. 관용을 존중하는 정신은 비단 외래어 표기법에서만 찾아볼 수 있는 것은 아니다. 앞서 살펴본 표준어 규정에서도 어원과 거리가 있더라도 관용적으로 사용되는 말들이 표준어로 인정되는 경우가 다수 있었음을 고려한다면, 외래어 표기법에서도 굳어진 외래어에 대한 관용 존중을 이해할 수 있다.

제 2 장 표기 일람표

표기 일람표에는 [표 1]부터 [표 19]까지의 내용이 제시되어 있다. [표 1]은 국제 음성 기호(IPA)와 한글을 대조한 내용이며, [표 2]부터 [표 19]까지는 각각 에스파냐어(스페인어), 이탈리아어, 일본어, 중국어, 폴란드어, 체코어, 세르보크로아트어, 루마니아어, 헝가리어, 스웨덴어, 노르웨이어, 덴마크어, 말레이인도네시아어, 타이어, 베트남어, 포르투갈어, 네덜란드어, 러시아어 자모와 한글을 대조한 내용에 해당한다. 다음 표는 국제 음성 기호와 한글을 대조한 표기 일람표 중 [표 1]인데, 여기서는 해당 표의 내용을 중심으로 살피고자 한다.

[국제 음성 기호(IPA)와 한글 대조표]

자음			반모음		모음	
국제 음성 기호	한글		국제 음성 기호	한글	국제 음성 기호	한글
	모음 앞	자음 앞 또는 어말				
p	ㅍ	ㅂ, 프	j	이※	i	이
b	ㅂ	브	ɥ	위	y	위
t	ㅌ	ㅅ, 트	w	오, 우※	e	에
d	ㄷ	드			ø	외
k	ㅋ	ㄱ, 크			ɛ	에
g	ㄱ	그			ɛ̃	앵
f	ㅍ	프			œ	외
v	ㅂ	브			œ̃	욍
θ	ㅅ	스			æ	애
ð	ㄷ	드			a	아
s	ㅅ	스			ɑ	아
z	ㅈ	즈			ɑ̃	앙
ʃ	시	슈, 시			ʌ	어
ʒ	ㅈ	지			ɔ	오
ʦ	ㅊ	츠			ɔ̃	옹
dz	ㅈ	즈			o	오
ʧ	ㅊ	치			u	우
ʤ	ㅈ	지			ə※※	어
m	ㅁ	ㅁ			ɚ	어
n	ㄴ	ㄴ				
ɲ	니※	뉴				
ŋ	ㅇ	ㅇ				

l	ㄹ, ㄹㄹ	ㄹ				
r	ㄹ	르				
h	ㅎ	흐				
ç	ㅎ	히				
x	ㅎ	흐				

※ [j], [w]의 '이'와 '오, 우', 그리고 [ɲ]의 '니'는 모음과 결합할 때 '제3장 표기 세칙'에 따른다.
※※ 독일어의 경우에는 '에', 프랑스어의 경우에는 '으'로 적는다.

제1절 국제 음성 기호와 한글 대조표 중요

국제 음성 기호와 한글의 대조 내용은 외래어를 한글로 표기할 때 기준으로 삼는 내용이다. 해당 표의 내용을 제대로 숙지하면 외래어 표기의 오용을 예방하고 기존의 오류들도 바로잡을 수 있다. 앞에서 나온 [표 1]의 내용 중 주목할 만한 사항들은 다음과 같다.

1 국제 음성 기호와 한글 표기 오류 유형의 예

대표적인 오류의 유형으로 국제 음성 기호 [f]에 해당하는 사항들을 주목할 만하다. 예를 들어, 영어 'family'는 국제 음성 기호로 표기하면 [fæmili]에 해당한다. 이는 표의 내용을 반영하면 '패밀리'로 적는 것이 옳으나, '*훼미리'로 적는 오류를 범하는 경우가 많다. 또한 'frypan' 또한 [fraipæn]이 국제 음성 기호에 따른 표기이므로 '프라이팬'으로 적는 것이 옳으나, '*후라이팬'으로 적는 오류를 범하는 경우가 많다.
또한 일상에서 자주 찾아볼 수 있는 오류의 대표적 유형들은 다음과 같은데, 이러한 유형들을 통해 국제 음성 기호의 표기를 숙지하는 것이 중요하다는 사실을 알 수 있다.

원어	국제 음성 기호 표기	잘못된 한글 표기	올바른 한글 표기
cardigan	[kɑːrdigən]	*가디건	카디건
therapy	[θerəpi]	*테라피	세러피
placard	[plækɑːrd]	*플랭카드	플래카드
target	[tɑːrgit]	*타겟	타깃
sausage	[sɔːsidʒ]	*소세지	소시지
message	[mesidʒ]	*메세지	메시지
narration	[næreiʃn]	*나레이션	내레이션
manual	[mænuəl]	*메뉴얼	매뉴얼

front	[frʌnt]	*프론트	프런트
carol	[kærəl]	*캐롤	캐럴
dragon	[drægən]	*드래곤	드래건
nonsense	[nánsens]	*넌센스	난센스

2 이미 굳어진 외래어의 예

일상에서 쓰이는 외래어 중 국제 음성 기호와 한글 대조표의 내용을 바탕으로 설명할 수 없는 표기를 사용하는 단어들이 존재한다. 이러한 단어들은 앞서 제5항에서 밝힌 이미 굳어진 단어에 해당하는데, 이러한 단어들은 굳어진 형태 그대로를 존중하므로 국제 음성 기호 표기의 원칙을 적용하는 것이 오히려 틀린 표기가 된다. 따라서 이미 굳어진 외래어에 대한 예시도 알아두는 것이 좋다.

원어	국제 음성 기호 표기	원칙에 따른 표기	이미 굳어진 표기
gas	[gæs]	*개스	가스
gasoline	[gæsəli:n]	*개설린	가솔린
dramatic	[drəmætɪk]	*드러매틱	드라마틱
aluminum	[əlú:mənəm]	*얼루머넘	알루미늄
chocolate	[ʧɑ:klət]	*차클럿	초콜릿
robot	[roubɑ:t]	*로밧	로봇
portal	[pɔ:rtl]	*포틀	포탈

제 3 장 표기 세칙

제1절 영어 등의 외래어 표기

제3장에서는 영어 등의 언어에 대한 외래어 표기 세칙이 제시되어 있다. 그중 영어에 대한 세칙이 가장 상세하게 제시되어 있는데, 이는 국제 음성 기호에 의해 표기되는 다른 언어의 표기도 영어 표기 세칙을 준용하도록 함으로써 규정의 중복을 피하고자 하기 때문이다.
영어 이외의 언어로는 제2장과 유사하게 독일어, 프랑스어, 에스파냐어(스페인어), 이탈리아어, 일본어, 중국어, 폴란드어, 체코어, 세르보크로아트어, 루마니아어, 헝가리어, 스웨덴어, 노르웨이어, 덴마크어, 말레이인도네시아어, 타이어, 베트남어, 포르투갈어, 네덜란드어, 러시아어에 대한 표기 세칙이 제시되어 있다. 여기에서는 영어를 비롯한 몇몇 언어들에 대한 세칙과 그 대표적인 예를 살핌으로써 외래어 표기에 대한 이해를 도모하고자 한다.

1 영어의 표기 중요

제1항 무성 파열음([p], [t], [k])

1. 짧은 모음 다음의 어말 무성 파열음([p], [t], [k])은 받침으로 적는다.

gap[gæp] 갭	cat[kæt] 캣
book[buk] 북	

2. 짧은 모음과 유음・비음([l], [r], [m], [n]) 이외의 자음 사이에 오는 무성 파열음([p], [t], [k])은 받침으로 적는다.

apt[æpt] 앱트	setback[setbæk] 셋백
act[ækt] 액트	

3. 위 경우 이외의 어말과 자음 앞의 [p], [t], [k]는 '으'를 붙여 적는다.

stamp[stæmp] 스탬프	cape[keip] 케이프
nest[nest] 네스트	part[pɑːt] 파트
desk[desk] 데스크	make[meik] 메이크
apple[æpl] 애플	mattress[mætris] 매트리스
chipmunk[ʧipmʌŋk] 치프멍크	sickness[siknis] 시크니스

제2항 유성 파열음([b], [d], [g])

어말과 모든 자음 앞에 오는 유성 파열음은 '으'를 붙여 적는다.

bulb[bʌlb] 벌브	land[lænd] 랜드
zigzag[zigzæg] 지그재그	lobster[lɔbstə] 로브스터
kidnap[kidnæp] 키드냅	signal[signəl] 시그널

제3항 마찰음([s], [z], [f], [v], [θ], [ð], [ʃ], [ʒ])

1. 어말 또는 자음 앞의 [s], [z], [f], [v], [θ], [ð]는 '으'를 붙여 적는다.

mask[mɑ:sk] 마스크	jazz[dʒæz] 재즈
graph[græf] 그래프	olive[ɔliv] 올리브
thrill[θril] 스릴	bathe[beið] 베이드

2. 어말의 [ʃ]는 '시'로 적고, 자음 앞의 [ʃ]는 '슈'로, 모음 앞의 [ʃ]는 뒤따르는 모음에 따라 '샤', '섀', '셔', '셰', '쇼', '슈', '시'로 적는다.

flash[flæʃ] 플래시	shrub[ʃrʌb] 슈러브
shark[ʃɑ:k] 샤크	shank[ʃæŋk] 섕크
fashion[fæʃən] 패션	sheriff[ʃerif] 셰리프
shopping[ʃɔpiŋ] 쇼핑	shoe[ʃu:] 슈
shim[ʃim] 심	

3. 어말 또는 자음 앞의 [ʒ]는 '지'로 적고, 모음 앞의 [ʒ]는 'ㅈ'으로 적는다.

mirage[mirɑ:ʒ] 미라지	vision[viʒən] 비전

제4항 파찰음([ʦ], [ʣ], [ʧ], [ʤ])

1. 어말 또는 자음 앞의 [ʦ], [ʣ]는 '츠', '즈'로 적고, [ʧ], [ʤ]는 '치', '지'로 적는다.

Keats[ki:ʦ] 키츠	odds[ɔʣ] 오즈
switch[swiʧ] 스위치	bridge[briʤ] 브리지
Pittsburgh[piʦbə:g] 피츠버그	hitchhike[hiʧhaik] 히치하이크

2. 모음 앞의 [ʧ], [ʤ]는 'ㅊ', 'ㅈ'으로 적는다.

chart[ʧɑ:t] 차트	virgin[və:ʤin] 버진

제5항 비음([m], [n], [ŋ])

1. 어말 또는 자음 앞의 비음은 모두 받침으로 적는다.

steam[stiːm] 스팀	corn[kɔːn] 콘
ring[riŋ] 링	lamp[læmp] 램프
hint[hint] 힌트	ink[iŋk] 잉크

2. 모음과 모음 사이의 [ŋ]은 앞 음절의 받침 'ㅇ'으로 적는다.

hanging[hæŋiŋ] 행잉	longing[lɔŋiŋ] 롱잉

제6항 유음([l])

1. 어말 또는 자음 앞의 [l]은 받침으로 적는다.

hotel[houtel] 호텔	pulp[pʌlp] 펄프

2. 어중의 [l]이 모음 앞에 오거나, 모음이 따르지 않는 비음([m], [n]) 앞에 올 때에는 'ㄹㄹ'로 적는다. 다만, 비음([m], [n]) 뒤의 [l]은 모음 앞에 오더라도 'ㄹ'로 적는다.

slide[slaid] 슬라이드	film[film] 필름
helm[helm] 헬름	swoln[swouln] 스월른
Hamlet[hæmlit] 햄릿	Henley[henli] 헨리

제7항 장모음

장모음의 장음은 따로 표기하지 않는다.

team[tiːm] 팀	route[ruːt] 루트

제8항 중모음([ai], [au], [ei], [ɔi], [ou], [auə])

중모음은 각 단모음의 음가를 살려서 적되, [ou]는 '오'로, [auə]는 '아워'로 적는다.

time[taim] 타임	house[haus] 하우스
skate[skeit] 스케이트	oil[ɔil] 오일
boat[bout] 보트	tower[tauə] 타워

제9항 반모음([w], [j])

1. [w]는 뒤따르는 모음에 따라 [wə], [wɔ], [wou]는 '워', [wɑ]는 '와', [wæ]는 '왜', [we]는 '웨', [wi]는 '위', [wu]는 '우'로 적는다.

word[wəːd] 워드	want[wɔnt] 원트
woe[wou] 워	wander[wɑndə] 완더
wag[wæg] 왜그	west[west] 웨스트
witch[witʃ] 위치	wool[wul] 울

2. 자음 뒤에 [w]가 올 때에는 두 음절로 갈라 적되, [gw], [hw], [kw]는 한 음절로 붙여 적는다.

swing[swiŋ] 스윙	twist[twist] 트위스트
penguin[peŋgwin] 펭귄	whistle[hwisl] 휘슬
quarter[kwɔːtə] 쿼터	

3. 반모음 [j]는 뒤따르는 모음과 합쳐 '야', '얘', '여', '예', '요', '유', '이'로 적는다. 다만, [d], [l], [n] 다음에 [jə]가 올 때에는 각각 '디어', '리어', '니어'로 적는다.

yard[jɑːd] 야드	yank[jæŋk] 얭크
yearn[jəːn] 연	yellow[jelou] 옐로
yawn[jɔːn] 욘	you[juː] 유
year[jiə] 이어	Indian[indjən] 인디언
battalion[bətæljən] 버탤리언	union[juːnjən] 유니언

제10항 복합어

1. 따로 설 수 있는 말의 합성으로 이루어진 복합어는 그것을 구성하고 있는 말이 단독으로 쓰일 때의 표기대로 적는다.

cuplike[kʌplaik] 컵라이크	bookend[bukend] 북엔드
headlight[hedlait] 헤드라이트	touchwood[tʌtʃwud] 터치우드
sit-in[sitin] 싯인	bookmaker[bukmeikə] 북메이커
flashgun[flæʃgʌn] 플래시건	topknot[tɔpnɔt] 톱놋

2. 원어에서 띄어 쓴 말은 띄어 쓴 대로 한글 표기를 하되, 붙여 쓸 수도 있다.

Los Alamos[lɔsæləmous] 로스 앨러모스/로스앨러모스
top class[tɔpklæs] 톱 클래스/톱클래스

2 영어 외의 표기

앞서 언급한 바와 같이, 영어 외에도 독일어, 프랑스어, 에스파냐어(스페인어), 이탈리아어, 일본어, 중국어, 폴란드어, 체코어, 세르보크로아트어, 루마니아어, 헝가리어, 스웨덴어, 노르웨이어, 덴마크어, 말레이인도네시아어, 타이어, 베트남어, 포르투갈어, 네덜란드어, 러시아어의 표기 세칙이 제시되어 있다. 그중 우리 일상에서 마주칠 법한 언어와 그 용례를 중심으로 표기 세칙을 파악하고자 한다.

(1) 독일어의 표기

① 자음 앞의 [r]는 '으'를 붙여 적는다.

Hormon[hɔrmo:n] 호르몬	Hermes[hɛrmɛs] 헤르메스

② 철자 'berg', 'burg'는 '베르크', '부르크'로 통일해서 적는다.

Heidelberg[haidəlbɛrk, −bɛrç] 하이델베르크
Hamburg[hamburk, −burç] 함부르크

(2) 프랑스어의 표기

① 어말과 자음 앞의 [ɲ]는 '뉴'로 적는다.

campagne[kɑ̃paɲ] 캉파뉴	dignement[diɲmɑ̃] 디뉴망

② 반모음([j])이 어말에 올 때에는 '유'로 적는다.

Marseille[marsɛj] 마르세유	taille[tɑ:j] 타유

(3) 에스파냐어(스페인어)의 표기

① gu, qu는 i, e 앞에서는 각각 'ㄱ, ㅋ'으로 적고, o 앞에서는 '구, 쿠'로 적는다. 다만, a 앞에서는 그 a와 합쳐 '과, 콰'로 적는다.

guerra 게라	queso 케소
Guipuzcoa 기푸스코아	quisquilla 키스키야
antiguo 안티구오	Quórum 쿠오룸
Nicaragua 니카라과	Quarai 콰라이

② c와 g 앞에 오는 n은 받침 'ㅇ'으로 적는다.

blanco 블랑코	yungla 융글라

(4) 이탈리아어의 표기

① sce는 '셰'로, sci는 '시'로 적고, 그 밖의 경우에는 '스ㅋ'으로 적는다.

crescendo 크레셴도	scivolo 시볼로
Tosca 토스카	scudo 스쿠도

② c와 g는 e, i 앞에서 각각 'ㅊ', 'ㅈ'으로 적는다.

cenere 체네레	genere 제네레
cima 치마	gita 지타

(5) 일본어의 표기

① 촉음(促音) [ッ]는 'ㅅ'으로 통일해서 적는다.

サッポロ 삿포로	トットリ 돗토리
ヨッカイチ 욧카이치	

② 장모음은 따로 표기하지 않는다.

キュウシュウ(九州) 규슈	ニイガタ(新潟) 니가타
トウキョウ(東京) 도쿄	オオサカ(大阪) 오사카

(6) 중국어의 표기

① 성조는 구별하여 적지 아니한다.

② 'ㅈ, ㅉ, ㅊ'으로 표기되는 자음(ㄐ, ㄓ, ㄗ, ㄑ, ㄔ, ㄘ) 뒤의 'ㅑ, ㅖ, ㅛ, ㅠ' 음은 'ㅏ, ㅔ, ㅗ, ㅜ'로 적는다.

ㄐㄧㄚ 쟈 → 자	ㄐㄧㄝ 졔 → 제

(7) 말레이인도네시아어의 표기

① 인도네시아어의 구철자 dj와 tj는 신철자 j, c와 마찬가지로 적는다.

Djakarta 자카르타	Banda Atjeh 반다아체

② 어중의 l이 모음 앞에 올 때에는 'ㄹㄹ'로 적는다.

Palembang 팔렘방	Malik 말릭

(8) 타이어의 표기

① 유음 앞에 오는 파열음은 '으'를 붙여 적는다.

Nakhaprathip 나카쁘라팁	Krung Thep 끄룽텝
Phraya 프라야	Songkhram 송크람

② 같은 자음이 겹쳐 있을 때에는 겹치지 않은 경우와 같이 적는다. -pph-, -tth- 등 같은 계열의 자음이 겹쳐 나올 때에도 겹치지 않은 경우와 같이 적는다. 다만, -mm-, -nn-의 경우에는 'ㅁㅁ', 'ㄴㄴ'으로 적는다.

Suwit Khunkitti 수윗 쿤끼띠	Pattani 빠따니
Ayutthaya 아유타야	Thappharangsi 타파랑시
Thammamongkhon 탐마몽콘	Lanna Thai 란나타이

(9) 베트남어의 표기

① nh는 이어지는 모음과 합쳐서 한 음절로 적는다. 어말이나 자음 앞에서는 받침 'ㄴ'으로 적되, 그 앞의 모음이 a인 경우에는 a와 합쳐 '아인'으로 적는다.

Nha Trang 냐짱	Hô Chi Minh 호찌민
Thanh Hoa 타인호아	Đông Khanh 동카인

② qu는 이어지는 모음이 a일 경우에는 합쳐서 '꽈'로 적는다.

Quang 꽝	hat quan ho 핫꽌호
Quôc 꾸옥	Quyên 꾸옌

③ y는 뒤따르는 모음과 합쳐서 한 음절로 적는다.

yên 옌	Nguyên 응우옌

(10) 포르투갈어의 표기

① gu, qu는 a, o, u 앞에서는 각각 '구, 쿠'로 적고, e, i 앞에서는 'ㄱ, ㅋ'으로 적는다.

Iguaçú 이구아수	Araquari 아라쿠아리
Guerra 게하	Aquilino 아킬리누

② m, n은 각각 'ㅁ, ㄴ'으로 적고, 어말에서는 모두 받침 'ㅇ'으로 적는다. 어말 -ns의 n도 받침 'ㅇ'으로 적는다.

Manuel 마누엘	Moniz 모니스
Campos 캄푸스	Vincente 빈센트
Santarém 산타렝	Rondon 혼동
Lins 링스	Rubens 후벵스

③ o는 '오'로 적되, 어말이나 -os의 o는 '우'로 적는다.

Nobre 노브르	António 안토니우
Melo 멜루	Saramago 사라마구
Passos 파수스	Lagos 라구스

(11) 러시아어의 표기

① 파열음과 마찰음 f(ф)·v(в)는 무성 자음 앞에서는 앞 음절의 받침으로 적고, 유성 자음 앞에서는 '으'를 붙여 적는다.

Sadko(Садко) 삿코
Agryz(Агрыз) 아그리스
Akbaur(Акбаур) 아크바우르
Rostopchina(Ростопчина) 로스톱치나
Akmeizm(Акмеизм) 아크메이즘
Rubtsovsk(Рубцовск) 룹촙스크
Bryatsk(Брятск) 브랴츠크
Lopatka(Лопатка) 로팟카
Yefremov(Ефремов) 예프레모프
Dostoevskii(Достоевский) 도스토옙스키

② 지명의 -grad(град)와 -gorod(город)는 관용을 살려 각각 '-그라드', '-고로드'로 표기한다.

Volgograd(Волгоград) 볼고그라드
Kaliningrad(Калининград) 칼리닌그라드
Slavgorod(Славгород) 슬라브고로드

제 4 장 인명, 지명 표기의 원칙

제1절 표기 원칙 중요

제4장은 외래어 중 고유 명사에 해당하는 인명, 지명 표기에 대한 내용을 담고 있다. 이 또한 일반적인 외래어 표기 규정을 따르지만, 세부적인 표기 기준이 요구되기에 해당 조항을 통해 원칙을 제시하는 것이다.

1 표기 원칙 제1항~제2항

제1항 외국의 인명, 지명의 표기는 제1장, 제2장, 제3장의 규정을 따르는 것을 원칙으로 한다.

제2항 제3장에 포함되어 있지 않은 언어권의 인명, 지명은 원지음을 따르는 것을 원칙으로 한다.

Ankara 앙카라	Gandhi 간디

제1항은 외국의 인명, 지명 표기는 앞서 살핀 외래어 표기법에서 규정하는 바와 같이 표기해야 한다는 내용을 다루고 있다. 다만 제2항에서는 외래어 표기법에서 규정하지 않은 언어권의 인명과 지명은 해당 언어의 고유 발음을 인정하여야 한다는 원칙을 밝힌 것이다.

2 표기 원칙 제3항~제4항

제3항 원지음이 아닌 제3국의 발음으로 통용되고 있는 것은 관용을 따른다.

Hague 헤이그	Caesar 시저

제4항 고유 명사의 번역명이 통용되는 경우 관용을 따른다.

Pacific Ocean 태평양	Black Sea 흑해

제3항과 제4항은 모두 '관용을 따른다'는 공통점을 지니는데, 원지음이 제3국 발음이나 번역명으로 통용되는 경우에는 그러한 관용을 따른다는 점을 규정하고 있다.

제2절 동양의 인명, 지명 표기

제2절은 동양, 즉 일본과 중국을 중심으로 한 인명과 지명의 표기 세칙에 대한 내용을 다루고 있다. 서양과는 달리, 동양의 인명과 지명은 우리 한자음으로 읽어 온 것이 오랜 관행처럼 굳어졌다. 하지만 이러한 관행은 앞서 언급한 바와 같이 원지음을 존중한다는 외래어 표기법의 표기 원칙에 위배되는 것이다. 따라서 관행처럼 굳어진 것을 존중하면서도 표기 원칙을 준수하는 방법에 대한 고민의 결과물이 제2절에 해당하는 내용이라고 볼 수 있다.
제1항과 제2항은 중국의 인명과 지명에 관한 내용을 담고 있으며, 제3항은 일본의 인명과 지명에 대한 내용을 담고 있다. 제4항은 중국과 일본의 지명 표기 중 관용적 표기가 허용되는 부분에 해당한다.

1 동양의 인명, 지명 표기 제1항~제2항

제1항 중국 인명은 과거인과 현대인을 구분하여 과거인은 종전의 한자음대로 표기하고, 현대인은 원칙적으로 중국어 표기법에 따라 표기하되, 필요한 경우 한자를 병기한다.

제2항 중국의 역사 지명으로서 현재 쓰이지 않는 것은 우리 한자음대로 하고, 현재 지명과 동일한 것은 중국어 표기법에 따라 표기하되, 필요한 경우 한자를 병기한다.

우선 중국의 경우, 인명은 과거와 현대를 구분하여 표기한다. 과거인은 종전 한자음대로 표기하고, 현대인은 중국어 표기법에 따르되, 필요한 경우 한자를 병기하도록 규정하고 있다. 여기서 이야기하는 과거와 현대의 기준은 1911년에 일어난 중국의 민주주의 혁명인 신해혁명(辛亥革命) 전후로 나눈다. 지명의 경우에는 역사적 지명이기에 현재 쓰이지 않는 것은 우리 한자음대로 표기하되, 현재 지명과 동일한 경우에는 중국어 표기법을 따르며 필요시 한자를 병기한다는 원칙을 제시한다.

2 동양의 인명, 지명 표기 제3항

제3항 일본의 인명과 지명은 과거와 현대의 구분 없이 일본어 표기법에 따라 표기하는 것을 원칙으로 하되, 필요한 경우 한자를 병기한다.

일본의 경우, 인명과 지명은 과거와 현대의 구분 없이 일본어 표기법을 따른다. 그러나 필요한 경우에는 한자를 병기할 수 있도록 하고 있다. 일본과 중국의 원칙이 다른 이유는, 중국 인명과 지명은 고전 등을 바탕으로 생활 속에서 많이 쓰였으나 일본은 그에 비해 다소 사용 빈도가 낮기 때문이다.

3 동양의 인명, 지명 표기 제4항 중요

제4항 중국 및 일본의 지명 가운데 한국 한자음으로 읽는 관용이 있는 것은 이를 허용한다.

東京 도쿄, 동경	京都 교토, 경도
上海 상하이, 상해	臺灣 타이완, 대만
黃河 황허, 황하	

중국 및 일본의 지명 중에는 한자음으로 읽는 관용이 있는 것은 허용하기도 한다. 예를 들어, 제시된 예시 외에 중국의 수도인 '北京'은 '베이징'으로 적는 것이 원칙이지만, 한국 한자음인 '북경'으로 읽는 관용이 있으므로 '북경' 또한 허용된다고 볼 수 있다.

제3절 바다, 섬, 강, 산 등의 표기 세칙 중요

지명과 관련하여 '바다, 섬, 강, 산' 등이 외래어 다음에 바로 연결되는 경우, 그리고 띄어쓰기 및 용어 통일 등의 문제가 발생할 수 있다. 따라서 제3절의 내용을 바탕으로 세칙을 설정함으로써 문제 상황을 예방하고 통일적인 규범을 제시할 수 있다.

1 바다, 섬, 강, 산 등의 표기 세칙 제1항~제2항

제1항 바다는 '해(海)'로 통일한다.

홍해	발트해	아라비아해

제2항 우리나라를 제외하고 섬은 모두 '섬'으로 통일한다.

타이완섬	코르시카섬	(우리나라 : 제주도, 울릉도)

제1항과 제2항은 각각 바다는 '해', 섬은 '섬'으로 통일하여 표기한다는 내용을 담고 있다. 국어에서는 '섬'과 '도(島)'를 구분하여 적지만, 외래어에서는 '섬'으로 통일하여 적는다는 것이다.

2 바다, 섬, 강, 산 등의 표기 세칙 제3항

제3항 한자 사용 지역(일본, 중국)의 지명이 하나의 한자로 되어 있을 경우, '강', '산', '호', '섬' 등은 겹쳐 적는다.

온타케산(御岳)	주장강(珠江)
도시마섬(利島)	하야카와강(早川)
위산산(玉山)	

제3항은 한자 사용 지역의 지명 표기에 대한 내용을 담고 있다. 지명이 하나의 한자로 되어 있을 경우, '강, 산, 호, 섬'은 겹쳐 적는다는 것이다.

3 바다, 섬, 강, 산 등의 표기 세칙 제4항

제4항 지명에 산맥, 산, 강 등의 뜻이 들어 있는 것은 '산맥', '산', '강' 등을 겹쳐 적는다.

Rio Grande 리오그란데강	Monte Rosa 몬테로사산
Mont Blanc 몽블랑산	Sierra Madre 시에라마드레산맥

제4항은 지명에 '산맥, 산, 강'의 의미가 들어있더라도 '산맥, 산, 강'을 겹쳐 적는다는 내용을 담고 있다. 예를 들어, 'Rio Grande'의 'Rio'는 '강'이라는 의미를 지닌다. 그럼에도 '리오그란데강'이라고 표기함으로써 '강(江)'임을 나타내는 것이다. '몬테로사'의 'Monte', '몽블랑'의 'Mont'은 '산(山)'을 의미하며, '시에라마드레'의 'Sierra'는 '산맥(山脈)'을 의미한다. 그럼에도 같은 의미의 말을 겹쳐 적는다는 것은 언중이 외국어의 뜻을 모두 알기는 어렵다는 점, 그리고 전체 이름을 고유 명사처럼 인식하는 관용 등을 반영한 표기 원칙이라고 볼 수 있다.

2017년 이전 규정에서는 제5항이 존재하였다. 해당 조항은 '해, 섬, 강, 산' 등이 외래어에 붙을 때에는 띄어 쓰고, 우리말에 붙을 때에는 붙여 쓴다는 내용이었다. 그러나 이는 외래어 표기법의 개정으로 인해 2017년 6월 1일부터 개정되어 현재는 해당 내용이 삭제된 상태이다. 따라서 '리오그란데강, 온타케산, 한강' 등과 같이 붙여 쓸 수 있게 되었다.

제 4 편 | 실전예상문제

제1장 표기의 기본 원칙

01 다음 중 외래어 표기법에 대한 설명으로 옳지 않은 것은?

① 외래어는 국어의 한글 자모로만 적는다.
② 외래어는 국어의 일부이다.
③ 외국어의 [f] 발음은 '순경음 피읖(ᇴ)'으로 표기한다.
④ 외래어의 1 음운은 원칙적으로 1 기호로 적는다.

01 외국어 발음 중 /f/ 혹은 /v/의 정확한 표기를 위해 '순경음 피읖(ᇴ)', '순경음 미음(ᄝ)', '순경음 비읍(ᄫ)' 등이 제안되기도 하였으나, 이는 현용 24 자모에 속하지도 않을뿐더러 일반인들에게 생소하고 원음에 가깝다고 보기도 어려운 측면이 있기에 결국 표기에 반영되지 않았다.

02 다음 중 외래어 표기법에 대한 설명으로 옳지 않은 것은?

① 받침에는 'ㄱ, ㄴ, ㄷ, ㄹ, ㅁ, ㅂ, ㅅ, ㅇ'만을 쓴다.
② 파열음 표기에는 된소리를 쓰지 않는 것을 원칙으로 한다.
③ 이미 굳어진 외래어는 관용을 존중한다.
④ 외래어 표기법은 외래어의 실제적 발음을 온전하게 반영한다.

02 외래어 표기법에서는 된소리를 사용하지 않는 원칙 등으로 인해 실제적 발음을 온전하게 반영하지 못한다는 지적을 받기도 한다. 그러나 이는 일관적이며 경제적인 원칙을 수립하기 위함이라고 볼 수 있다.

03 다음 중 외래어에 대한 설명으로 옳은 것은?

① 국내에 유입된 모든 다른 나라의 말을 일컫는다.
② 외국어 중 성공적으로 정착한 어휘 중심으로 구성된다.
③ 국어의 다른 어휘에 비해 큰 안정성을 지닌다.
④ 모든 외래어는 하나의 한국어 형태로만 나타난다.

03 외래어는 외국어 중에서도 성공적으로 정착한 어휘를 지칭하는 말이기 때문에, 외국어가 모두 외래어가 될 수는 없다.

정답 01 ③ 02 ④ 03 ②

04 다음 중 외래어 표기가 옳은 것은?

① pulp[pʌlp] – 펄프

② workshop[wə:rkʃɑ:p] – 워크숖

③ cabinet[kæbinət] – 캐비닡

④ show[ʃəu] – 쑈

04 ② 'workshop'은 '워크숍'으로 적어야 한다.
③ 'cabinet'은 '캐비닛'으로 적어야 한다.
④ 'show'는 '쇼'로 적어야 한다.

주관식 문제

01 'supermarket'을 '*슈퍼마켙'으로 표기하는 것이 잘못된 표기인 이유를 서술하고, '*슈퍼마켙'을 올바른 표기로 수정하시오.

01 정답
외래어 표기법 제1장 제3항에 따르면 받침에는 'ㄱ, ㄴ, ㄹ, ㅁ, ㅂ, ㅅ, ㅇ'만을 쓴다. 따라서 '*슈퍼마켙'의 '켙'에 쓰인 'ㅌ'은 받침으로 쓸 수 없다. 이에 따라 'supermarket'은 받침에 'ㅌ' 대신 'ㅅ'을 활용하여 '슈퍼마켓'이라고 적는다.

02 외래어 표기가 실제적인 발음을 온전하게 반영하지 못한다는 지적을 받는 이유와, 그럼에도 이러한 표기법을 준수하는 이유를 각각 서술하시오.

02 정답
외래어 표기법 제1장 제4항에 따르면 파열음 표기에는 된소리를 쓰지 않는 것을 원칙으로 한다. 따라서 된소리로 발음이 나더라도 평음이나 유기음으로 적어야 한다. 이러한 제약 때문에 외래어 표기가 실제적인 발음을 온전하게 반영하지 못한다는 지적을 받기도 한다.
그러나 외래어 표기법에서 된소리를 쓰지 않는 이유는 각 언어의 음운적 특징을 정확하게 파악하기 어렵고, 된소리 및 거센소리를 구분하기 위한 통일적 체계를 만들기도 어렵기 때문이다. 따라서 된소리 표기를 금하는 것이 일관적·경제적인 원칙이라고 볼 수 있어 해당 표기법을 준수하는 것이다.

정답 04 ①

제2장 표기 일람표

01 다음 중 외래어와 그 표기가 잘못 연결된 것은?

① cardigan[kɑːrdigən] – 카디건
② therapy[θerəpi] – 테라피
③ placard[plækɑːrd] – 플래카드
④ target[taːrgit] – 타깃

01 '테라피'가 아닌, '세러피'가 올바른 표기이다.

02 다음 중 외래어와 그 표기가 잘못 연결된 것은?

① gas[gæs] – 가스
② gasoline[gæsəliːn] – 가솔린
③ front[frʌnt] – 프론트
④ dragon[drǽgən] – 드래건

02 '프론트'가 아닌, '프런트'가 올바른 표기이다.

03 국제 음성 기호와 한글 표기에 대한 설명으로 옳은 것은?

① 국제 음성 기호 1개에는 한글 자음 1개만 대응한다.
② 국제 음성 기호와 한글의 대조 내용은 외래어의 한국어 표기의 기준이 된다.
③ 음성 기호 [f]는 기본적으로 [ㅎ]으로 발음되므로 'ㅎ'으로 적는다.
④ 국제 음성 기호 [dz], [œ̃]에는 대응하는 한글이 없다.

03 ① [k]를 'ㄱ'나 'ㅋ'로 적는 것처럼, 국제 음성 기호 1개에도 여러 글자가 대응할 수 있다.
③ 국제 음성 기호 [f]는 'ㅍ, 프'로 적는다.
④ 국제 음성 기호 [dz]에는 'ㅈ, 즈'가 대응하고, [œ̃]에는 '욍'이 대응한다.

정답 01 ② 02 ③ 03 ②

04 국제 음성 기호 표기와 외래어에 대한 설명으로 옳은 것은?

① 대부분의 외래어는 국제 음성 기호와 한글의 대조 내용에 따라 표기한 것이다.
② 일부 굳어진 외래어의 경우에도 국제 음성 기호를 적용하여 표기할 수 있다.
③ 굳어진 외래어와 더불어 국제 음성 기호를 적용한 표기도 복수 표준어가 된다.
④ 국제 음성 기호가 된소리에 가까울 경우, 된소리로 적는다.

04 국제 음성 기호와 한글의 대조 내용은 외래어를 한글로 표기할 때 기준으로 삼는 내용이다. 일상에서 쓰이는 외래어 중 국제 음성 기호와 한글 대조표의 내용을 바탕으로 설명할 수 없는 표기를 사용하는 단어들이 존재하는데, 이러한 단어들은 '이미 굳어진 단어'에 해당한다. 이러한 단어들은 굳어진 형태 그대로를 존중하므로 국제 음성 기호 표기의 원칙을 적용하는 것이 오히려 오류 사항에 해당한다. 된소리 표기는 앞에서 살핀 외래어 표기법에서 사용하지 않음을 밝히고 있다.

주관식 문제

01 조리 도구인 'frypan'의 올바른 외래어 표기를 쓰고, [f]의 올바른 표기에 대해 서술하시오.

01 정답
'frypan'의 올바른 외래어 표기는 '프라이팬'이다. 국제 음성 기호 표기법에 의하면 [f]는 'ㅍ'이나 '프'로 적는 것이 옳기 때문이다.

02 'gas'와 'dramatic'은 '*개스', '*드러매틱'으로 적으면 안 되는 이유를 밝히고, 올바른 표기를 서술하시오.

02 정답
'gas'와 'dramatic'은 모두 '이미 굳어진 단어'에 해당한다. 이렇게 굳어진 외래어의 경우에는 굳어진 형태 그대로를 존중하므로 국제 음성 기호 표기의 원칙을 적용하는 것이 오히려 오류 사항에 해당한다. 따라서 국제 음성 기호 표기를 적용한 '*개스'와 '*드러매틱'은 모두 잘못된 표기이며, 이미 굳어진 '가스'와 '드라마틱'이라고 적는 것이 옳다.

정답 04 ①

제3장 표기 세칙

01 다음 중 영어와 그 외래어 표기가 잘못 연결된 것은?

① gap[gæp] – 갶
② apt[æpt] – 앱트
③ setback[setbæk] – 셋백
④ chipmunk[ʧipmʌŋk] – 치프멍크

01 외래어 표기의 받침은 'ㄱ, ㄴ, ㄹ, ㅁ, ㅂ, ㅅ, ㅇ'의 7자로만 적어야 한다. 따라서 '갭'이 올바른 표기이다.

02 다음 중 영어와 그 외래어 표기가 잘못 연결된 것은?

① mattress[mætris] – 매트리스
② lobster[lɔbstə] – 로브스터
③ kidnap[kidnæp] – 키드내프
④ bathe[beið] – 베이드

02 짧은 모음 다음의 어말 무성 파열음([p], [t], [k])은 받침으로 적는다. 따라서 '키드냅'이 올바른 표기이다.

03 다음 중 영어와 그 외래어 표기가 옳게 연결된 것은?

① odds[ɔdz] – 오드스
② helm[helm] – 헤일름
③ wag[wæg] – 웨그
④ wander[wandə] – 완더

03 ① '오즈'로 적어야 한다.
② '헬름'으로 적어야 한다.
③ '왜그'로 적어야 한다.

정답 01 ① 02 ③ 03 ④

04 다음 중 영어 외의 표기법과 그에 대한 설명으로 옳은 것은?

① Hormon, 홀몬 – 독일어의 표기 중 자음 앞의 [r]은 종성 'ㄹ'로 적는다.

② taille, 타유 – 프랑스어의 반모음([j])이 어말에 올 때에는 '유'로 적는다.

③ queso, 꼐소 – 에스파냐어의 'qu'는 'e' 앞에서 'ㄲ'로 적는다.

④ crescendo, 크레센도 – 이탈리아어의 'sce'는 '세'로 적는다.

04 ① 독일어의 자음 앞의 [r]는 '으'를 붙여 적는다. 따라서 'Hormon'은 '호르몬'으로 적는다.
③ 에스파냐어의 'gu, qu'는 'i, e' 앞에서는 각각 'ㄱ, ㅋ'으로 적는다. 따라서 'queso'는 '케소'로 적는다.
④ 이탈리아어의 'sce'는 '셰'로, 'sci'는 '시'로 적는다. 따라서 'crescendo'는 '크레셴도'로 적는다.

주관식 문제

01 어말의 [ʃ]는 '시'로 적고, 자음 앞의 [ʃ]는 '슈'로, 모음 앞의 [ʃ]는 뒤따르는 모음에 따라 '샤', '섀', '셔', '셰', '쇼', '슈', '시'로 적는다는 규정을 참고하여, '새우'를 뜻하는 'shrimp[ʃrɪmp]'의 올바른 표기를 쓰시오.

01 정답
'sh'에 해당하는 [ʃ]는 자음 앞의 [ʃ]의 조건이므로 '슈'로 적고, 나머지 'rimp'는 '림프'로 적는다. 따라서 답은 '슈림프'이다.

02 'bookend[bukend]'는 'book[buk]'과 'end[end]'의 합성으로 이루어진 복합어이다. 이를 '부켄드'가 아닌 '북엔드'로 표기하는 이유를 서술하시오.

02 정답
외래어 중 따로 설 수 있는 말의 합성으로 이루어진 복합어는 그것을 구성하고 있는 말이 단독으로 쓰일 때의 표기대로 적는다. 'bookend'는 'book'과 'end'의 합성으로 이루어진 복합어이다. 'bookend'는 표기법에 따라 적는다면 '부켄드'로 적어야 하지만, 'book'은 '북', 'end'는 '엔드'로 적는다는 점을 반영하여 각각 단독으로 쓰일 때의 표기를 합한 '북엔드'로 적는다.

정답 04 ②

제4장 인명, 지명 표기의 원칙

01 다음 중 외래어의 인명, 지명 표기의 원칙에 대한 설명으로 옳은 것은?

① 모든 외래어의 인명, 지명 표기는 원지음을 따르는 것을 원칙으로 한다.
② 고유 명사의 번역명은 원지음과 병기한다.
③ 원지음이 아닌 제3국의 발음으로 통용되고 있는 것은 관용을 따른다.
④ 외래어 표기법에 제시된 언어권의 인명과 지명은 원지음을 우선적으로 고려한다.

01 외래어 표기법에 따르면 원지음이 아닌 제3국의 발음으로 통용되고 있는 것은 관용을 따른다고 규정하고 있다.

02 외래어 표기법에서 중국의 인명, 지명 표기 원칙에 대한 설명으로 옳지 않은 것은?

① 중국 인명은 시대 구분 없이 원칙적으로 중국어 표기법을 따른다.
② 중국 현대 인명을 표기할 때, 필요한 경우 한자를 병기할 수 있다.
③ 중국의 역사 지명으로서 현재 쓰이지 않는 것은 우리 한자음대로 한다.
④ 현재 지명과 동일한 것은 중국어 표기법에 따라 표기하되, 필요한 경우 한자를 병기한다.

02 외래어 표기법에 따르면 중국 인명은 과거인과 현대인을 구분하여 과거인은 종전의 한자음대로 표기하고, 현대인은 원칙적으로 중국어 표기법에 따라 표기하되, 필요한 경우 한자를 병기한다.

03 외래어 표기법에서 일본의 인명, 지명 표기 원칙에 대한 설명으로 옳은 것은?

① 일본의 인명은 과거 인물의 경우 우리 한자음대로 표기한다.
② 일본의 지명은 과거 지명의 경우 우리 한자음대로 표기한다.
③ 일본의 지명 가운데 한국 한자음으로 읽는 관용이 있는 것은 이를 허용한다.
④ 일본의 인명은 현대 인물의 경우 일본어 표기법에 따르되, 한자는 병기하지 않는다.

03 외래어 표기법에 따르면 일본의 지명 가운데 한국 한자음으로 읽는 관용이 있는 것은 이를 허용한다.

정답 01 ③ 02 ① 03 ③

04 다음 중 외래어의 인명, 지명 표기 원칙이 옳게 적용되지 않은 것은?

① Ankara – 앙카라
② Caesar – 세사르
③ Gandhi – 간디
④ Pacific Ocean – 태평양

04 'Caesar'는 관용을 따라 '시저'로 적는다.

주관식 문제

01 '타이완섬'을 '타이완도(島)'로 적지 않는 이유를 서술하시오.

01 정답
외래어 표기법 제4장 제3절 제2항에 따르면, 우리나라를 제외하고 섬은 모두 '섬'으로 통일한다고 규정하고 있다. 따라서 '제주도, 울릉도' 등은 가능하지만 '타이완도'로 적을 수 없다.

02 'Sierra Madre'의 'Sierra'는 '산맥'이라는 의미를 지닌다. 그러나 'Sierra Madre'는 '시에라마드레산맥'으로 적는다. 의미가 중복됨에도 불구하고 이러한 표기를 하는 이유를 서술하시오.

02 정답
'시에라마드레'의 'Sierra'는 '산맥(山脈)'을 의미한다. 그럼에도 이러한 말을 겹쳐 적는다는 것은 언중이 외국어의 뜻을 모두 알기 어렵다는 점, 그리고 전체 이름을 고유 명사처럼 인식하는 관용 등을 반영한 표기 원칙이라고 볼 수 있다.

정답 04 ②

제 5 편

로마자 표기법

| 단원 개요 |

본 편의 제1장에서는 로마자 표기에 대한 기본 원칙에 대해 이해한다. 제2장에서는 자음과 모음에 대한 표기 세칙과 예시 등을 통해 표기 방법을 확인한다. 제3장에서는 로마자 표기를 할 때의 유의점에 대해 이해한다.

| 출제 경향 및 수험 대책 |

- 로마자 표기에 대한 기본 원칙을 이해한다.
- 로마자로 모음을 표기하는 방식을 이해하고 그 예를 숙지한다.
- 로마자로 자음을 표기하는 방식을 이해하고 그 예를 숙지한다.
- 로마자를 표기할 때 유의해야 할 사항에 대해 이해하고 그 예를 숙지한다.

제 1 장 | 표기의 기본 원칙

로마자는 그리스 문자에서 유래한 음소 문자이다. 이를 활용하는 언어로는 대표적으로 영어를 들 수 있으며, 독일어, 프랑스어, 스페인어, 이탈리아어 등의 유럽의 주요 언어를 표기하는 데에 쓰이는 등 로마자는 범세계적으로 활용되고 있다. 이러한 이유로 우리말을 로마자로 표기하는 것은 외국인들과의 소통을 위한 필수적인 장치라고 할 수 있다.
이전의 로마자 표기법들은 컴퓨터에서 사용하기 어려운 문자들을 사용하는 등 정보화 시대에 적합하지 않은 부분이 있었고, 그 사용 양상 또한 사람들마다 제각기 달라 굉장히 혼란스러웠다. 따라서 이러한 혼란을 바로잡고 사용 방식을 직관적으로 개선한 것이 지금의 로마자 표기법이다.

제1절 로마자 표기의 기본 원칙

1 로마자 표기법 제1장 제1항 중요

제1항 국어의 로마자 표기는 국어의 표준 발음법에 따라 적는 것을 원칙으로 한다.

제1항은 국어의 로마자 표기가 발음을 기준으로 한다는 내용을 담고 있다. 이는 앞서 언급되었던 '표음주의'와 연관이 있는데, 이러한 방식을 채택하게 된 것은 한국어를 모르는 외국인들이 로마자 표기를 통해 한국어의 원래 발음과 유사하게 발음할 수 있도록 돕고, 반대로 알아듣기도 쉽게 하기 위함이다. 로마자 표기법의 본래 의도가 외국인을 위한 것임을 고려하면, 표음주의 방식을 채택하는 것이 적합하다고 할 수 있다.

2 로마자 표기법 제1장 제2항

제2항 로마자 이외의 부호는 되도록 사용하지 않는다.

제2항에서는 로마자 부호를 사용하도록 규정한 내용을 담고 있다. 이는 종전에 사용되었던 반달표(˘)나 어깨점(')등을 사용하지 않는다는 것을 의미하기도 한다. 이전에는 특수 부호를 활용하여 국어의 변이음 등을 나타내고자 하였으나, 이러한 방식은 컴퓨터로 입력하기 어렵고, 일반인들이 그 의미를 파악하기 어렵다는 점 등의 단점이 존재하여 지금은 사용되지 않는다.

제 2 장 표기 일람

제1장에서는 표음주의 방식의 표기와 특수부호 사용을 지양하는 로마자 표기법의 기본 원칙을 살펴보았다. 제2장에서는 로마자 표기를 위한 모음 및 자음의 표기 방식을 상술하였다.

제1절 모음 및 자음의 로마자 표기 방식

1 로마자 표기법 제2장 제1항 중요

제1항 모음은 다음 각호와 같이 적는다.

1. 단모음

ㅏ	ㅓ	ㅗ	ㅜ	ㅡ	ㅣ	ㅐ	ㅔ	ㅚ	ㅟ
a	eo	o	u	eu	i	ae	e	oe	wi

2. 이중모음

ㅑ	ㅕ	ㅛ	ㅠ	ㅒ	ㅖ	ㅘ	ㅙ	ㅝ	ㅞ	ㅢ
ya	yeo	yo	yu	yae	ye	wa	wae	wo	we	ui

[붙임 1] ‘ㅢ’는 ‘ㅣ’로 소리 나더라도 ui로 적는다.

광희문 Gwanghuimun

[붙임 2] 장모음의 표기는 따로 하지 않는다.

제1항은 국어 단모음 및 이중모음의 로마자 표기에 대한 내용을 담고 있다. 이 중 주목할 만한 것은 [붙임 1]의 내용인데, 비록 소리가 ‘ㅣ’로 나더라도 ‘ui’로 적는다고 규정하고 있기 때문이다. 앞서 ‘표준 발음법’에서 살핀 바와 같이, 우리말에서는 음절 초성에 자음이 오는 경우에는 모음 ‘ㅢ’가 ‘ㅣ’로 소리나게 된다. 앞서 밝혔던 표음주의 원칙을 따른다면, ‘희’와 같은 경우는 [히]로 발음되므로 ‘hi’로 적는 것이 적합할 것이다. 그러나 제1항에서는 ‘ㅣ’로 소리 나더라도 ‘ㅢ’를 ‘ui’로 적도록 규정했는데, 이는 ‘ㅢ’를 ‘i’로 적는 것을 낯설게 생각하는 사람들이 많아 예외를 인정한 경우이다.

2 로마자 표기법 제2장 제2항 중요

제2항 자음은 다음 각호와 같이 적는다.

1. 파열음

ㄱ	ㄲ	ㅋ	ㄷ	ㄸ	ㅌ	ㅂ	ㅃ	ㅍ
g, k	kk	k	d, t	tt	t	b, p	pp	p

2. 파찰음

ㅈ	ㅉ	ㅊ
j	jj	ch

3. 마찰음

ㅅ	ㅆ	ㅎ
s	ss	h

4. 비음

ㄴ	ㅁ	ㅇ
n	m	ng

5. 유음

ㄹ
r, l

[붙임 1] 'ㄱ, ㄷ, ㅂ'은 모음 앞에서는 'g, d, b'로, 자음 앞이나 어말에서는 'k, t, p'로 적는다. ([ ] 안의 발음에 따라 표기함)

구미 Gumi	영동 Yeongdong	백암 Baegam
옥천 Okcheon	합덕 Hapdeok	호법 Hobeop
월곶[월곧] Wolgot	벚꽃[벋꼳] beotkkot	한밭[한받] Hanbat

[붙임 2] 'ㄹ'은 모음 앞에서는 'r'로, 자음 앞이나 어말에서는 'l'로 적는다. 단, 'ㄹㄹ'은 'll'로 적는다.

구리 Guri	설악 Seorak
칠곡 Chilgok	임실 Imsil
울릉 Ulleung	대관령[대괄령] Daegwallyeong

제2항은 국어 자음의 로마자 표기에 대한 내용을 담고 있다. 이전에는 자음의 표기에서도 유성음과 무성음을 구분하였으므로, '바보'의 경우에는 '바'의 초성인 무성음 'ㅂ'과 '보'의 초성인 유성음 'ㅂ'을 다르게 표기하여 'pabo'와 같이 표기하였다. 그러나 이러한 표기 방식은 언중들이 유성음과 무성음의 구분이 어렵다는 점 때문에 올바르게 사용되기 어려웠다. 현재는 '모음 앞' 혹은 '자음 앞이나 어말'과 같이 직관적인 경계에 따라 표기법을 구분하므로 사용이 훨씬 직관적이고 편리해졌다고 볼 수 있다.
또한 주목할 것은 된소리 표기를 글자를 겹쳐 사용하기로 한 점이다. 이에 따라 [붙임 1]에서 제시된 '벚꽃'의 '꽃'을 표기하기 위해 'kkot'과 같이 'k'가 두 번 사용된 것을 확인할 수 있다. [붙임 2]에서는 'ㄹ'의 경우에는 환경에 따라 표기 방식이 'r'과 'l'로 나뉜다는 점이 주목할 만하다.

제 3 장 | 표기상의 유의점

제3장에서는 국어의 음운 변화를 반영한 표기 방식, 발음 혼동을 예방하기 위한 방안, 고유 명사의 표기 방식, 인명 표기 방식, 행정 구역 표기, 자연물 및 인공물의 표기, 인명이나 회사명 등의 표기, 그리고 한글 복원을 전제로 하는 표기 등에 대한 내용을 다루고 있다.

1 로마자 표기법 제3장 제1항 중요

제1항 음운 변화가 일어날 때에는 변화의 결과에 따라 다음 각호와 같이 적는다.

1. 자음 사이에서 동화 작용이 일어나는 경우

백마[뱅마] Baengma	신문로[신문노] Sinmunno
종로[종노] Jongno	왕십리[왕심니] Wangsimni
별내[별래] Byeollae	신라[실라] Silla

2. 'ㄴ, ㄹ'이 덧나는 경우

학여울[항녀울] Hangnyeoul	알약[알략] allyak

3. 구개음화가 되는 경우

해돋이[해도지] haedoji	같이[가치] gachi
굳히다[구치다] guchida	

4. 'ㄱ, ㄷ, ㅂ, ㅈ'이 'ㅎ'과 합하여 거센소리로 소리 나는 경우

좋고[조코] joko	놓다[노타] nota
잡혀[자펴] japyeo	낳지[나치] nachi

다만, 체언에서 'ㄱ, ㄷ, ㅂ' 뒤에 'ㅎ'이 따를 때에는 'ㅎ'을 밝혀 적는다.

묵호(Mukho)	집현전(Jiphyeonjeon)

[붙임] 된소리되기는 표기에 반영하지 않는다.

압구정 Apgujeong	낙동강 Nakdonggang
죽변 Jukbyeon	낙성대 Nakseongdae
합정 Hapjeong	팔당 Paldang
샛별 saetbyeol	울산 Ulsan

제1항에서는 로마자 표기에 국어의 음운 현상을 반영한다는 내용을 담고 있다. 앞서 로마자 표기의 원칙에서는 표음주의를 채택하여 발음 중심의 표기를 한다는 점을 밝혔다. 따라서 국어에서 발생하는 음운 변화 또한 로마자 표기에 반영되어야 한다. 반영 대상으로는 자음 동화, 'ㄴ' 및 'ㄹ' 첨가, 구개음화, 거센소리되기 등이 해당된다. 다만 [붙임]에서 밝힌 바와 같이 국어의 된소리되기 현상은 반영되지 않는다는 점은 주의가 필요하다.

2 로마자 표기법 제3장 제2항

제2항 발음상 혼동의 우려가 있을 때에는 음절 사이에 붙임표(-)를 쓸 수 있다.

중앙 Jung-ang	반구대 Ban-gudae
세운 Se-un	해운대 Hae-undae

제2항은 발음상의 혼동을 피하기 위해 붙임표를 사용하는 내용을 담고 있다. 제시된 예에 붙임표가 사용되지 않는다면, '중앙'의 경우 'Jungang'이 된다. 이는 '중앙'으로 읽힐 수 있지만, '준강'으로도 읽힐 수 있다. 'Bangudae'는 '방우대', 'Seun'은 '슨', 'Haeundae'는 '하은대'로 각각 잘못 인식될 가능성이 있다. 따라서 이러한 혼동을 예방하기 위해 붙임표를 사용할 수 있음을 밝힌 것이다.

3 로마자 표기법 제3장 제3항

제3항 고유 명사는 첫 글자를 대문자로 적는다.

부산 Busan	세종 Sejong

제3항은 고유 명사의 첫 글자는 대문자로 적는다는 내용을 담고 있다. 이는 일반적인 로마자를 사용하는 언어에서의 고유 명사 표기와 마찬가지로, 국어 로마자 표기에서 또한 첫 글자를 대문자로 적음으로써 고유 명사임을 인지할 수 있도록 한 것이다.

4 로마자 표기법 제3장 제4항

제4항 인명은 성과 이름의 순서로 띄어 쓴다. 이름은 붙여 쓰는 것을 원칙으로 하되 음절 사이에 붙임표(-)를 쓰는 것을 허용한다. (( ) 안의 표기를 허용함)

민용하 Min Yongha (Min Yong-ha)
송나리 Song Nari (Song Na-ri)

(1) 이름에서 일어나는 음운 변화는 표기에 반영하지 않는다.

한복남 Han Boknam (Han Bok-nam)
홍빛나 Hong Bitna (Hong Bit-na)

(2) 성의 표기는 따로 정한다.

제4항은 인명(人名)의 표기에 관한 내용을 담고 있다. 우선 인명은 우리나라의 관습에 따라 성-이름의 순서로 작성하며, 성과 이름 사이에는 띄어쓰기가 적용된다. 이름은 붙여 쓰되 음절 사이에 붙임표를 사용할 수 있는데, 이는 제2항과 마찬가지로 혼동을 예방하기 위함이다.

성과 이름의 첫 글자는 각각 대문자로 표기하는 점과 더불어, 이름에서 일어나는 음운 변화는 표기에 반영하지 않는다는 점도 주목할 만하다. 이는 이름 표기의 경우, 한 글자마다 의미를 갖는 경우가 많으므로 이를 존중하여 음가를 살린 것으로 볼 수 있다.

다만 (2)에서 밝힌 바와 같이, 성의 표기는 따로 정하기로 하였으나 아직까지 정확한 성 표기에 대한 내용이 합의되거나 제시되지는 않았다. 가령, '이(李)' 씨의 경우를 예로 들면, 로마자 표기법에 의하면 'I'로 표기하는 것이 옳으나, 대중적으로는 'Lee'가 가장 많이 쓰이며 'Yi, Li, Ri' 등이 혼재되어 쓰인다. '박(朴)' 씨의 경우도 마찬가지로 로마자 표기법에 의하면 'Bak'으로 적는 것이 옳으나, 대중적으로는 'Park, Pak' 등 다양한 형태가 혼재되어 쓰인다. 따라서 이러한 다양한 쓰임의 양상을 통일적으로 제시하는 기준이 필요할 것이다.

5 로마자 표기법 제3장 제5항

제5항 '도, 시, 군, 구, 읍, 면, 리, 동'의 행정 구역 단위와 '가'는 각각 'do, si, gun, gu, eup, myeon, ri, dong, ga'로 적고, 그 앞에는 붙임표(-)를 넣는다. 붙임표(-) 앞뒤에서 일어나는 음운 변화는 표기에 반영하지 않는다.

충청북도 Chungcheongbuk-do	제주도 Jeju-do
의정부시 Uijeongbu-si	양주군 Yangju-gun
도봉구 Dobong-gu	신창읍 Sinchang-eup
삼죽면 Samjuk-myeon	인왕리 Inwang-ri
당산동 Dangsan-dong	봉천 1동 Bongcheon 1(il)-dong
종로 2가 Jongno 2(i)-ga	퇴계로 3가 Toegyero 3(sam)-ga

[붙임] '시, 군, 읍'의 행정 구역 단위는 생략할 수 있다.

청주시 Cheongju	함평군 Hampyeong
순창읍 Sunchang	

제5항에서는 행정 구역의 단위 및 '가(街)'의 표기에 대한 내용을 담고 있다. 여기에서 붙임표를 사용하는 이유는, 행정 구역의 이름과 구역 단위를 명확하게 구분하기 위함이다. 따라서 붙임표 앞뒤에서 일어나는 음운 변화를 표기에 반영하지 않는 이유도 행정 구역의 이름과 단위를 명확히 구분하기 위함이라고 생각할 수 있다. 또한 [붙임]에서 밝힌 바와 같이, 행정 구역 단위는 생략이 가능하다. 따라서 '서울시'는 'Seoul-si'나 'Seoul'로 모두 표기할 수 있는 것이다.

6 로마자 표기법 제3장 제6항

제6항 자연 지물명, 문화재명, 인공 축조물명은 붙임표(-) 없이 붙여 쓴다.

남산 Namsan	속리산 Songnisan
금강 Geumgang	독도 Dokdo
경복궁 Gyeongbokgung	무량수전 Muryangsujeon
연화교 Yeonhwagyo	극락전 Geungnakjeon
안압지 Anapji	남한산성 Namhansanseong
화랑대 Hwarangdae	불국사 Bulguksa
현충사 Hyeonchungsa	독립문 Dongnimmun
오죽헌 Ojukheon	촉석루 Chokseongnu
종묘 Jongmyo	다보탑 Dabotap

제6항은 자연 지물과 문화재, 인공 축조물의 표기에 대한 내용을 담고 있다. 이는 붙임표 없이 붙여 쓴다는 규정을 밝히고 있는데, 여기에는 음운 변화가 반영되어 있으므로 전체가 하나의 고유명사화되어 발음되고 표기된다는 사실을 알 수 있다. 다만 로마자 표기를 정확하게 하기 위해서는 국어의 음운 변화를 정확하게 이해하고 적용하는 것이 필요하다.

7 로마자 표기법 제3장 제7항

제7항 인명, 회사명, 단체명 등은 그동안 써 온 표기를 쓸 수 있다.

제7항은 인명, 회사명, 단체명 등에 관습적으로 사용된 표기를 인정하는 내용을 담고 있다. 예를 들어, 국내의 기업 중 '삼성'과 '현대'의 경우, 로마자 표기법을 적용한다면 각각 'Samseong', 'Hyeondae'로 표기되어야 하지만, 기존에 사용해왔던 'Samsung'과 'Hyundai'를 계속 쓸 수 있도록 한 것이다. 이는 기존의 관습을 존중함과 더불어, 고유명사화된 표기의 연속성을 유지하기 위함이라고 볼 수 있다.

8 로마자 표기법 제3장 제8항

제8항 학술 연구 논문 등 특수 분야에서 한글 복원을 전제로 표기할 경우에는 한글 표기를 대상으로 적는다. 이 때 글자 대응은 제2장을 따르되 'ㄱ, ㄷ, ㅂ, ㄹ'은 'g, d, b, l'로만 적는다. 음가 없는 'ㅇ'은 붙임표(-)로 표기하되 어두에서는 생략하는 것을 원칙으로 한다. 기타 분절의 필요가 있을 때에도 붙임표(-)를 쓴다.

집 jib	짚 jip
밖 bakk	값 gabs
붓꽃 buskkoch	먹는 meogneun
독립 doglib	문리 munli
물엿 mul-yeos	굳이 gud-i
좋다 johda	가곡 gagog
조랑말 jolangmal	없었습니다 eobs-eoss-seubnida

제8항은 특수한 분야에서 한글 복원을 전제로 표기할 때에 대한 내용을 담고 있다. 즉, 앞서 언급한 표음주의 방식의 표기로는 같은 글자라도 변이음에 따라 그 형태를 달리하여 표기하였다면, 제8항에서는 특수한 경우에 한하여 음운 간의 관계를 일대일로 제한함으로써 그 구분을 명확히 하고자 하는 것이다. 분절이 필요할 때 붙임표를 사용하는 것 또한 음절 간의 구분을 더욱 명확히 해야 하는 특수한 경우를 대비하기 위함이라고 할 수 있다.

제 5 편 실전예상문제

제1장 표기의 기본 원칙

01 국어의 로마자 표기에 대한 설명으로 옳지 않은 것은?

① 국어의 로마자 표기는 한국어의 표준 발음법에 따라 적는다.
② 국어의 로마자 표기는 한글을 모르는 외국인들을 위한 것이다.
③ 국어의 로마자 표기에는 특수 부호를 사용할 수 있다.
④ 국어의 로마자 표기에는 한국어의 음운 변화가 반영된다.

01 국어의 로마자 표기법 제1장 제2항에서 로마자 이외의 부호는 되도록 사용하지 않는 것으로 규정하고 있다.

02 국어의 로마자 표기에 대한 설명으로 옳지 않은 것은?

① 로마자는 그리스 문자에서 유래한 음소 문자이다.
② 로마자를 주로 활용하는 대표적인 언어는 러시아어이다.
③ 로마자는 유럽의 주요 언어를 표기하는 데에 쓰이는 등 범세계적으로 활용되고 있다.
④ 우리말을 로마자로 표기하는 것은 외국인들과의 소통을 위한 필수적 장치라고 할 수 있다.

02 로마자를 주로 활용하는 대표적인 언어는 영어를 들 수 있으며, 독일어, 프랑스어, 스페인어, 이탈리아어 등의 유럽의 주요 언어를 표기하는 데에도 쓰이고 있다.

정답 01 ③ 02 ②

03 국어의 로마자 표기법의 의의로 옳은 것은?

① 이전의 로마자 표기법은 정보화 시대에 맞추어 활용하기 적합하지 않은 부분이 있었다.
② 이전의 로마자 표기법은 대중들이 모두 통일적인 사용 양상을 보였던 표기법이었다.
③ 현대의 로마자 표기법은 그 사용 방식이 시간이 갈수록 더욱 추상적으로 변화하고 있다.
④ 현대의 로마자 표기법은 한국어의 원래 발음을 완벽하게 재현할 수 있다.

03 이전의 로마자 표기법들은 컴퓨터에서 사용하기 어려운 문자들을 사용하는 등 정보화 시대에 적합하지 않은 부분이 있었고, 그 사용 양상 또한 사람들마다 제각기 달라 굉장히 혼란스러웠다. 따라서 이러한 혼란을 바로잡고 사용 방식을 직관적으로 개선한 것이 지금의 로마자 표기법이라고 할 수 있다. 또한 로마자 표기법은 한국어를 모르는 외국인들이 로마자 표기를 통해 한국어의 원래 발음과 유사하게 발음할 수 있도록 돕는다.

04 국어의 로마자 표기법에 대한 설명으로 옳은 것은?

① 반달표(˘)나 어깨점(')을 사용할 수 있다.
② 국어의 로마자 표기는 한글로 표기된 단어의 형태를 기준으로 삼는다.
③ 국어 자음의 위치에 따른 변이음을 고려하지 않았다.
④ 외국인을 위한 표기이므로 표음주의 방식을 채택하였다.

04 로마자 표기는 반달표(˘)나 어깨점(') 등의 특수 부호를 사용하지 않으며, 단어의 형태가 아닌 국어의 표준 발음법에 따라 적는다. 또한 국어 자음의 위치에 따른 변이음을 고려하여 표기한다.

정답 03 ① 04 ④

주관식 문제

01 로마자 표기법 제1항 '국어의 로마자 표기는 국어의 표준 발음법에 따라 적는 것을 원칙으로 한다.'의 의의를 서술하시오.

01 정답
제1항은 국어의 로마자 표기가 발음을 기준으로 한다는 내용을 담고 있다. 이는 앞서 언급되었던 '표음주의'와 연관이 있는데, 이러한 방식을 채택하게 된 것은 한국어를 모르는 외국인들이 로마자 표기를 통해 한국어의 원래 발음과 유사하게 발음할 수 있도록 돕고, 반대로 알아듣기도 쉽게 하기 위함이다. 로마자 표기법의 본래 의도가 외국인을 위한 것임을 고려하면, 표음주의 방식을 채택하는 것이 적합하다고 할 수 있다.

02 로마자 표기법 제2항 '로마자 이외의 부호는 되도록 사용하지 않는다.'의 의의를 서술하시오.

02 정답
제2항에서는 로마자 부호를 사용하도록 규정한 내용을 담고 있다. 이는 종전에 사용되었던 반달표(˘)나 어깨점(') 등을 사용하지 않는다는 것을 의미하기도 한다. 이전에는 특수 부호를 활용하여 국어의 변이음 등을 나타내고자 하였으나, 이러한 방식은 컴퓨터에 입력하기 어렵고, 일반인들이 그 의미를 파악하기 어렵다는 점 등의 단점이 존재하여 지금은 사용되지 않는다.

제2장 표기 일람

01 다음 중 국어의 로마자 표기법이 잘못 연결된 것은?

① 광희문 – Gwanghimun
② 옥천 – Okcheon
③ 호법 – Hobeop
④ 대관령 – Daegwallyeong

01 '광희문'은 'Gwanghuimun'으로 적는다. 국어의 로마자 표기법 제2장 제1항 [붙임 1]에 따르면, 'ㅢ'는 'ㅣ'로 소리 나더라도 'ui'로 적는다고 규정하였기 때문이다.

02 다음 중 국어의 로마자 표기법이 잘못 연결된 것은?

① 한밭 – Hanbat
② 합덕 – Hapdeog
③ 임실 – Imsil
④ 설악 – Seorak

02 어말에서의 'ㄱ'은 'k'로 적어야 하므로 '합덕'은 'Hapdeok'으로 적어야 한다.

03 국어의 로마자 표기법에 대한 설명으로 옳은 것은?

① 국어의 자음 하나에는 로마자 하나만 대응된다.
② 국어의 모음 하나에는 로마자 하나만 대응된다.
③ 국어의 장모음도 로마자로 표기할 수 있다.
④ 국어의 로마자 표기는 표음주의가 원칙이나, 예외도 있다.

03 로마자 표기는 표음주의 방식을 채택하였다. 그러나 'ㅢ'가 'ㅣ'로 발음되는 경우에도 'i'가 아닌 'ui'로 적는다. 이는 'ㅢ'를 'i'로 적는 것을 낯설게 생각하는 사람이 많아 예외를 인정한 것으로 볼 수 있다.

정답 01 ① 02 ② 03 ④

04 **다음 중 로마자 표기법에 따른 자음 표기 설명으로 옳지 않은 것은?**

① 'ㄱ, ㄷ, ㅂ'은 모음 앞에서는 'g, d, b'로 적는다.
② 'ㄱ, ㄷ, ㅂ'은 자음 앞이나 어말에서는 'g, d, b'로 적는다.
③ 'ㄹ'은 모음 앞에서는 'r'로 적는다.
④ 'ㄹ'은 어말에서는 'l'로 적고, 'ㄹㄹ'은 'll'로 적는다.

04 'ㄱ, ㄷ, ㅂ'은 모음 앞에서는 'g, d, b'로, 자음 앞이나 어말에서는 'k, t, p'로 적는다.

주관식 문제

01 **'대관령'을 로마자 표기법에 맞추어 쓰고, 그렇게 쓴 이유를 서술하시오.**

01 정답
'대관령'은 [대괄령]으로 발음하므로 이를 반영하여 'Daegwallyeong'으로 적는다. 'ㄹㄹ'은 'll'로 적는 점을 고려하면, [대괄령]의 'ㄹㄹ'은 'll'로 적어야 한다.

02 **'광희문'의 로마자 표기는 'Gwanghuimun'이다. '광희문'의 '희'는 [히]로 발음되기 때문에 'hi'로 적는 것이 원칙이지만, 'hui'로 적는다. 그 이유를 서술하시오.**

02 정답
'희'와 같은 경우는 [히]로 발음되므로 'hi'로 적는 것이 적합할 것이다. 그러나 제1항에서는 이러한 표기를 지양하고 'hui'로 적도록 규정하는 것인데, 이는 'ㅢ'를 'i'로 적는 것을 낯설게 생각하는 사람들이 많아 예외를 인정한 경우이기 때문이다.

정답 04 ②

제3장 표기상의 유의점

01 다음 중 국어의 로마자 표기법이 잘못 연결된 것은?

① 백마 – Baengma
② 신문로 – Sinmunro
③ 왕십리 – Wangsimni
④ 별내 – Byeollae

01 '신문로'는 자음 사이에 동화가 일어나 [신문노]로 발음하므로 'Sinmunno'로 적어야 한다.

02 다음 중 국어의 로마자 표기법이 잘못 연결된 것은?

① 학여울 – Hangnyeoul
② 해돋이 – haedoji
③ 알약 – allyak
④ 같이 – gatchi

02 구개음화가 되는 경우, 이를 로마자 표기에 반영해야 한다. 따라서 '같이'는 연음 및 구개음화를 통해 [가치]로 발음되기 때문에 'gachi'로 적어야 한다.

03 다음 중 국어의 로마자 표기법이 잘못 연결된 것은?

① 묵호 – Mukho
② 집현전 – Jiphyeonjeon
③ 낙동강 – Nakdonggang
④ 압구정 – Apggujeong

03 '압구정'은 [압꾸정]으로 발음하지만, 된소리되기는 표기에 반영하지 않으므로 'Apgujeong'으로 적는다.

정답 01 ② 02 ④ 03 ④

04 **다음 중 국어의 로마자 표기법이 잘못 연결된 것은?**

① 함평군 – Hampyeong
② 청주시 – Cheongju
③ 봉천 1동 – Bongcheon 1(il)ddong
④ 종로 2가 – Jongno 2(i)–ga

04 행정 구역 단위 앞에는 붙임표를 붙이고, 붙임표 앞뒤에서 일어나는 음운 변화는 표기에 반영하지 않는다. 따라서 '봉천 1동'은 'Bongcheon 1(il)–dong'으로 적어야 한다.

05 **다음 중 로마자 표기법에 대한 설명으로 옳지 않은 것은?**

① 음운 변화를 표기에 반영하여 적지 않는 경우도 있다.
② 발음상 혼동의 우려가 있더라도 붙여서 쓴다.
③ 고유 명사는 첫 글자를 대문자로 적는다.
④ 인명은 성과 이름의 순서로 띄어 쓰되, 이름은 붙여 쓰는 것을 원칙으로 한다.

05 발음상 혼동의 우려가 있을 때에는 음절 사이에 붙임표(–)를 쓸 수 있다.

06 **다음 중 로마자 표기법에 따른 붙임표(–)가 적절하게 사용된 것은?**

① 중앙 → Jung–ang
② 반구대 → Bangu–dae
③ 세운 → Seu–n
④ 해운대 → Haeun–dae

06 제시된 예에 붙임표가 사용되지 않는다면, '중앙'의 경우 'Jungang'이 된다. 이는 '중앙'으로 읽힐 수 있지만, '준강'으로도 읽힐 수 있다. 'Bangudae'는 '방우대', 'Seun'은 '슨', 'Haeundae'는 '하은대'로 각각 잘못 인식될 가능성이 있다. 따라서 이러한 혼동을 예방하기 위해 붙임표를 사용하여 각각 'Ban–gudae, Se–un, Hae–undae'로 적는다.

정답 04 ③ 05 ② 06 ①

주관식 문제

01 국내 기업인 '삼성'의 로마자 표기법에 따른 표기를 적고, 현재의 영문 기업명인 'Samsung'과의 차이가 발생하는 이유를 서술하시오.

01 정답
국내의 기업 중 '삼성'은 로마자 표기법을 적용한다면 'Samseong'으로 표기되어야 한다. 그러나 기존에 사용해왔던 'Samsung'을 계속 쓸 수 있도록 하여, 현재와 같은 표기가 유지되고 있는 것이다. 이는 기존의 관습을 존중함과 더불어, 고유명사화된 표기의 연속성을 유지하기 위함이라고 볼 수 있다.

02 로마자 표기법에서는 음운 변화가 일어날 때에는 변화의 결과에 따라 적는다고 밝히고 있다. 이를 반영하여 '극락전'의 올바른 로마자 표기와 그 이유를 서술하시오.

02 정답
'극락전'은 비음화 및 경음화와 같은 음운 변화로 인하여 [긍낙쩐]으로 발음된다. 다만 [쩐]의 경우에는 발음은 된소리이나, 로마자 표기법 제3장 제1항의 [붙임]에서 밝힌 바와 같이 된소리되기는 표기에 반영하지 않으므로 'jeon'으로 반영해야 한다. 결과적으로 '극락전'은 'Geungnakjeon'으로 표기해야 한다.

부록

최종모의고사

훌륭한 가정만한 학교가 없고, 덕이 있는 부모만한 스승은 없다.

– 마하트마 간디 –

제1회 최종모의고사 | 국어정서법

제한시간 : 50분 | 시작 ___시 ___분 - 종료 ___시 ___분

정답 및 해설 255p

01 **차자 표기에 대한 설명으로 옳지 않은 것은?**

① 구결이란 한문의 구절 아래에 특정 요소를 달아 쓰는 문법적 요소이다.
② 음독 구결은 한문 원문 구절에 우리말 문법 요소에 해당하는 토만 달아 두는 표기법이다.
③ 석독 구결은 문법 요소인 토를 달고 우리말 해석의 순서까지 표시하는 표기법이다.
④ 이두는 한문의 어순대로 한자의 음과 훈을 빌려 우리말을 표현한 표기법이다.

02 **다음 중 향찰에 대한 설명으로 옳지 않은 것은?**

① 우리말의 어순과 문법적 요소 등을 포함하여 우리말 자체를 온전하게 적기 위한 표기이다.
② 향찰은 한문 원문의 큰 틀에서 벗어나지 못한다는 한계가 존재한다.
③ 단어 중에서 실질적인 의미를 지니는 부분들은 한자의 뜻을 빌려 훈차를 하였다.
④ 단어 중에서 문법적인 의미를 지니는 부분들은 한자의 음을 빌려 음차를 하였다.

03 **다음은 향가 '서동요'의 내용 중 일부이다. 밑줄 친 부분에서 훈차가 적용된 부분은?**

善花公主主隱
(선화공주님은)

① 善花
② 公主
③ 主
④ 隱

04 15세기의 표기법에 대한 설명으로 옳지 않은 것은?

① 단어의 발음을 충실하게 반영하는 표음주의 표기법을 주된 표기법으로 삼았다.
② 종성에서 발음할 수 있는 글자를 8자로 규정한 8종성법이 적용되었다.
③ 앞 형태소의 말음이 뒤에 이어지는 음절의 초성으로 연음되는 연철 표기를 원칙으로 하였다.
④ 종성의 글자 운용 방식은 글자를 따로 만들지 않고 초성의 글자를 사용한다는 의미의 종성부용초성이 적용되었다.

05 훈민정음 창제에 대한 설명으로 옳지 않은 것은?

① 세종대왕이 직접 우리말 표기를 위한 문자 체계인 훈민정음(訓民正音)을 창제하였다.
② 훈민정음이란 '백성을 가르치는 올바른 소리'라는 뜻을 지니고 있다.
③ 훈민정음은 1443년에 창제되었고, 1446년에 반포되었다.
④ 한글 창제의 기본 원리는 '자음'과 '모음'이다.

06 『훈민정음』에서 규정하는 8종성법에 해당하는 글자로 옳지 않은 것은?

① ㄴ
② ㄷ
③ ㅍ
④ ㅅ

07 조선어학회의 「한글 맞춤법 통일안」에 대한 설명으로 옳은 것은?

① 문장의 각 단어는 붙여 쓰되, 토는 그 웃말과 띄어 쓴다고 하였다.
② 표준말은 대체로 현재 중류 사회에서 쓰는 서울말로 한다고 하였다.
③ 15세기의 주된 표기법이었던 표의주의 표기법을 벗어나 표음주의 표기법을 채택하였다.
④ 오늘날의 한글 맞춤법과는 큰 차이를 보인다.

08 한글 맞춤법 총칙 제1항 '한글 맞춤법은 표준어를 소리대로 적되, 어법에 맞도록 함을 원칙으로 한다.'에 포함된 요소로 볼 수 없는 것은?

① 한글 맞춤법의 대상은 표준어이다.
② 한글 맞춤법은 단어를 소리 나는 대로 적는다.
③ 한글 맞춤법은 단어의 형태소 원형을 밝혀 적는다.
④ 한글 맞춤법에 의해 하나의 단어도 표음주의와 표의주의적 표기로 나뉜다.

09 다음 문장의 밑줄 친 부분 중에서 단어로 인정되지 않는 것은?

① 그는 어디에 있어?
② 집에 가고 싶다.
③ 하나만 주세요.
④ 그 음식은 맛있다.

10 '한 단어 안에서 뚜렷한 까닭 없이 나는 된소리는 다음 음절의 첫소리를 된소리로 적는다.'는 규정을 참고할 때, 표기가 옳지 않은 것은?

① 소쩍새
② 부썩
③ 잔뜩
④ 깍뚜기

11 다음 밑줄 친 단어 중 그 표기가 옳은 것은?

① 나는 우리 집안의 마지다.
② 문이 빠르게 다치면 위험해.
③ 굳이 그렇게까지 해야 할까?
④ 동해에 해도지 보러 가자.

12 다음 중 모음 표기가 옳지 않은 것은?

① 하늬바람
② 늴리리
③ 닁큼
④ 게송

13 다음 중 두음 법칙을 적용한 표기가 옳지 않은 것은?

① 냥(兩)
② 남녀(男女)
③ 개량(改良)
④ 백분률(百分率)

14 다음 중 두 개의 용언이 어울려 한 개의 용언이 된 것의 표기가 옳지 않은 것은?

① 넘어가다
② 들어나다
③ 엎어지다
④ 되짚어가다

15 다음 중 어근과 접미사 '-이'의 결합으로 부사가 된 것으로 옳지 않은 것은?

① 벼훑이
② 짓궂이
③ 좋이
④ 같이

16 어간에 '-이'나 '-음' 이외의 모음으로 시작된 접미사가 붙어서 다른 품사로 바뀐 것 중 그 품사의 종류가 <u>다른</u> 것은?

① 너무 ② 도로
③ 바투 ④ 나마

17 다음 중 그 표기가 옳지 <u>않은</u> 것은?

① 반짇고리 ② 부삽
③ 이튿날 ④ 잗다랗다

18 다음 중 사이시옷 표기가 옳지 <u>않은</u> 것은?

① 조갯살 ② 모깃불
③ 전셋집 ④ 갯수

19 다음 중 'ㅎ' 소리가 덧나는 표기가 옳지 <u>않은</u> 것은?

① 수캐 ② 수컷
③ 암캉아지 ④ 암코양이

20 다음 중 표준어로 옳지 <u>않은</u> 것은?

① 강낭콩 ② 깡총깡총
③ 발가숭이 ④ 동댕이치다

21 수컷을 이르는 접두사 '수-'와 관련된 표준어 표기로 옳지 않은 것은?

① 수꿩
② 수나사
③ 숫돼지
④ 숫양

22 다음 중 외래어 표기법에 대한 설명으로 옳은 것은?

① 이미 굳어진 외래어는 관용을 존중한다.
② 받침에는 'ㄱ, ㄴ, ㄷ, ㄹ, ㅁ, ㅂ, ㅇ'만을 쓴다.
③ 파열음 표기에 된소리가 나는 경우, 그 소리를 표기에 반영한다.
④ 외래어 표기법은 외래어의 실제적 발음을 온전하게 반영한다.

23 다음 중 외래어와 그 표기가 잘못 연결된 것은?

① gas[gæs] – 가스
② dramatic[drəmætɪk] – 드라마틱
③ sausage[sɔːsidʒ] – 소세지
④ robot[roubɑːt] – 로봇

24 다음 중 국어의 로마자 표기법이 옳게 적용된 것은?

① 구미 – Gumi
② 영동 – Yungdong
③ 설악 – Seolak
④ 벚꽃 – butkkot

주관식 문제

01 한글의 초성자, 중성자의 창제 원리를 서술하시오.

02 '율(率)'을 표기할 때 '*실패률', '*확율'은 잘못된 표기이고 '이용률', '확산율'은 올바른 표기가 되는 이유를 서술하시오.

03 '삭(朔)'과 '월세(月貰)'를 합한 단어는 '*삭월세'가 아닌, '사글세'가 표준어로 인정된다. 그 이유를 '월세'가 표준어인 것과 연관지어 서술하시오.

04 외래어 표기법을 고려할 때, 'target'은 '타깃', 'front'는 (㉠), 'carol'은 (㉡), 'dragon'은 (㉢)으로 각각 표기해야 한다. 괄호 안에 들어갈 적절한 표기를 순서대로 쓰시오.

제2회 최종모의고사 | 국어정서법

제한시간 : 50분 | 시작 ___시 ___분 - 종료 ___시 ___분

정답 및 해설 259p

01 다음 중 이두에 대한 설명으로 옳지 않은 것은?

① 이두는 '이서(吏書)', '이도(吏道)', '이토(吏吐)'와 같은 다양한 명칭으로 불리기도 하였다.
② 삼국시대에는 관리들의 공문서 작성과 같은 일부 영역에서만 제한적으로 사용되었다.
③ 이두에 '吏(이)'자가 들어가는 이유는 관아의 서리(胥吏)들이 사용하였기 때문이다.
④ 기본적으로 우리말 어순을 따른다.

02 다음 중 향찰에 대한 설명으로 옳지 않은 것은?

① 우리말의 어순과 문법적 요소 등을 포함한 우리말을 적기 위한 차자 표기이다.
② 우리말 표기를 위해 한자를 단순 차용한 것에 가깝다.
③ 향가(鄕歌)를 표기하는 데에 사용된 차자 표기였기에 '향찰'이라는 이름이 붙었다.
④ 향찰은 해독이 쉽도록 '음절 끝소리 규칙'이라는 표기법을 사용한다는 특징을 지닌다.

03 다음 규정 중 한글 창제 원리와 관련이 있는 것은?

① 종성부용초성
② 8종성법
③ 7종성법
④ 음절 끝소리 규칙

04 한글 맞춤법의 정비 과정에 대한 설명으로 옳지 않은 것은?

① 1894년 11월 고종칙령 1호로 인해 한글이 우리나라 공문서의 공식 문자가 되었다.
② 표기 규범의 제정과 정비 및 연구를 위해 1907년 학부에 '국문연구소'를 설치하였다.
③ 1907년 1차 회의 이후 23차례의 회의 끝에 「국문연구의정안」을 제출하였다.
④ 일제 강점기에는 조선어학회가 한글 표기법에 대한 국가 공인의 통일안을 주도하였다.

05 다음 한글 맞춤법 제1항의 내용에서 괄호 안에 들어갈 말로 옳은 것은?

> 제1항 한글 맞춤법은 표준어를 (　　) 적되, 어법에 맞도록 함을 원칙으로 한다.

① 원형을 밝혀
② 소리대로
③ 올바르게
④ 맥락에 맞추어

06 다음 중 어간에 모음으로 시작하는 접미사가 결합하여 명사가 된 단어로 옳지 않은 것은?

① 너머
② 주검
③ 마중
④ 바투

07 다음 중 원형을 밝혀 적은 경우에 해당하지 않는 것은?

① 홀아비
② 할아버지
③ 헛웃음
④ 홑몸

08 다음 중 맞춤법이 잘못된 단어는?

① 몇 년
② 몇 월
③ 몇 일
④ 몇 시

09 다음 중 준말 표기가 옳지 않은 것은?

① 정결타
② 그렇찮은
③ 만만찮다
④ 간편케

10 다음 중 밑줄 친 부분의 표기가 옳지 않은 것은?

① 이것은 책이요.
② 이것은 빵이요, 저것은 쌀이다.
③ 재미있게 읽어요.
④ 정말 좋지요.

11 다음 중 띄어쓰기가 옳지 않은 것은?

① 집에서처럼
② 먹을 만큼
③ 남편까지도
④ 놀라기 보다는

12 다음 중 부사의 표기가 옳지 않은 것은?

① 따뜻이
② 급급이
③ 꼼꼼히
④ 무단히

13 다음 중 밑줄 친 단어의 쓰임이 옳은 것은?

① 빈대떡을 붙인다.
② 흥정을 부친다.
③ 편지를 붙인다.
④ 삼촌 집에 숙식을 부친다.

14 다음 중 밑줄 친 단어의 쓰임이 옳지 않은 것은?

① 걷잡을 수 없는 상태이다.
② 수출량을 더 늘인다.
③ 나라를 위해 목숨을 바쳤다.
④ 이따가 오너라.

15 다음 중 소괄호(( ))에 대한 설명으로 옳지 않은 것은?

① 주석이나 보충적인 내용을 덧붙일 때 쓴다.
② 생략할 수 있는 요소임을 나타낼 때 쓴다.
③ 고유어에 대응하는 한자어를 함께 보일 때 쓴다.
④ 내용이 들어갈 자리임을 나타낼 때 쓴다.

16 다음 밑줄 친 단어 중 표준어가 아닌 것은?

① 나는 강낭콩을 싫어한다.
② 사글세로 방 하나를 얻었다.
③ 이 자리를 빌어 감사의 말씀을 전합니다.
④ 스물두째 생일을 축하한다.

17 다음 중 표준어에 해당하는 것은?

① 깡총깡총
② 오뚜기
③ 냄비
④ 아지랭이

18 '-장이'와 '-쟁이'가 적절하게 쓰이지 않은 것은?

① 미장이
② 소금장이
③ 담쟁이덩굴
④ 골목쟁이

19 다음 중 복수 표준어로 인정되지 않는 것은?

① 괴다 – 고이다
② 거슴츠레하다 – 게슴츠레하다
③ 나부랭이 – 너부렁이
④ 천장(天障) – 천정

20 다음 중 [ㅓ]로 발음할 수 있는 것이 아닌 것은?

① 희망
② 주의
③ 협의
④ 우리의

21 다음 중 겹받침의 발음이 옳은 것은?

① 밟게[발:께]
② 맑다[말따]
③ 넓다[널따]
④ 넓둥글다[널뚱글다]

22 다음 중 외래어의 표기가 옳지 않은 것은?

① signal[signəl] – 시그널
② zigzag[zigzæg] – 직잭
③ bulb[bʌlb] – 벌브
④ lobster[lɔbstə] – 로브스터

23 동양의 인명 및 지명 표기에 대한 설명으로 옳지 않은 것은?

① 중국 인명은 1911년 신해혁명을 기준으로 과거인과 현대인을 구분한다.
② 중국 지명은 무조건 중국어 표기법을 따르되, 한자를 병기할 수 있다.
③ 일본 인명은 과거와 현대의 구분 없이 일본어 표기법에 따라 표기한다.
④ 일본 지명은 한국 한자음으로 읽는 관용이 있는 것은 이를 허용한다.

24 다음 중 한국어 단어와 그 로마자 표기가 잘못 연결된 것은?

① 낳지 – nachi
② 해돋이 – haedoji
③ 집현전 – Jiphyeonjeon
④ 학여울 – Hakyeooul

주관식 문제

01 '하나만 안다.'의 '만'은 앞말에 붙여 쓰지만, '두 번 만에 합격했다.'의 '만'은 앞 말과 띄어서 쓴다. 두 '만'의 띄어쓰기에 차이가 생기는 이유를 서술하시오.

02 어미 '-던'과 '-든'의 차이를 예를 들어 서술하시오.

03 생일이 돌아온 횟수를 세는 단위인 '돌'은 표준어이나 '돐'은 비표준어이다. '돐'이 비표준어가 된 이유를 서술하시오.

04 '웃옷'과 '윗옷'은 모두 표준어이다. 두 단어의 의미 차이를 서술하시오.

제1회 정답 및 해설 | 국어정서법

01	02	03	04	05	06	07	08	09	10	11	12
④	②	③	②	④	③	②	④	④	④	③	①
13	14	15	16	17	18	19	20	21	22	23	24
④	②	①	④	③	④	④	②	③	①	③	①

주관식 정답	
01	한글의 초성자는 자음들이 발음되는 조음 기관의 모양을 본따서 기본자를 만들었으며, 이러한 기본자에 획을 더하여 나머지 글자를 만들었다. 중성자는 성리학의 삼재(三才)인 '하늘, 땅, 사람'을 상형의 대상으로 삼아 기본자를 만들었으며, 기본자에 획을 더하여 나머지 글자를 만들었다.
02	한자음이 단어의 첫머리에 오지 않는 경우에는 본음대로 적는데, 모음이나 'ㄴ' 받침 뒤에 이어지는 '률'의 경우에는 'ㄹ'을 탈락시켜 '율'로 적도록 규정하고 있다. '*실패률'은 모음 뒤의 '률'에 해당하므로 '실패율'로 적어야 하고, '*확율'은 받침 'ㄱ' 뒤에 이어지므로 '확률'로 적어야 한다.
03	어원에서 멀어진 형태로 굳어져서 널리 쓰이는 것은, 그것을 표준어로 삼는다. 표준어 '월세'에 '삭'이 결합한 말은 '사글세'로 굳어져 널리 쓰였기 때문에 이 형태가 그대로 표준어로 인정받게 된 것이다.
04	㉠ '프런트' ㉡ '캐럴' ㉢ '드래건'

01 정답 ④

이두는 한자의 음과 훈을 빌려 우리말을 표현한 표기법으로 기본적으로 우리말의 어순을 따른다.

02 정답 ②

한문 원문의 큰 틀에서 벗어나지 못한다는 것은 이두 표기의 한계에 해당하는 내용이다.

03 정답 ③

고유 명사인 '선화공주(善花公主)'를 제외하고, '主隱'은 각각 '主'를 훈차, '隱'를 음차로 하여 읽어야만 현대어 역과 일치한다.

04 정답 ②

『훈민정음』에서 'ㄱ, ㄴ, ㄷ, ㄹ, ㅁ, ㅂ, ㅅ, ㆁ' 8자를 종성에 표기하는 글자로 규정하고 있는데, 이를 가리켜 '8종성법'이라 한다.

05 정답 ④

한글 창제의 기본 원리는 '상형(象形)'과 '가획(加劃)'이다. 상형은 사물의 모양을 본떠 만든 것을 의미하며, 가획은 기본자에 획을 더하는 것을 의미한다.

06 정답 ③

『훈민정음』에서 규정하는 8종성법에 해당하는 글자는 'ㄱ, ㄴ, ㄷ, ㄹ, ㅁ, ㅂ, ㅅ, ㆁ'이다. 종성에서의 'ㅍ'은 'ㅂ'으로 발음되므로 'ㅂ'으로 표기된다.

07 정답 ②

① 문장의 각 단어는 띄어 쓰되, 토는 그 웃말에 붙여 쓴다.

③ 15세기의 주된 표기법이었던 표음주의 표기법을 벗어나 표의주의 표기법을 채택하였다.

④ 「한글 맞춤법 통일안」은 오늘날의 한글 맞춤법의 근간이 되었다.

08 정답 ④

표음주의와 표의주의가 한글 맞춤법의 총칙에서 공존할 수 있는 이유는, 두 원리가 각기 다른 환경에서 적용되기 때문이다. 한 단어의 표기가 두 가지로 나뉘지는 않는다.

09 정답 ④

대명사, 수사는 체언에 속하며 단어로 인정된다. 조사는 관계언에 속하며 어미와 달리 체언과 분리해도 체언이 자립성을 유지하여 분리성이 있으므로 단어로 인정된다. 그러나 '그 음식은 맛있다.'의 '-다'는 종결어미로 자립성이 없기 때문에 단어로 인정되지 않는다.

10 정답 ④

'ㄱ, ㅂ' 받침 뒤에서 나는 된소리는 같은 음절이나 비슷한 음절이 겹쳐 나는 경우가 아니면 된소리로 적지 아니한다. 따라서 '깍두기'가 옳은 표기이다.

11 정답 ③

① '마지'는 '맏이'로 수정해야 한다.

② '다치면'은 '닫히면'으로 수정해야 한다.

④ '해도지'는 '해돋이'로 수정해야 한다.

12 정답 ①

'의'나, 자음을 첫소리로 가지고 있는 음절의 'ㅢ'는 'ㅣ'로 소리 나는 경우가 있더라도 'ㅢ'로 적는다. 따라서 '하니바람'은 '하늬바람'으로 수정해야 한다.

13 정답 ④

모음이나 'ㄴ' 받침 뒤에 이어지는 '렬, 률'은 '열, 율'로 적는다. 따라서 '백분율(百分率)'로 적어야 한다.

14 정답 ②

두 개의 용언이 어울려 한 개의 용언이 될 적에, 앞말의 본뜻이 유지되고 있는 것은 그 원형을 밝히어 적고, 그 본뜻에서 멀어진 것은 밝히어 적지 아니한다. '*들어나다'는 본뜻이 유지되고 있다고 하기 어려우므로, '드러나다'로 적어야 한다.

15 정답 ①

'벼훑이'는 어간에 '-이'가 붙어서 명사로 된 것에 속한다.

16 정답 ④

'너무, 도로, 바투'는 부사이며, '나마'는 조사이다.

17 정답 ③

끝소리가 'ㄹ'인 말과 딴 말이 어울릴 적에 'ㄹ' 소리가 'ㄷ' 소리로 나는 것은 'ㄷ'으로 적는다. 따라서 '이튿날'이 올바른 표기이다.

18 정답 ④

두 음절의 한자어는 '곳간(庫間), 셋방(貰房), 숫자(數字), 찻간(車間), 툇간(退間), 횟수(回數)' 이외에는 사이시옷을 표기하지 않는다.

19 정답 ④

'암'과 '수'는 역사적으로 '암ㅎ, 수ㅎ'와 같이 'ㅎ'을 맨 마지막 음으로 가지고 있는 말이었으나 현대에 와서는 이러한 'ㅎ'이 모두 떨어졌다. 그런데 몇몇 단어는 'ㅎ' 발음의 흔적이 남아 '암ㅎ', '수ㅎ'에 '개, 닭, 것' 등이 결합하면 각각 '암캐, 암탉, 암컷', '수캐, 수탉, 수컷'이 된다. 이러한 축약은 어문 규정에서 언급한 예들에만 해당되며, '암ㅎ'에 '고양이'가 결합하더라도 '암고양이'와 같은 형태가 표준어가 되고 발음도 [암고양이]가 표준 발음이다.

20 정답 ②

양성 모음이 음성 모음으로 바뀌어 굳어진 단어는 음성 모음 형태를 표준어로 삼는다. 이에 따라 '깡충깡충'이 표준어가 되고, '*깡총깡총'은 비표준어가 된다.

21 정답 ③

표준어 규정에 따르면, 수컷을 이르는 접두사는 '수-'로 통일하되, 일부 단어에서는 접두사 다음에 나는 거센소리를 인정하고, '숫양, 숫염소, 숫쥐'는 접두사를 '숫-'으로 한다. '숫돼지'는 접두사 다음에서 나는 거센소리를 인정하여 '수퇘지'로 표기하는 것이 옳다.

22 정답 ①

② 받침에는 'ㄱ, ㄴ, ㄹ, ㅁ, ㅂ, ㅅ, ㅇ'만을 사용한다.

③ 파열음 표기에는 된소리를 사용하지 않는다.

④ 외래어의 실제적 발음을 온전하게 반영하지 못한다는 비판을 받기도 한다.

23 정답 ③

'소세지'는 굳어진 외래어 표기로 보기 어려우며, '소시지'로 수정되어야 한다. 나머지는 모두 굳어진 외래어 표기로 볼 수 있다.

24 정답 ①

② 영동은 'Yeongdong'으로 표기해야 한다.

③ 설악은 'Seorak'으로 표기해야 한다.

④ 벚꽃은 'beotkkot'으로 표기해야 한다.

주관식 해설

01 정답

한글의 초성자는 자음들이 발음되는 조음 기관의 모양을 본떠 기본자를 만들었으며, 이러한 기본자에 획을 더하여 나머지 글자를 만들었다. 중성자는 성리학의 삼재(三才)인 '하늘, 땅, 사람'을 상형의 대상으로 삼아 기본자를 만들었으며, 기본자에 획을 더하여 나머지 글자를 만들었다.

02 정답

한자음이 단어의 첫머리에 오지 않는 경우에는 본음대로 적는데, 모음이나 'ㄴ' 받침 뒤에 이어지는 '률'의 경우에는 'ㄹ'을 탈락시켜 '율'로 적도록 규정하고 있다. '*실패률'은 모음 뒤의 '률'에 해당하므로 '실패율'로 적어야 하고, '*확율'은 받침 'ㄱ' 뒤에 이어지므로 '확률'로 적어야 한다.

03 정답

어원에서 멀어진 형태로 굳어져서 널리 쓰이는 것은, 그것을 표준어로 삼는다. 표준어 '월세'에 '삭'이 결합한 말은 '사글세'로 굳어져 널리 쓰였기 때문에 이 형태가 그대로 표준어로 인정받게 된 것이다.

04 정답

㉠ '프런트'
㉡ '캐럴'
㉢ '드래건'

제2회 정답 및 해설 | 국어정서법

01	02	03	04	05	06	07	08	09	10	11	12
②	④	①	④	②	④	②	③	②	①	④	②
13	14	15	16	17	18	19	20	21	22	23	24
④	②	③	③	③	②	④	①	③	②	②	④

주관식 정답	
01	'하나만 안다'의 '만'은 조사이고, '두 번 만에 합격했다'의 '만'은 의존 명사이다. 조사는 앞말에 붙여 써야 하며, 의존 명사는 띄어서 써야 하기 때문에 표기에 차이가 있다.
02	'-던'은 '그 사람 말 잘하던데!'와 같이 과거의 경험을 전달하는 경우에 사용하는 어미이고, '-든'은 '배든지 사과든지 마음대로 먹어라.'와 같이 나열된 동작이나 상태, 대상들 중에서 어느 것이든 선택될 수 있음을 나타내는 연결 어미 '-든지'의 준말이다.
03	과거에는 '돌'은 생일 개념으로, '돐'은 '광복 100돐'처럼 '주년'의 의미로 각각 쓰였다. 그러나 이러한 구별은 불필요할 뿐만 아니라, '돐이, 돐을'을 발음한다면 각각 [돌씨], [돌쓸]이 되는데, 이는 현실 발음과는 괴리가 있으므로 '돌'로 통합한 것이다.
04	'웃-'은 위와 아래의 개념이 대립하지 않는 경우에 사용하며 '윗-'은 개념이 대립하거나 그 외의 경우에 사용한다. 따라서 '웃옷'은 가장 겉에 입는 옷을 가리키는데, 여기에는 '아랫옷'의 개념이 성립하지 않으므로 '*윗옷'이 아닌 '웃옷'을 사용하는 것이 맞다. 다만 '윗옷'도 표준어로 등재되어 있는데, 이때의 '윗옷'은 '하의(下衣)'와 대비되는 '상의(上衣)'의 의미를 지닌다.

01 정답 ②

이두는 삼국시대에는 귀족부터 평민까지 다양한 계층들이 사용하던 표기 방식이었으나, 이후 관리들의 공문서 작성과 같은 일부 영역에서만 제한적으로 사용되는 양상을 보였다.

02 정답 ④

향찰은 해독의 용이성을 확보하기 위해 '말음 첨기'라는 표기법을 사용한다는 특징을 지닌다. 말음첨기는 어휘 형태소의 말음을 밝히기 위해 음독자를 더하는 것을 의미한다.

03 정답 ①

'종성부용초성'은 글자를 따로 만들지 않고 종성에 초성의 글자를 사용한다는 의미이다. 따라서 이는 한글 창제 당시에 종성을 어떻게 운용할 것인가에 대한 방향성을 밝힌 것이다. 나머지는 한글을 표시하는 규정에 해당한다.

04 정답 ④

1933년 조선어학회는 「한글 맞춤법 통일안」을 발표하였다. 오늘날의 한글 맞춤법은 이때 완성된 통일안을 주요 기반으로 한다. 이는 국가 공인의 통일안은 아니었으나, 큰 사회적 지지를 바탕으로 하여 이후 대한민국이 건국된 뒤에 맞춤법으로 채택되기에 이른다.

05 정답 ②

한글 맞춤법 제1항은 '한글 맞춤법은 표준어를 소리대로 적되, 어법에 맞도록 함을 원칙으로 한다.'이다.

06 정답 ④

'너머, 주검, 마중'은 명사이고, '바투'는 부사이다.

07 정답 ②

합성어 및 접두사가 붙은 말은 각각 그 원형을 밝히어 적는 것이 원칙이지만, 어원이 분명하더라도 이미 소리가 바뀐 경우에는 원형을 밝혀 적지 않는다. '할아버지, 할아범'은 '한아버지, 한아범'에서 온 말이지만 [하라버지]와 [하라범]으로 발음이 바뀌었으므로 바뀐 대로 적는다. '홀아비, 헛웃음, 홑몸'은 각각 그 원형을 밝히어 적은 것에 해당한다.

08 정답 ③

합성어 및 접두사가 붙은 말 중 어원을 명확하게 확인할 수 없는 경우에도 원형을 밝혀 적지 않는다. '며칠'은 '몇 년 몇 월 몇 일'처럼 '몇'이 공통되는 것으로 인식하여 '*몇 일'로 쓰는 경우가 많다. 하지만 '*몇 일'이라고 적을 경우 [며딜]로 소리가 나야 한다. 이러한 점은 '몇 월'이 [며둴]로 발음되는 것에서 알 수 있다. 그러나 실제 발음은 [며칠]이기 때문에 '*몇 일'로 적으면 표준어 [며칠]을 나타낼 수 없다. 따라서 '몇'과 '일'의 결합으로 보지 않고 소리 나는 대로 '며칠'로 적는다.

09 정답 ②

어미 '-지' 뒤에 '않-'이 어울려 '-잖-'이 될 적과 '-하지' 뒤에 '않-'이 어울려 '-찮-'이 될 적에는 준 대로 적는다. 따라서 '그렇지 않은'은 '-지'와 '않-'이 어울린 말이므로 준말은 '그렇잖은'이 된다.

10 정답 ①

용언의 어간과 어미는 구별하여 적되, 종결형에서 사용되는 어미 '-오'는 '요'로 소리 나는 경우가 있더라도 그 원형을 밝혀 '오'로 적는다. 따라서 '이것은 책이오'가 옳은 표기이다.

② 연결형에서 사용되는 '이요'는 '이요'로 적는다.

③ · ④ '읽어요, 좋지요'의 '요'는 주로 문장을 종결하는 어미 뒤에 붙어서 청자에게 높임의 뜻을 나타내는 보조사이다. 어미 뒤에 덧붙는 조사 '요'는 '요'로 적는다.

11 정답 ④

'놀라기보다는'은 동사 '놀라다'의 어간 '놀라-' 뒤에 어미 '-기'가 위치하고, 그 뒤에 조사 '보다'와 '는'이 순서대로 붙은 경우이다. 이 경우 모두 붙여서 써야 한다.

12 정답 ②

부사의 끝음절이 분명히 '이'로만 나는 것은 '-이'로 적고, '히'로만 나거나 '이'나 '히'로 나는 것은 '-히'로 적는다. '급급히'는 부사의 끝음절이 '이'나 '히'로 나므로 '급급히'로 적어야 한다.

13 정답 ④

① '빈대떡을 부친다.'가 올바른 쓰임이다.

② '흥정을 붙인다.'가 올바른 쓰임이다.

③ '편지를 부친다.'가 올바른 쓰임이다.

14 정답 ②

'수나 분량 따위를 본디보다 많아지게 하다'라는 뜻이므로, '수출량을 더 늘린다.'가 적절한 표현이다.

15 정답 ③

③은 대괄호([ ])에 대한 내용이다. 소괄호는 우리말 표기와 원어 표기를 아울러 보일 때 사용한다.

16 정답 ③

'빌려주다, 빌려 오다'라는 뜻의 단어는 '빌리다'라는 한 가지 형태만 표준어로 삼기 때문에 '이 자리를 빌어 감사의 말씀을 전합니다.'가 아닌 '이 자리를 빌려 감사의 말씀을 전합니다.'로 적어야 한다.

17 정답 ③

① '깡충깡충'이 표준어이다.
② '오뚝이'가 표준어이다.
④ '아지랑이'가 표준어이다.

18 정답 ②

기술자에게는 '-장이', 그 외에는 '-쟁이'가 붙는 형태를 표준어로 삼는다.
②는 곤충을 지칭하는 것이므로 '소금쟁이'가 적절하다.

19 정답 ④

옥내의 상부를 의미하는 '천장'은 표준어이나, '천정'은 비표준어이다. 다만 '천정부지(天井不知)'는 '천정'을 쓴다. '천정(天井)'은 '천장(天障)'의 잘못된 표기이나, 이미 굳어진 표현이므로 그대로 인정된다.

20 정답 ①

자음을 첫소리로 가지고 있는 음절의 'ㅢ'는 [ㅣ]로 발음한다. 따라서 '희망'은 반드시 [히망]으로만 발음해야 한다. 단어의 첫음절 이외의 '의'는 [ㅣ]로, 조사 '의'는 [ㅔ]로 발음함도 허용하므로, [주의/주이], [혀븨/혀비], [우리의/우리에]로 발음하는 것이 모두 가능하다.

21 정답 ③

겹받침 'ㄼ, ㄳ, ㄾ'은 어말 또는 자음 앞에서 [ㄹ]로 발음한다. 따라서 '넓다'는 [널따]로 발음한다.

① 겹받침 'ㄼ'은 어말 또는 자음 앞에서 [ㄹ]로 발음해야 하지만 '밟-'은 자음 앞에서는 [밥]으로 발음하므로 '밟게'는 [밥:께]로 발음한다.
② 겹받침 'ㄺ'은 어말 또는 자음 앞에서 [ㄱ]으로 발음한다. 따라서 '맑다'는 [막따]로 발음한다.
④ '넓-'이 포함된 복합어 중 '넓죽하다'와 '넓둥글다', '넓적하다' 등에서 'ㄹ'을 탈락시켜 [ㅂ]으로 발음한다. 따라서 '넓둥글다'는 [넙뚱글다]로 발음한다.

22 정답 ②

어말과 모든 자음 앞에 오는 유성 파열음([b], [d], [g])은 '으'를 붙여 적는다. 따라서 유성 파열음에 해당하는 [g]가 자음 [z] 및 어말에 오므로 '으'를 붙여 '지그재그'로 표기하여야 한다.

23 정답 ②

중국의 역사 지명으로서 현재 쓰이지 않는 것은 우리 한자음대로 하고, 현재 지명과 동일한 것은 중국어 표기법에 따라 표기하되, 필요한 경우 한자를 병기한다.

24 정답 ④

'학여울'은 '학'과 '여울'이라는 두 개의 명사가 합쳐진 합성어이고, 앞 단어인 '학'이 자음으로 끝나는 데다가 뒤 단어 '여울'의 첫음절이 '여'이기 때문에 'ㄴ' 음을 첨가하여 [학녀울]이 되었다가 비음화가 적용되어 [항녀울]로 발음한다. 따라서 로마자로 표기할 때에는 'Hangnyeoul'로 적는다.

주관식 해설

01 정답

'하나만 안다'의 '만'은 조사이고, '두 번 만에 합격했다'의 '만'은 의존 명사이다. 조사는 앞말에 붙여 써야 하며, 의존 명사는 띄어서 써야 하기 때문에 표기에 차이가 있다.

02 정답

'-던'은 '그 사람 말 잘하던데!'와 같이 과거의 경험을 전달하는 경우에 사용하는 어미이고, '-든'은 '배든지 사과든지 마음대로 먹어라.'와 같이 나열된 동작이나 상태, 대상들 중에서 어느 것이든 선택될 수 있음을 나타내는 연결 어미 '-든지'의 준말이다.

03 정답

과거에는 '돌'은 생일 개념으로, '돐'은 '광복 100돐'처럼 '주년'의 의미로 각각 쓰였다. 그러나 이러한 구별은 불필요할 뿐만 아니라, '돐이, 돐을'을 발음한다면 각각 [돌씨], [돌쓸]이 되는데, 이는 현실 발음과는 괴리가 있으므로 '돌'로 통합한 것이다.

04 정답

'웃-'은 위와 아래의 개념이 대립하지 않는 경우에 사용하며 '윗-'은 개념이 대립하거나 그 외의 경우에 사용한다. 따라서 '웃옷'은 가장 겉에 입는 옷을 가리키는데, 여기에는 '아랫옷'의 개념이 성립하지 않으므로 '*윗옷'이 아닌 '웃옷'을 사용하는 것이 맞다. 다만 '윗옷'도 표준어로 등재되어 있는데, 이때의 '윗옷'은 '하의(下衣)'와 대비되는 '상의(上衣)'의 의미를 지닌다.

년도 전공심화과정인정시험 답안지(객관식)

컴퓨터용 사인펜만 사용

★ 수험생은 수험번호와 응시과목 코드번호를 표기(마킹)한 후 일치여부를 반드시 확인할 것.

전공분야	
성 명	

수 험 번 호													
(1)	3	–			–			–					
(2)	①②●④	–	①~⓪	①~⓪	–	①~⓪	①~⓪	–	①~⓪	①~⓪	①~⓪	①~⓪	①~⓪

과목코드	응시과목			
①②③④⑤⑥⑦⑧⑨⓪ (×5)	1 ①②③④	14 ①②③④		
	2 ①②③④	15 ①②③④		
	3 ①②③④	16 ①②③④		
	4 ①②③④	17 ①②③④		
	5 ①②③④	18 ①②③④		
	6 ①②③④	19 ①②③④		
	7 ①②③④	20 ①②③④		
교시코드 ①②③④	8 ①②③④	21 ①②③④		
	9 ①②③④	22 ①②③④		
	10 ①②③④	23 ①②③④		
	11 ①②③④	24 ①②③④		
	12 ①②③④			
	13 ①②③④			

과목코드	응시과목	
①②③④⑤⑥⑦⑧⑨⓪ (×5)	1 ①②③④	14 ①②③④
	2 ①②③④	15 ①②③④
	3 ①②③④	16 ①②③④
	4 ①②③④	17 ①②③④
	5 ①②③④	18 ①②③④
	6 ①②③④	19 ①②③④
	7 ①②③④	20 ①②③④
	8 ①②③④	21 ①②③④
	9 ①②③④	22 ①②③④
	10 ①②③④	23 ①②③④
	11 ①②③④	24 ①②③④
	12 ①②③④	
	13 ①②③④	

※ 감독관 확인란

㊞

관 리 번 호

(연번) (응시자수)

답안지 작성시 유의사항

1. 답안지는 반드시 **컴퓨터용 사인펜을 사용**하여 다음 보기와 같이 표기할 것.
   보기 잘 된 표기: ● 잘못된 표기: ✓ ⊗ ◑ ⊙ ◕ ○ ▩
2. 수험번호 (1)에는 아라비아 숫자로 쓰고, (2)에는 "●"와 같이 표기할 것.
3. 과목코드는 뒷면 "과목코드번호"를 보고 해당과목의 코드번호를 찾아 표기하고, 응시과목란에는 응시과목명을 한글로 기재할 것.
4. 교시코드는 문제지 전면의 교시를 해당란에 "●"와 같이 표기할 것.
5. 한번 표기한 답은 긁거나 수정액 및 스티커 등 어떠한 방법으로도 고쳐서는 아니되고, 고친 문항은 "0"점 처리함.

[이 답안지는 마킹연습용 모의답안지입니다.]

절취선

년도 전공심화과정 인정시험 답안지(주관식)

전공분야	

성 명	

수험번호														
(1)	3	–			–			–						
(2)	① ② ● ④	–	①~⓪	①~⓪	–	①~⓪	①~⓪	–	①~⓪	①~⓪	①~⓪	①~⓪	①~⓪	

★ 수험생은 수험번호와 응시과목 코드번호를 표기(마킹)한 후 일치여부를 반드시 확인할 것.

과목코드				
①~⓪	①~⓪	①~⓪	①~⓪	①~⓪

교시코드			
①	②	③	④

번호	※ 1차 점수	※ 1차 채점	※1차확인 / 응시과목 / ※2차확인	※ 2차 채점	※ 2차 점수
1	⓪ ① ⑥ ② ⑦ ③ ⑧ ④ ⑨ ⑤ ⑩				⓪ ① ⑥ ② ⑦ ③ ⑧ ④ ⑨ ⑤ ⑩
2	⓪ ① ⑥ ② ⑦ ③ ⑧ ④ ⑨ ⑤ ⑩				⓪ ① ⑥ ② ⑦ ③ ⑧ ④ ⑨ ⑤ ⑩
3	⓪ ① ⑥ ② ⑦ ③ ⑧ ④ ⑨ ⑤ ⑩				⓪ ① ⑥ ② ⑦ ③ ⑧ ④ ⑨ ⑤ ⑩
4	⓪ ① ⑥ ② ⑦ ③ ⑧ ④ ⑨ ⑤ ⑩				⓪ ① ⑥ ② ⑦ ③ ⑧ ④ ⑨ ⑤ ⑩
5	⓪ ① ⑥ ② ⑦ ③ ⑧ ④ ⑨ ⑤ ⑩				⓪ ① ⑥ ② ⑦ ③ ⑧ ④ ⑨ ⑤ ⑩

답안지 작성시 유의사항

1. ※란은 표기하지 말 것.
2. 수험번호 (2)란, 과목코드, 교시코드 표기는 반드시 컴퓨터용 싸인펜으로 표기할 것
3. 교시코드는 문제지 전면의 교시를 해당란에 컴퓨터용 싸인펜으로 표기할 것.
4. 답란은 반드시 흑·청색 볼펜 또는 만년필을 사용할 것. (연필 또는 적색 필기구 사용불가)
5. 답안을 수정할 때에는 두줄(=)을 긋고 수정할 것.
6. 답란이 부족하면 해당답란에 "뒷면기재"라고 쓰고 뒷면 '추가답란'에 문제번호를 기재한 후 답안을 작성할 것.
7. 기타 유의사항은 객관식 답안지의 유의사항과 동일함.

※ 감독관 확인란
㊞

[이 답안지는 마킹연습용 모의답안지입니다.]

컴퓨터용 사인펜만 사용

년도 전공심화과정인정시험 답안지(객관식)

★ 수험생은 수험번호와 응시과목 코드번호를 표기(마킹)한 후 일치여부를 반드시 확인할 것.

전공분야	
성 명	

수 험 번 호													
(1)	3	–			–			–					
(2)	①②●④	–	①②③④⑤⑥⑦⑧⑨⓪	①②③④⑤⑥⑦⑧⑨⓪	–	①②③④⑤⑥⑦⑧⑨⓪	①②③④⑤⑥⑦⑧⑨⓪	–	①②③④⑤⑥⑦⑧⑨⓪	①②③④⑤⑥⑦⑧⑨⓪	①②③④⑤⑥⑦⑧⑨⓪	①②③④⑤⑥⑦⑧⑨⓪	①②③④⑤⑥⑦⑧⑨⓪

과목코드				
①②③④⑤⑥⑦⑧⑨⓪	①②③④⑤⑥⑦⑧⑨⓪	①②③④⑤⑥⑦⑧⑨⓪	①②③④⑤⑥⑦⑧⑨⓪	①②③④⑤⑥⑦⑧⑨⓪

교시코드
① ② ③ ④

응시과목			
1	① ② ③ ④	14	① ② ③ ④
2	① ② ③ ④	15	① ② ③ ④
3	① ② ③ ④	16	① ② ③ ④
4	① ② ③ ④	17	① ② ③ ④
5	① ② ③ ④	18	① ② ③ ④
6	① ② ③ ④	19	① ② ③ ④
7	① ② ③ ④	20	① ② ③ ④
8	① ② ③ ④	21	① ② ③ ④
9	① ② ③ ④	22	① ② ③ ④
10	① ② ③ ④	23	① ② ③ ④
11	① ② ③ ④	24	① ② ③ ④
12	① ② ③ ④		
13	① ② ③ ④		

과목코드				
①②③④⑤⑥⑦⑧⑨⓪	①②③④⑤⑥⑦⑧⑨⓪	①②③④⑤⑥⑦⑧⑨⓪	①②③④⑤⑥⑦⑧⑨⓪	①②③④⑤⑥⑦⑧⑨⓪

응시과목			
1	① ② ③ ④	14	① ② ③ ④
2	① ② ③ ④	15	① ② ③ ④
3	① ② ③ ④	16	① ② ③ ④
4	① ② ③ ④	17	① ② ③ ④
5	① ② ③ ④	18	① ② ③ ④
6	① ② ③ ④	19	① ② ③ ④
7	① ② ③ ④	20	① ② ③ ④
8	① ② ③ ④	21	① ② ③ ④
9	① ② ③ ④	22	① ② ③ ④
10	① ② ③ ④	23	① ② ③ ④
11	① ② ③ ④	24	① ② ③ ④
12	① ② ③ ④		
13	① ② ③ ④		

※ 감독관 확인란

㊞

관 리 번 호

(연번) (응시자수)

답안지 작성시 유의사항

1. 답안지는 반드시 **컴퓨터용 사인펜을 사용**하여 다음 보기와 같이 표기할 것.
   보기 잘 된 표기: ● 잘못된 표기: ⓥ ⊗ ◑ ⊙ ◕ ○ ●
2. 수험번호 (1)에는 아라비아 숫자로 쓰고, (2)에는 "●"와 같이 표기할 것.
3. 과목코드는 뒷면 "과목코드번호"를 보고 해당과목의 코드번호를 찾아 표기하고, 응시과목란에는 응시과목명을 한글로 기재할 것.
4. 교시코드는 문제지 전면의 교시를 해당란에 "●"와 같이 표기할 것.
5. 한번 표기한 답은 긁거나 수정액 및 스티커 등 어떠한 방법으로도 고쳐서는 아니되고, 고친 문항은 "0"점 처리함.

년도 전공심화과정 인정시험 답안지(주관식)

전공분야	

성 명	

수험번호													
(1)	3	–			–			–					
(2)	①②●④	–	①②③④⑤⑥⑦⑧⑨⓪	①②③④⑤⑥⑦⑧⑨⓪	–	①②③④⑤⑥⑦⑧⑨⓪	①②③④⑤⑥⑦⑧⑨⓪	–	①②③④⑤⑥⑦⑧⑨⓪	①②③④⑤⑥⑦⑧⑨⓪	①②③④⑤⑥⑦⑧⑨⓪	①②③④⑤⑥⑦⑧⑨⓪	①②③④⑤⑥⑦⑧⑨⓪

★ 수험생은 수험번호와 응시과목 코드번호를 표기(마킹)한 후 일치여부를 반드시 확인할 것.

과목코드				
①②③④⑤⑥⑦⑧⑨⓪	①②③④⑤⑥⑦⑧⑨⓪	①②③④⑤⑥⑦⑧⑨⓪	①②③④⑤⑥⑦⑧⑨⓪	①②③④⑤⑥⑦⑧⑨⓪

교시코드			
①	②	③	④

번호	※ 1차 점수	※ 1차 채점	※1차확인	응시과목	※2차확인	※ 2차 채점	※ 2차 점수
1	⓪ ①⑥ ②⑦ ③⑧ ④⑨ ⑤⑩						⓪ ①⑥ ②⑦ ③⑧ ④⑨ ⑤⑩
2	⓪ ①⑥ ②⑦ ③⑧ ④⑨ ⑤⑩						⓪ ①⑥ ②⑦ ③⑧ ④⑨ ⑤⑩
3	⓪ ①⑥ ②⑦ ③⑧ ④⑨ ⑤⑩						⓪ ①⑥ ②⑦ ③⑧ ④⑨ ⑤⑩
4	⓪ ①⑥ ②⑦ ③⑧ ④⑨ ⑤⑩						⓪ ①⑥ ②⑦ ③⑧ ④⑨ ⑤⑩
5	⓪ ①⑥ ②⑦ ③⑧ ④⑨ ⑤⑩						⓪ ①⑥ ②⑦ ③⑧ ④⑨ ⑤⑩

답안지 작성시 유의사항

1. ※란은 표기하지 말 것.
2. 수험번호 (2)란, 과목코드, 교시코드 표기는 반드시 컴퓨터용 싸인펜으로 표기할 것
3. 교시코드는 문제지 전면의 교시를 해당란에 컴퓨터용 싸인펜으로 표기할 것.
4. 답란은 반드시 흑·청색 볼펜 또는 만년필을 사용할 것. (연필 또는 적색 필기구 사용불가)
5. 답안을 수정할 때에는 두줄(=)을 긋고 수정할 것.
6. 답란이 부족하면 해당답란에 "뒷면기재"라고 쓰고 뒷면 '추가답란'에 문제번호를 기재한 후 답안을 작성할 것.
7. 기타 유의사항은 객관식 답안지의 유의사항과 동일함.

※ 감독관 확인란
㊞

[이 답안지는 마킹연습용 모의답안지입니다.]

컴퓨터용 사인펜만 사용

년도 전공심화과정인정시험 답안지(객관식)

★ 수험생은 수험번호와 응시과목 코드번호를 표기(마킹)한 후 일치여부를 반드시 확인할 것.

전공분야	
성 명	

수	험	번	호
(1)	3 –	–	–
(2)	① ② ● ④		

과목코드	응시과목	
	1 ① ② ③ ④	14 ① ② ③ ④
	2 ① ② ③ ④	15 ① ② ③ ④
	3 ① ② ③ ④	16 ① ② ③ ④
	4 ① ② ③ ④	17 ① ② ③ ④
	5 ① ② ③ ④	18 ① ② ③ ④
	6 ① ② ③ ④	19 ① ② ③ ④
	7 ① ② ③ ④	20 ① ② ③ ④
	8 ① ② ③ ④	21 ① ② ③ ④
	9 ① ② ③ ④	22 ① ② ③ ④
	10 ① ② ③ ④	23 ① ② ③ ④
	11 ① ② ③ ④	24 ① ② ③ ④
	12 ① ② ③ ④	
	13 ① ② ③ ④	

교시코드
① ② ③ ④

과목코드	응시과목	
	1 ① ② ③ ④	14 ① ② ③ ④
	2 ① ② ③ ④	15 ① ② ③ ④
	3 ① ② ③ ④	16 ① ② ③ ④
	4 ① ② ③ ④	17 ① ② ③ ④
	5 ① ② ③ ④	18 ① ② ③ ④
	6 ① ② ③ ④	19 ① ② ③ ④
	7 ① ② ③ ④	20 ① ② ③ ④
	8 ① ② ③ ④	21 ① ② ③ ④
	9 ① ② ③ ④	22 ① ② ③ ④
	10 ① ② ③ ④	23 ① ② ③ ④
	11 ① ② ③ ④	24 ① ② ③ ④
	12 ① ② ③ ④	
	13 ① ② ③ ④	

※ 감독관 확인란
⑪

관 리 번 호
(연번) / (응시자수)

답안지 작성시 유의사항

1. 답안지는 반드시 **컴퓨터용 사인펜을 사용**하여 다음 보기와 같이 표기할 것.
   보기 잘 된 표기: ● 잘못된 표기: ⓥ ⊗ ◑ ⊙ ◕ ○ ▩
2. 수험번호 (1)에는 아라비아 숫자로 쓰고, (2)에는 "●"와 같이 표기할 것.
3. 과목코드는 뒷면 "과목코드번호"를 보고 해당과목의 코드번호를 찾아 표기하고, 응시과목란에는 응시과목명을 한글로 기재할 것.
4. 교시코드는 문제지 전면의 교시를 해당란에 "●"와 같이 표기할 것.
5. 한번 표기한 답은 긁거나 수정액 및 스티커 등 어떠한 방법으로도 고쳐서는 아니되고, 고친 문항은 "0"점 처리함.

[이 답안지는 마킹연습용 모의답안지입니다.]

✂ 절취선

년도 전공심화과정 인정시험 답안지(주관식)

전공분야	

성 명	

수 험 번 호													
(1)	3	–			–			–					
(2)	① ② ● ④	–	①②③④⑤⑥⑦⑧⑨⓪	①②③④⑤⑥⑦⑧⑨⓪	–	①②③④⑤⑥⑦⑧⑨⓪	①②③④⑤⑥⑦⑧⑨⓪	–	①②③④⑤⑥⑦⑧⑨⓪	①②③④⑤⑥⑦⑧⑨⓪	①②③④⑤⑥⑦⑧⑨⓪	①②③④⑤⑥⑦⑧⑨⓪	①②③④⑤⑥⑦⑧⑨⓪

★ 수험생은 수험번호와 응시과목 코드번호를 표기(마킹)한 후 일치여부를 반드시 확인할 것.

과목코드				
①②③④⑤⑥⑦⑧⑨⓪	①②③④⑤⑥⑦⑧⑨⓪	①②③④⑤⑥⑦⑧⑨⓪	①②③④⑤⑥⑦⑧⑨⓪	①②③④⑤⑥⑦⑧⑨⓪

교시코드			
①	②	③	④

번호	※ 1차 점수	※ 1차 채점	※1차확인	응시과목	※2차확인	※ 2차 채점	※ 2차 점수
1	⓪ ① ⑥ ② ⑦ ③ ⑧ ④ ⑨ ⑤ ⑩						⓪ ① ⑥ ② ⑦ ③ ⑧ ④ ⑨ ⑤ ⑩
2	⓪ ① ⑥ ② ⑦ ③ ⑧ ④ ⑨ ⑤ ⑩						⓪ ① ⑥ ② ⑦ ③ ⑧ ④ ⑨ ⑤ ⑩
3	⓪ ① ⑥ ② ⑦ ③ ⑧ ④ ⑨ ⑤ ⑩						⓪ ① ⑥ ② ⑦ ③ ⑧ ④ ⑨ ⑤ ⑩
4	⓪ ① ⑥ ② ⑦ ③ ⑧ ④ ⑨ ⑤ ⑩						⓪ ① ⑥ ② ⑦ ③ ⑧ ④ ⑨ ⑤ ⑩
5	⓪ ① ⑥ ② ⑦ ③ ⑧ ④ ⑨ ⑤ ⑩						⓪ ① ⑥ ② ⑦ ③ ⑧ ④ ⑨ ⑤ ⑩

답안지 작성시 유의사항

1. ※란은 표기하지 말 것.
2. 수험번호 (2)란, 과목코드, 교시코드 표기는 반드시 컴퓨터용 싸인펜으로 표기할 것
3. 교시코드는 문제지 전면의 교시를 해당란에 컴퓨터용 싸인펜으로 표기할 것.
4. 답란은 반드시 흑·청색 볼펜 또는 만년필을 사용할 것. (연필 또는 적색 필기구 사용불가)
5. 답안을 수정할 때에는 두줄(=)을 긋고 수정할 것.
6. 답란이 부족하면 해당답란에 "뒷면기재"라고 쓰고 뒷면 '추가답란'에 문제번호를 기재한 후 답안을 작성할 것.
7. 기타 유의사항은 객관식 답안지의 유의사항과 동일함.

※ 감독관 확인란
인

[이 답안지는 마킹연습용 모의답안지입니다.]

참고문헌

■ 강희숙, 『국어 정서법의 이해』, 역락, 2010.

■ 구본관 · 박재연 · 이선웅 · 이진호, 『한국어 문법 총론 2』, 집문당, 2016.

■ 국립국어원 한국어 어문 규범, https://kornorms.korean.go.kr/main/main.do

■ 국립국어원, 「'한글 맞춤법', '표준어 규정' 해설」, 국립국어원, 2018.

■ 민현식, 『국어 정서법 연구』, 태학사, 1999.

■ 유현경 · 한재영 · 김홍범 · 이정택 · 김성규 · 강현화 · 구본관 · 이병규 · 황화상 · 이진호, 『한국어 표준 문법』, 집문당, 2023.

■ 정희창 · 이승희 · 이선웅, 『한국어 정서법』, 사회평론아카데미, 2020.

S D E D U

합 격 의
공 식
SD에듀

SD에듀와 함께, 합격을 향해 떠나는 여행

SD에듀 독학사 국어국문학과 3단계 국어정서법

초 판 발 행	2023년 08월 09일 (인쇄 2023년 07월 19일)
발 행 인	박영일
책 임 편 집	이해욱
편 저	윤성혁
편 집 진 행	송영진 · 김다련
표지디자인	박종우
편집디자인	차성미 · 박서희
발 행 처	(주)시대고시기획
출 판 등 록	제10-1521호
주 소	서울시 마포구 큰우물로 75 [도화동 538 성지 B/D] 9F
전 화	1600-3600
팩 스	02-701-8823
홈 페 이 지	www.sdedu.co.kr

I S B N	979-11-383-5578-0 (13710)
정 가	23,000원